IMORTALIDADES

Obras do autor publicadas pela Companhia das Letras

Vícios privados, benefícios públicos?
Autoengano
Felicidade
O mercado das crenças
O valor do amanhã
O livro das citações
A ilusão da alma
Trópicos utópicos
O elogio do vira-lata e outros ensaios
O anel de Giges

Eduardo Giannetti

IMORTALIDADES

1ª reimpressão

COMPANHIA DAS LETRAS

Copyright © 2025 by Eduardo Giannetti

Grafia atualizada segundo o Acordo Ortográfico da Língua Portuguesa de 1990, que entrou em vigor no Brasil em 2009.

Capa
Alceu Chiesorin Nunes

Preparação
Márcia Copola

Índice onomástico
Luciano Marchiori

Revisão
Jane Pessoa
Ana Maria Barbosa

Dados Internacionais de Catalogação na Publicação (CIP)
(Câmara Brasileira do Livro, SP, Brasil)

Giannetti, Eduardo
    Imortalidades / Eduardo Giannetti. — 1ª ed. — São
Paulo : Companhia das Letras, 2025.

    ISBN 978-85-359-4076-3

    1. Ensaios brasileiros 1. Título.

25-259844   CDD-B869.4

Índice para catálogo sistemático:
1. Ensaios : Literatura brasileira B869.4

Aline Graziele Benitez – Bibliotecária – CRB-1/3129

Todos os direitos desta edição reservados à
EDITORA SCHWARCZ S.A.
Rua Bandeira Paulista, 702, cj. 32
04532-002 — São Paulo — SP
Telefone: (11) 3707-3500
www.companhiadasletras.com.br
www.blogdacompanhia.com.br
facebook.com/companhiadasletras
instagram.com/companhiadasletras

Sumário

Prefácio 9

ABERTURA 15
PARTE I: PROLONGAR A VIDA 35
PARTE II: ESPERANÇAS SUPRATERRENAS 99
PARTE III: EXPECTATIVAS TERRENAS 177
PARTE IV: O PRESENTE ABSOLUTO 257
EPÍLOGO 331

Agradecimentos 345
Notas 347
Bibliografia 391
Títulos das seções 409
Índice onomástico 415

A Renata Lima

Prefácio

Amigo, parente, vizinho, ídolo, colega, ser amado. Era uma vez alguém — todo um universo a sós. E, de repente, *quem*? O que é feito de quem se foi?

A vida não admite solução de continuidade. Ao pensarmos na perda dos que se foram, pensamos não só neles, mas em nós mesmos. Os idos e partidos somos nós. Tudo que sabemos sobre o após-a-morte saiu do cérebro dos vivos. Bichos da terra tão pequenos.

Duas eternidades circunscrevem nosso breve espasmo de vida: o tempo em que não existíamos e o tempo em que não mais existiremos. Cientes ou não da sua finitude, os animais, como tudo que vive, se aferram à vida — o desejo de seguir existindo é a mais robusta e primordial forma de eros. No entanto, terão eles alguma noção ou clareza do que significa deixar de existir tendo um dia existido? Suponho que não. E mais: nem eles, nem nós.

O tema central deste livro não é a morte, mas a afirmação da vida — o desejo de ser e projetar a existência para além de si. O corpo nos deserta, o impulso de sobrevida não. O anseio de perpetuar-se, nesta ou em outra vida, é a expressão da nossa recusa e rebeldia ante a condição mortal. Pode a morte ser vencida? Como se manifesta na experiência humana a ambição de transcender à inércia da matéria e aos caprichos do acaso?

Religiosas ou seculares, as apostas e as fantasias de imortalidade remontam à mais remota ancestralidade do animal humano — e permanecem vivíssimas em nossos dias. O propósito de *Imortalidades* não é contar a história labiríntica dessa busca, tarefa que demandaria mais de uma vida, mas oferecer um mapa analítico e reflexivo dos quatro grandes vetores em que se ramifica o anseio humano de perenidade. Devolver à percepção da realidade o senso de mistério que a (má) religião entorpece e a (má) ciência silencia.

*

O plano geral do argumento segue o roteiro delineado na seção 2 do livro ("O anseio de perenidade"). A Abertura é servida como uma espécie de hors-d'oeuvre ou acepipe. Ela introduz temas e inquietações que serão abordados e discutidos nas Partes I a IV, visando sacudir certezas e incutir um senso de assombro ou espanto diante do que possa parecer corriqueiro e familiar.

As 203 seções ou microensaios que compõem a espinha dorsal do livro dividem-se em quatro partes: a extensão radical da vida biológica; as esperanças supraterrenas associadas aos credos religiosos; as expectativas terrenas de perpetuar-se nos genes ou na memória das gerações futuras; e o presente absoluto das experiências extáticas. Em cada parte, o objetivo é explorar o teor e as promessas daquela forma particular de luta pela imortalidade, bem como avaliar os seus limites e potencial.

O Epílogo procura amarrar as pontas de alguns dos principais fios e nós do argumento, além de fazer um balanço do caminho trilhado. O fim, claro está, não é a meta: como no arco da vida ou em qualquer passeio prazeroso, o valor da jornada não está no ponto de chegada, mas no interesse e na riqueza dos horizontes e descobertas que, a cada passo do percurso, se abrem ao olhar.

As fontes das citações e dos dados empíricos usados no texto, assim como algumas observações laterais, encontram-se nas notas no fim do volume; permito-me frisar, todavia, que nada de relevante para o entendimento do livro depende delas (seria pena, de fato, se a consulta às notas *durante a leitura* viesse a prejudicar o fluxo e a fruição do texto).

As quatro manifestações do anseio de perpetuar-se, ouso crer, exaurem o leque de possibilidades na busca da imortalidade, embora não sejam excludentes entre si. Como procuro mostrar no livro, diferentes culturas e épocas históricas — assim como pessoas distintas em cada uma delas — refletem variações de grande amplitude não apenas nos pesos relativos, mas no modo como lidam, representam e arbitram entre as imortalidades possíveis.

*

Os microensaios de *Imortalidades* transitam entre o pensamento e a literatura. Eles não são uma coleção de fragmentos nem visam à brevidade fulgurante do aforismo (daí o termo "seção"). O narrativo e o anedótico aparecem entremeados ao meditativo e à esgrima dialética. Na conclusão de cada uma das partes não me furtei ao desafio de enunciar juízos e testemunhos de cunho pessoal.

Embora as seções numeradas guardem relação de encadeamento entre si, busquei também garantir que se prestem a uma leitura e avaliação individual, como unidades semânticas e estéticas independentes das demais. O todo, assim espero, é maior que a soma das partes; mas cada seção responde por si.

Acredito que a divisão do texto em seções tem o mérito de facultar ao leitor uma forma construtiva de engajamento que o convida a respirar, voltar a si e ponderar a cada passo enquanto lê, sem a necessidade de endossar ou rejeitar em bloco ou do princípio ao fim o argumento do livro.

O valor de uma obra é o produto da qualidade do texto multiplicada pela qualidade da leitura. A capacidade de concentração mede forças com o bombardeio de estímulos viciantes e recompensas fáceis a que estamos submetidos. Além de útil em tempos de cracolândia digital e redução do fôlego de atenção, a opção por seções autônomas e articuladas tem como alvo favorecer uma cooperação reflexiva entre autor e leitor. O texto semeia, a leitura insemina.

Como alguém que passou boa parte da vida mergulhado em livros (possivelmente mais do que deveria), reparo que alguns autores pressupõem o leitor ideal, enquanto outros limitam-se a sonhar com ele. Não pretendo aqui convencer ou converter ninguém a nada. Tudo que almejo com este livro é dar, a quem for lê-lo, a oportunidade de caminhar alguns passos em sua companhia. É inspirar reverência pelo que permanece — talvez irremediavelmente — para além dos nossos horizontes.

A inquietação da qual resulta *Imortalidades* me acompanha desde a infância: o pânico do escuro era o pânico da morte. Mas foi somente nos últimos trinta ou quarenta anos que, sem nenhuma clareza ou propósito definido de início, passei a tomar notas de leitura e esboçar vislumbres e ideias embrionárias acerca da imortalidade nos meus cadernos de estudo. Os setenta anos se avizinham. A idade, constato, traz consigo certa liberdade de pensamento e expressão — proporciona maior distanciamento. Achei que era chegada a hora.

ABERTURA

1

Humano embaraço. — Algo nos aconteceu: o existir ciente de si, a presciência da morte. Fortuito ser quem se é. Quem sou eu? Para o universo, *nada*: pó a caminho do pó; para mim, *tudo*: todo um mundo a sós. O infinito condenado ao ínfimo. O eterno dobrado ao efêmero. O sublime coagido à farsa. Absurdo insurrecto, absoluto fugaz.

2

O anseio de perenidade. — Duas eternidades circunscrevem nosso breve espasmo de vida: o pré-nascer e o pós-morrer. Existe, contudo, uma profunda diferença entre elas. Embora saibamos que a morte nos espera, nunca soubemos que iríamos nascer. Adeptos da reencarnação à parte, o infinito pretérito, anterior ao nosso nascimento, é plácida e anódina imensidão, como o sono de ninguém; ele não nos perturba ou angustia nem nos provoca a preenchê-lo e ocupá-lo em pensamento. Quem lamenta ou sente-se pilhado do tempo de vida que lhe foi sonegado por não ter vindo ao mundo antes do dia em que nasceu? Radicalmente outra é a nossa postura ante o infinito prospectivo do após-a-morte. *A vida quer sobrevida*. O instinto de subsistir eletriza a cadeia do ser: do mais simples ao mais complexo organismo, tudo que existe peleja para seguir existindo. O apego à vida é a face luminosa da aversão à morte. Mas a condição humana, consciente da sua finitude, confere ao impulso de preservação constitutivo da vida biológica uma nova e radical dimensão: *o anseio de perenizar-se*. — As manifestações do anseio de perenidade desdobram-se em quatro vetores: 1) *prolongar a vida*: o desejo de estender a nossa existência física e mental, quiçá indefinidamente, por meio da ciência e da tecnologia; 2) *esperanças supraterrenas*: a fé em alguma forma de outra vida após a morte, tal como propugnado pelas grandes religiões (budismo, cristianismo, hinduísmo, islamismo, judaísmo); 3) *expectativas terrenas*: a preocupação com a posteridade e o legado que deixaremos às gerações futuras por meio de nossos descendentes, criações, feitos e outras realizações; 4) *o presente absoluto*: a experiência de momentos extáticos, como no arrebatamento amoroso, artístico ou místico, que nos propiciam o vislumbre do inexprimível e redimem o existir, eternizando-o. — Embora debatidos há milênios pelas religiões e tradições filosóficas, os enigmas da morte e da finitude autoconsciente — o que virá depois? — são inquietações que nascem diretamente da nossa experiência, muitas vezes na infância. São questões fadadas a nos intrigar em algum momento, mesmo que nada tenhamos lido ou estudado a respeito. Vivemos todos pendurados à vida por um fio e sabemos que ao menor ensejo — vírus, latrocínio, tombo, AVC — ele pode romper-se. Precipitar o abismo. A vida não cabe na vida.

3

Fomes gêmeas. — "A fome só se satisfaz com a comida e a fome de imortalidade da alma com a própria imortalidade", disse Fernando Pessoa. O desejo de perpetuar-se, nesta ou em outra vida, é a continuação do instinto de subsistência por outros meios. Mas se os apetites do corpo, embora recorrentes, prestam-se à saciedade, os apetites da imaginação projetam-se ao infinito. Eles se espraiam e insinuam por incontáveis — e não raro bizarros — caminhos. Cápsula gasta, o corpo nos deserta. Mas a morte é o fim?

4

Desilusão ateia. — A morte de Deus não abole o mistério — recrudesce-o.

5

O morto-vivo de Goya. — O artista espanhol oitocentista Francisco de Goya talhou uma gravura (parte da série "Os desastres da guerra") na qual um homem morto — um cadáver em estado avançado de decomposição — se curva ligeiramente da posição horizontal a fim de escrever "Nada" como mensagem aos viventes. Instado a comentar a obra pelo bispo de Granada, segundo um relato, o pintor declarou: "O meu fantasma quer dizer que ele fez uma viagem à eternidade, mas nada encontrou lá". — A mensagem do cadáver de Goya pode ser verdadeira ou falsa, não há como saber; mas a gravura, isto é certo, embute uma peculiar contradição: um artista vivo se dirige a pessoas vivas por meio de um morto com o intuito de frisar sua descrença no que quer que seja após a morte. Mas se isso é verdade, e o que nos aguarda do outro lado da vida é "nada", *quem escreve?* Quem se ergue do reino dos mortos e se empenha em transmitir o recado ao reino dos vivos? Se a mensagem for tomada como verdadeira, então ela se desmente: um espectro do além, que de algum modo vive ainda, pega na pena e chama a si a missão de assombrar os vivos. Mas, se a mensagem é falsa, então aponta para algo verdadeiro: a negação do "nada" pode assumir insuspeitas trilhas e formas — e o morto-vivo de Goya é uma delas. A gravura nega o que afirma.

6

O paredão do não-ser. — "Se existisse um verbo que tivesse como significado 'acreditar falsamente', ele não possuiria uma primeira pessoa do presente do indicativo dotada de significado": a linguagem impõe limites. De igual modo, ainda que por razões distintas, a tentativa de conceber a própria morte como o *nada absoluto* — a aniquilação irredutível, completa e definitiva de tudo — esbarra em intransponível paredão. — Digo de você, digo de mim. Procure imaginar a sua própria morte: o último suspiro, a preparação do corpo, o velório, a cerimônia de cremação, a dispersão das cinzas no mar, conforme o seu desejo; quem chorou, quem dissimulou, quem sumiu; a possibilidade de checar, sem ser visto, se a sua ausência foi (ou não) sentida — e por quem? Claramente, isso é concebível. Procure agora refazer o percurso, porém de outro ângulo ou ponto de vista. Em vez de seguir a sua morte de fora, observando o desenrolar dos fatos, procure concebê-la do ponto de vista interno, de dentro para fora, vivenciando-a a partir de uma aguçada interioridade subjetiva. Pois bem. Se você acredita que a morte é o nada absoluto, então a tentativa está fadada ao fracasso. Pois como pode o ser vivenciar o não--ser? Como pode alguém consciente conceber a realidade da absoluta inconsciência ou ausência de si? Por mais que nos esforcemos e busquemos realisticamente imaginá-la em primeira pessoa; por mais que nos apliquemos nesse intuito, jamais seremos capazes de ir até o fim do caminho e erradicar por completo o resíduo de consciência — a sensação liminar de se estar a pensar e ser quem se é — enquanto procuramos fazê-lo. Embora seja possível exteriorizar-me e imaginar o meu próprio funeral de fora para dentro, como olho aberto no céu curioso a mirar o mundo, isso seria apenas a representação de como *pareceria* o meu funeral aos olhos de alguém como eu. Coisa muito distinta — e inatingível — seria conceber o que é estar morto de dentro para fora, *se a morte é de fato o nada absoluto*. Não se trata aqui de uma resistência ou bloqueio psicológico — a ideia de que "no fundo ninguém acredita na própria morte" pois "no inconsciente cada um de nós está convencido da sua imortalidade", como sugere o pai da psicanálise —, mas de um óbice ainda mais sólido e irremovível: um impedimento constitutivo da nossa condição finita e que independe das particularidades de cada um. A mesma barreira que torna absurdo declarar "eu estou inconsciente". Se a morte como o nada absoluto não existe para os mortos, ela tampouco pode ser plenamente concebida pelos viventes. O não-ser é inconcebível enquanto se é.

7

"Nem o sol nem a morte se podem olhar fixamente." — Os antípodas do ser e do não-ser — o sol e a morte — nos provocam para além do que nos é dado mirar e assimilar. O clarão solar cega, o abismo do não-ser se esquiva. Incandescência e vertigem. Verdadeiramente eterno, entretanto, por tudo que a astrofísica ensina, nem o nosso (miúdo) astro-rei.

8

Pelos olhos. — O arco da vida: divisar a luz; dar à luz; despedir-se da luz. Luzir, crepitar, extinguir-se. O espanto da primeira luz, caleidoscópio informe do inaugural clarão, não é menor que o da derradeira sombra. Veem os olhos ou são vistos pelas coisas? Que valem os olhos na escuridão? (Quando criança, deitado sozinho na cama, o meu terror soberano era a absoluta escuridão reinante no quarto de dormir — "nada de abajur aceso", proibia o meu pai. Eu podia ficar cego ou morrer de repente e não ter como saber.)

9

Sem lado de fora. — A parte não tem como ausentar-se do todo a que pertence. Daí que nem o universo na sua totalidade nem a própria morte possam ser vistos de fora. Se miro o universo, é porque ocupo um lugar no espaço: portanto estou nele. Se me vejo morto, não morri. É forçoso estar vivo para entreter a fantasia de imaginar-se morto. Ninguém se move de si.

10

Vista sem ponto. — O campo visual corresponde à área que o olho é capaz de perceber quando está imóvel. Embora o olho defina e seja constitutivo do campo visual (se ele se mexe, o que é passível de ser visto se altera), ele não está contido no que vê: o olho não vê a si mesmo. — Algo semelhante parece ocorrer no modo como a nossa experiência interna do mundo — aquilo que percebemos, sentimos e de que tomamos ciência — está para o mundo ao redor. É como se a minha consciência (o meu *eu*) fosse constitutiva do mundo que ela apreende, condição indispensável de sua existência, e não alguma coisa contingente e inserida na realidade como tudo mais. Como o olho em relação ao seu campo visual, o *eu* tem a sensação de conter o mundo embora não seja contido por ele, uma vez que é ele quem sela a existência e chancela a realidade do que quer que seja (do seu ponto de vista, é claro). Não sou eu, portanto, que poderia ou não existir e que partilho a contingência de todas as coisas; mas, antes, é o mundo que não existe sem mim, assim como não há vista sem ponto: o campo visual é criatura do olho. "O mundo é o meu mundo." — Não é preciso, por óbvio, ir até o fim da linha de um insustentável solipsismo — só o meu *eu* existe, o mundo nasce e morre comigo — para apreciar o grão de verdade que ele encerra. O que seria não ter existido (ou vivido poucos meses apenas)? Ao me ver e pensar de fora, como um qualquer entre bilhões, estou seguro de que o meu nascimento é algo inteiramente fortuito, fruto do mais caprichoso e improvável acaso; a minha eventual não existência em nada (ou assintoticamente quase nada, para ser preciso) teria alterado o mundo real: a natureza e a vida teriam seguido o seu curso sem o menor abalo ou desvio, assim como fatalmente prosseguirão, distraídas e indiferentes, quando eu não estiver mais entre os vivos. Mas quando procuro imaginar a minha não existência em primeira pessoa, a partir da experiência interna que tenho da vida e da sensação subjetiva de existir e ser quem sou, *que diferença*! O meu vir ao mundo ganha foros de fatalidade, como se fora um acontecimento de capital e indispensável relevo na ordem das coisas, ao passo que a minha morte se transfigura numa catástrofe inimaginável, equivalente a um Armagedom ou fim dos tempos. Imaginar rigorosamente que nunca existi é como abolir qualquer possibilidade de existência: imaginar que nada existiu. A verdade do solipsismo capta justamente esse aspecto da experiência humana: a ilusão espontânea, que nos acompanha desde o início da vida consciente, de que o mundo carece de uma realidade extricável da experiência que temos dele ou de que ele esteja apto a continuar existindo à revelia da nossa própria consciência. Embora eu saiba que não é assim, nem por isso sou capaz de deixar de sentir como se fosse assim. Eis aí, talvez, uma das fontes do espanto beirando a incredulidade que a noção de *mortalidade* da alma — a chama da autoconsciência esvaída em ossos e putrefação — desperta em nós. O mundo, sei-o bem, foi, é e será sem mim, mas isso é o fim do mundo.

11

O princípio da gravidade psíquica. — Além de ser um dos pais do computador e da computação digital, formulador das bases matemáticas da física quântica, criador da teoria dos jogos e pioneiro da nanotecnologia, o matemático e físico húngaro-americano John von Neumann participou ativamente do desenvolvimento da bomba de plutônio no Projeto Manhattan no início dos anos 1940. Terminada a Segunda Guerra Mundial, Von Neumann se engajou numa campanha visando conter a corrida armamentista e evitar a ameaça de uma guerra atômica. Sua principal — e altamente controversa — proposta era a tese de que os Estados Unidos deveriam fazer um ataque nuclear preventivo contra a União Soviética antes que os russos pudessem ter o seu próprio arsenal atômico. A lógica do raciocínio era um cálculo hipotético: a quantidade de russos civis mortos no ataque (presumivelmente na casa dos milhões) seria ainda assim inferior ao número de cidadãos ocidentais "poupados" pela prevenção de um gigantesco e inevitável holocausto nuclear. A proposta não foi acolhida. Anos depois, em 1955, Von Neumann foi diagnosticado com câncer (causado, talvez, pela exposição à radiação de isótopos de plutônio) e ficou profundamente abalado diante da perspectiva da morte. Sua filha, Marina, intrigada, interpelou-o. "Quando ele soube que

25

estava morrendo e ficou muito perturbado", ela relata, "eu fui questioná-lo uma vez dizendo: 'Você contemplou com serenidade o extermínio de milhões de pessoas e, no entanto, não é capaz de lidar com sua própria morte!'." E ele: "Mas isso é totalmente diferente!". — Eis um exemplo incomparável do *princípio da gravidade psíquica*, enunciado por Adam Smith em fórmula lapidar: "Cada pessoa pode ser o centro do universo para si mesma, mas para o restante da humanidade ela não passa de uma parte insignificante dele".

12

O pontapé primordial. — Imagine a criação do universo: *o acontecimento anterior a todos os acontecimentos*. A ideia não se sustenta. Pois como poderia o acontecimento-mor, a origem primeira de tudo que existe, anterior a todos os acontecimentos, ser anterior a si mesmo? Teria que acontecer antes de ter acontecido. O acontecimento anterior a todos os acontecimentos é como o primeiro (ou o último) número de uma série bilateralmente infinita: ele não existe. Seja qual for a origem do universo — Deus, Big Bang, vômito de Bumba, hacker ET entediado —, a pergunta se renova; nenhuma explicação da realidade explica a si mesma: qual a origem da origem? E lá se vão, ao que parece, 14 bilhões de anos sem sombra de *por quê* ou *para quê*.

13

Pó estelar. — Sejamos materialistas. Do que, afinal, somos feitos? A cosmologia moderna faz o inventário dos 94 elementos constitutivos de tudo que há na Terra. Com a exceção de três deles — hidrogênio, hélio e lítio, sintetizados nos três primeiros minutos após o Big Bang —, todos os demais se formaram posteriormente, no miolo de estrelas distantes nas quais, no fim do seu ciclo de vida, condições extremas levaram os núcleos dos átomos a colidir, fundir e explodir, dando origem a elementos de maior massa atômica, como carbono, ferro, silício, enxofre, magnésio, nitrogênio e cálcio, entre outros. A explosão fez com que esses novos elementos se dispersassem no espaço, misturando-se às nuvens de hidrogênio a partir das quais novas gerações de estrelas se formaram. São esses mesmos 94 elementos que compõem toda a matéria que coalesceu no nosso sistema solar há cerca de 4,5 bilhões de anos ou que aportou na Terra em meteoros que colidiram com ela. Os átomos dos quais os nossos corpos são feitos — do cálcio dos ossos ao ferro das células vermelhas do sangue — não surgiram conosco, no processo da nossa concepção e gestação, mas originam-se todos, sem exceção, de poeira estelar. "Pó é o que és, e ao pó retornarás" (Gênesis, 3:19). Eis uma verdade bíblica que podemos tomar, sem nenhum favor, ao pé da letra.

14

Entorno do nada. — Por que existe algo e não apenas o nada? O mundo é infinitamente complexo. Pensar é tornar as coisas mais simples do que elas são. A física moderna, nascida da Revolução Científica do século XVII, adotou o princípio da simplicidade — *Natura simplicitatem amat* ("A natureza ama a simplicidade") — como máxima diretiva ou estrela-guia na construção de modelos e na busca de conhecimento sobre o universo. Com surpreendente frequência, desde a hipótese heliocêntrica e da lei da gravidade até os nossos dias, com a teoria da relatividade e a mecânica quântica, a beleza matemática e a simplicidade das fórmulas e enunciados explicativos obtidos no trabalho de investigação revelaram-se bússolas confiáveis para a verdade física, mesmo na ausência de evidências ou provas empíricas. — Isso posto, caberia talvez indagar: por que então existe o mundo, com sua prodigiosa opulência de entes e seres, e não apenas o nada, se a hipótese do nada absoluto é sem dúvida a mais simples, simétrica e elegante entre todos os mundos possíveis e todas as hipóteses concebíveis? Por que o complexo e extravagante, ao que parece, venceu o simples e parcimonioso na disputa primordial entre *algo* e *nada*? Não tenho, é claro, a mais vaga noção da resposta, mas suspeito que haja alguma coisa errada com a pergunta. — Suponha uma operação radical de subtração que redunde no mais absoluto vazio; imagine que o universo vá sendo paulatina e sistematicamente evacuado de todas as coisas que nele habitam: somem o céu e a terra, desaparecem os seres vivos e inanimados, extinguem-se as galáxias e corpos celestes, átomos, luzes, cheiros e sons. E, para arrematar o exercício, eliminemos ainda o espaço vazio remanescente e o próprio tempo até o limite extremo do *espaço-tempo esférico fechado de raio zero*, que é como a física define o que chamamos de *nada absoluto*. Eis aí, sem dúvida, o mais simples e simétri-

28

co universo que se pode conceber. Mas o que seria ele? Algo difícil de entender e nomear. Senão vejamos: se o nada absoluto tivesse existido desde sempre, ou seja, desde antes (se assim podemos dizer) do não advento do nosso universo; se ele tivesse vencido o primordial embate e suprimido ab ovo a possibilidade do que quer que fosse, então poderíamos dizer que ele simplesmente deixaria de ser o que é, ou seja: não seria o nada. *Nada em relação a quê?* O fato em si, é certo, não muda — é o que é (ou melhor: não é). Mas falar aqui de *nada* em vez de *algo*, como sugere a pergunta original, deixa de fazer sentido, assim como não faria sentido falar em *noite* e *dia* num planeta onde o sol jamais se põe. O nada se define por oposição àquilo que nega — pressupõe a existência de algo. A determinação é recíproca. Ele está para o seu contrário assim como os números pares e ímpares estão um para o outro: elimine um dos polos do par e o outro perde o solo. O nada absoluto só passaria a fazer sentido se dele aflorasse, como do abismo do não-ser para a existência, uma partícula-embrião (um único átomo que fosse) da qual resultasse um universo no espaço-tempo, como propõe a conjectura da "abertura quântica de túnel" na gênese do Big Bang. A questão, porém, é que essa hipótese torna o nada *instável*, o que derruba, por sua vez, a sua condição de absoluta nulidade. De um modo ou de outro, portanto, o nada absoluto carece de vida própria. Ele é parasito do seu eterno êmulo e gêmeo ontológico: o ser. Não há noite sem dia. O traje cria a nudez.

Bulício das esferas. — Como é frequente na física teórica, a conjectura do Big Bang — formulada com base em sofisticados cálculos, intuições e deduções a partir da teoria geral da relatividade — carecia de evidências que pudessem corroborar ou refutar a sua validade científica. A tão procurada e aguardada confirmação empírica foi realizada, em meados dos anos 1960, por dois cientistas que trabalhavam nos laboratórios da empresa telefônica norte-americana Bell. Eles detectaram acidentalmente um leve zumbido de micro-ondas — uma radiofonia estática de origem ainda desconhecida — que acabou se revelando, depois de alguma hesitação, o eco cósmico remanescente deixado pela explosão originária do Big Bang nos primórdios do universo. A dúvida inicial dizia respeito à fonte do zumbido. Incrédulos diante da inesperada observação, os cientistas suspeitaram de início que o som detectado proviesse talvez do próprio aparelho ou, mais especificamente, das fezes de pombos depositadas nas hastes da antena, o que poderia em tese produzir um rumor elétrico semelhante. Feita, entretanto, a devida faxina e remontada a antena, o achado não apenas se confirmou como marcou época na história da cosmologia. Podia ser só titica, mas era estática interestelar. E, assim, a ratificação empírica do Big Bang — também corroborada pelo registro do progressivo afastamento entre as galáxias a uma velocidade próxima à da luz — trouxe o universo de volta a uma condição análoga à da vida mortal: um intervalo de luz, som e movimento separado por duas incógnitas.

16

O eunuco metafísico toma a palavra. — Mistério? Mas que mistério? Disparates sem lógica à parte, o universo aí está, e isso é tudo. Do ponto de vista científico, único capaz de produzir um saber confiável, o *por quê* e o *para quê* dos metafísicos não têm direito de cidadania no reino da razão. Perguntar por que o mundo é como é, ou por que eu e você estamos aqui, é como perguntar por que fulano em vez de beltrano ganhou na loteria: as mãos de ferro da necessidade jogam o copo de dados do acaso por toda a eternidade. Não há questão *genuína* que, ao fim e ao cabo, não se renda às armas e ao cerco da razão; na equação da vida não há incógnitas insolúveis. Uma pequena veia rompida no cérebro, e pronto: tudo acabado. A morte é o nada absoluto, o retorno ao não--ser de onde viemos: enquanto sou, ela não é; quando eu não for, ela não será. O que mais dizer? O após-a-morte não me diz respeito.

17

Lembrete ao eunuco metafísico (e a mim mesmo). — A teima interrogante da curiosidade está para o conhecimento como a libido está para o sexo. Se procurar bem, você acaba encontrando: não a explicação (duvidosa) da vida seguida da morte e do sentido de tudo, mas o pulso agreste do mistério e o esquecido assombro de estar vivo. O ponto intermédio entre a ignorância e o conhecimento, nossa morada, não é a meia ignorância e o meio conhecimento, mas a consciência da ignorância infinita. Estranhar o corriqueiro e insuflar a suspeita; sacudir hábitos intelectuais e certezas longamente sedimentados: o elixir da dúvida é o afrodisíaco da busca. Reencantar o encanto, reenganar o engano. E duvidar de novo. A filosofia nasce do espanto.

18

O inconsolo de Parfit. — Quando o companheiro de toda a vida da escritora americana Joyce Carol Oates morreu, em 2008, o filósofo Derek Parfit, embora mal a conhecesse, escreveu uma carta de condolência na qual buscava oferecer consolo pela perda: "Sinto muito saber que [ele] morreu duas semanas atrás. Quando alguém que eu amava morreu, considerei proveitoso lembrar a mim mesmo que esta pessoa não era menos real porque não era real agora, assim como as pessoas na Nova Zelândia não são menos reais porque não são reais aqui". A escritora, porém, não se convenceu. O argumento do filósofo, ela rebateu, era como a tentativa de consolar alguém que teve a perna amputada de que o membro permanecia real e existia ainda na Nova Zelândia.

19

Esquecida irmandade. — Violenta ou serena; plácida ou agônica; homeopática ou repentina: ela virá. Por mais que a vida nos aparte e indisponha em atritos, querelas e cismas fratricidas, ela por fim nos irmanará. A sentença, inapelável, decreta a nossa perfeita igualdade e foi expedida ao nascermos; resta apenas definir a hora e o método de execução da pena. Toda vida, no fim, é um colapso: trilhões de células desorbitadas. A carne alforria-da, a matéria enfim liberta da alma-cárcere. "O homem se esquece de que é um morto que conversa com mortos." E não é melhor assim?

20

Privilégio dos mortos. — Seja como for (excluída a hipótese da reencarnação), eles não mais precisam se ocupar de morrer. Deixaram a morte para trás.

PARTE I

PROLONGAR A VIDA

21

Eros primordial. — "O desejo intenso de seguir existindo é a mais antiga e a mais grandiosa de todas as formas de eros."

22

Gratidão implícita. — A vida é um intervalo finito de duração indefinida. Prolongar a duração do intervalo é a forma mais direta pela qual se expressa o anseio de perenidade. O instinto de subsistência é pré-reflexivo, com fundas raízes em nosso passado evolutivo, e tem na *aversão à morte* um dos seus mais indispensáveis aliados. Se uma espécie animal sem nenhum zelo ou desejo de evitar morte tivesse per absurdum chegado a existir, uma coisa é certa: ela prontamente ver-se-ia condenada à extinção. Daí que, digam o que disserem os pessimistas e detratores da existência — "a vida é um negócio que não cobre os seus custos" (Schopenhauer); "se pessimismo significa que teria sido melhor não ter vivido, então eu sou um pessimista" (Herbert Spencer) —, definitivamente não é esse o veredicto inscrito no DNA dos seres vivos e no comportamento da humanidade comum. "A estirpe dos humanos", observa com perspicácia Ralph Waldo Emerson, "sempre ofereceu ao menos este agradecimento implícito pela dádiva da existência, a saber: — o terror de que esta lhe seja tomada; a curiosidade e o apetite insaciáveis por sua continuação." As ações, mais que as palavras, falam por si: tudo mais constante, ou seja, em condições razoáveis de saúde física e mental, quem de nós (inclusive os pessimistas: Schopenhauer chegou aos 72 e Spencer, aos 83 anos de idade) não preferiria, tendo escolha, *viver mais um dia*? A aversão à morte não pressupõe crença ou juízo algum acerca do que virá — ou não — depois: com raras exceções, o apego à vida não parece ser menor naqueles que desfrutam de uma fé genuína em alguma forma de vida futura e bem-aventurança póstuma. A preferência revelada dos viventes, não importa o que digam os (raros) detratores da existência, não dá margem à dúvida: a vida é uma bênção independente de qualquer estado futuro.

23

O ser cindido. — O Caim de Byron — como, aliás, o seu poeta-criador ("a vida me repugna de todo o coração e abençoarei a hora em que dela sair") — amaldiçoou estar vivo. Reconheceu, porém, algo incomum. Por mais que maldissesse e depreciasse a vida, esta, por sua vez, ignorava o seu juízo: "Eu vivo, mas vivo para morrer: e vivendo nada vejo que torne a morte detestável, exceto um inato enlace, um repulsivo e no entanto invencível instinto de vida, o qual detesto, assim como me desprezo, e todavia não sobrepujo, e desse modo vivo". Qual dos dois (se algum) o verdadeiro Caim — o detrator da vida ou o que a ela se agarra não importa o quê? O córtex insurgente ou as pulsões límbicas? A escolha denunciada pelas ações — a preferência pela vida — trai a crença ostentada pelo ator. O modo de ser nega o modo de descrer.

24

O anseio de perenidade no tempo. — A fome de "sobre-viver" não se contenta com pouco. Dos cultos xamãs ancestrais aos polos avançados de biotecnologia; das catacumbas egípcias à criopreservação; das epopeias sumérias ao transumanismo californiano, o anseio de perenidade se manifesta nas mais diferentes formações e épocas históricas; sua presença perpassa todas as eras, latitudes, credos e culturas, e ele pode ser observado em qualquer sociedade reconhecivelmente humana. Na memória arqueológica, a morada dos mortos (definitiva) precede no tempo a morada dos vivos (provisória): a pedra foi usada para a edificação de sepulcros antes de ser usada na construção de casas. — Mas se o anseio de perenidade nas suas quatro expressões essenciais — biológica, vida futura, legado terreno e presente absoluto — é constante e universal na experiência humana; e se, subjacente a ele, reside a mesma superforça — "toda a coisa se esforça, enquanto está em si, por perseverar no seu ser", no dizer de Spinoza —, as formas particulares pelas quais se expressa e a força relativa de sua presença são realidades eminentemente mutáveis em diferentes épocas e culturas. Ao passo que em determinadas formações históricas, como o medievo cristão, a tônica dominante recai na salvação da alma e o centro de gravidade da vida situa-se no além, em outras prevalece a aposta no presente absoluto e o imperativo de prolongar a sobrevida biológica, como parece ser o caso em nossos dias. Se o iluminismo europeu do século XVIII, assim como seu congênere grego do século V a.C., investiu de forma preferencial na posteridade terrena e na melhoria da vida das gerações futuras, apostando no progresso civilizacional como passaporte para a conquista da perenidade possível, já o movimento romântico, a partir do século XIX, buscou na experiência de momentos extáticos — na paixão amorosa, na arte sublime e na comunhão com a natureza — os "alumbramentos de imortalidade" que redimem o existir. A tônica dominante do anseio de perenidade — a força relativa dos seus modos básicos de expressão — é um dos elementos definidores do Zeitgeist de uma época — o "espírito do tempo".

25

Entre o aquém e o além. — O contrato é precário. Se a chegada é fortuita, a partida é fatal. Embora a aversão à morte se revele atuante em toda a cadeia do ser, a condição humana dá a ela uma nova e inquietante dimensão. O existir ciente de si e o sentimento da nossa definitiva transitoriedade fazem do óbito não apenas algo temido, mas um *enigma*: um salto sem retorno (ao que parece)

40

no desconhecido. — O aquém desta vida e o além de uma possível outra — sem prejuízo da hipótese do abismo do não-ser — disputam a atenção dos humanos. Em diferentes épocas e culturas, como a história das ideias e das mentalidades amplamente registra, os termos dessa disputa se alteram e reconfiguram, fazendo o centro de gravidade da existência oscilar ora em uma ora em outra direção. Da crença na imortalidade da alma, entendida como a permanência da nossa consciência individual em alguma forma de existência futura, de um lado, à crença na morte como o nada absoluto e a definitiva extinção do ser, de outro, o repertório de possibilidades criadas pela fantasia e ansiedade humanas, orais e escritas, é vastíssimo. Uma coisa, no entanto, parece clara: quanto mais se enfraquece a crença num além dotado de sentido e na realidade de alguma forma de transcendência ("a miragem de uma grande fazenda na Lua, cuja colheita ninguém jamais viu", como ironiza Freud em *O futuro de uma ilusão*), mais se fixa e fortalece o valor do aquém, ou seja: a vida tal como nos é dado conhecê-la. Ante a certeza incontornável da senescência e da derradeira dissolução do corpo, de um lado, e a maré montante da crença na morte como o abismo do não-ser fomentada pela ascensão de certo racionalismo pseudocientífico, de outro, o objetivo de *prolongar a vida* adquiriu uma nova urgência e centralidade em nossa cultura. Com mais ênfase a partir do século xix, a biociência, a medicina e o cuidado do corpo passam a tomar a dianteira da teologia, da religião e do cuidado da alma como focos primordiais de preocupação humana. Se a crença de que "a vida neste mundo serve a um propósito mais elevado" perdeu o antigo apelo e, em seu lugar, fixou-se a crença de que "da vida nada se leva, exceto a vida que se leva", restaria então concentrar todas as energias na vida terrena, nosso "pequeno torrão", e explorar à máxima potência — seja o que isso for — a frágil e insegura transitoriedade que nos toca: colocar mais anos em nossas vidas *e* mais vida em nossos anos.

26

Passeio na mata. — A natureza desconsidera a vergonha e a culpa. Ignora a avareza e a ansiedade: o terror de viver em vão. Livre de anseios e enganos, dispensa o remorso e a esperança; desconhece o senso de dever e o desperdício como categoria moral. Em sua univocidade inocente, não há lugar para a dúvida e sua dobra: a dúvida da dúvida. Na natureza, não existem enigmas, mistérios, problemas; nem *por quê* nem *para quê* — tudo é o que é.

27

A vida não é só isso que se vê. — Os órgãos sensoriais que nos ligam ao mundo são altamente seletivos naquilo que registram e transmitem ao cérebro. O olho humano, por exemplo, não é capaz de captar todo o espectro de energia eletromagnética existente — tudo aquilo que seria em tese passível de ser visto —, mas apenas uma pequena faixa intermediária chamada "espectro visível"; o restante do espectro (cerca de 98% do total) não se traduz em percepção visual: a diferença entre luz e calor, por exemplo, é fruto da estreiteza do nosso aparelho óptico. O mesmo se aplica, mutatis mutandis, aos demais sentidos. É o crivo dos órgãos sensoriais ("espiões do cérebro") que nos impede de ver a absoluta interdependência e singularidade de tudo; é a brutal seletividade do nosso aparelho perceptivo, adaptado ao ambiente evolutivo em que foi moldado, que nos protege da infinita complexidade do universo. A ordem que percebemos no mundo é essencialmente devida à pobreza da nossa experiência. — O que a vista alcança? O mundo visível abriga o invisível. A ciência busca revelar e surpreender o invisível oculto no visível — apurar as portas da percepção. A Revolução Científica do século XVII franqueou ao olhar humano realidades insólitas e até então insuspeitas. A invenção do telescópio, por um lado, expandiu dramaticamente a fronteira do universo conhecido e validou a conjectura (contraintuitiva) de que a Terra não é o centro do universo, mas um planeta a girar em seu próprio eixo e ao redor do Sol. De lá para cá, ficamos sabendo que existem 100 bilhões de galáxias semelhantes à Via Láctea, cada uma delas com centenas de bilhões de estrelas, e isso só na pequena região do universo que podemos observar; as imagens transmitidas pelo telescópio *James Webb* desvelam galáxias formadas 13,8 bilhões de anos atrás. A descoberta do microscópio, por sua vez, descortinou a existência de um microcosmo de rara complexidade e riqueza; um mundo secreto que o olhar humano jamais deparara: zilhões de seres animados, bactérias e protozoários, em fértil e febril agitação. O naturalista holandês Anton van Leeuwenhoek, pioneiro da microscopia, serviu-se do método amostral para estimar uma população de 8,28 milhões de animálculos numa simples gota de água e provocou seus incrédulos contemporâneos ao dizer, em 1683, que existiam mais seres vivos em sua boca do que habitantes nos Países Baixos. De lá para cá, ficamos sabendo que o corpo de uma pessoa adulta contém em média cerca de 100 trilhões ou 10^{14} de células vivas, das quais cerca de 100 bilhões são células nervosas alojadas no cérebro ou neurônios. — Nos dois casos, o macro e o microscópico, eram mundos velados que a astúcia e o engenho desvelaram. E, ainda assim, apenas a epiderme das coisas: a superfície do mundo passível de apreensão pelos nossos sentidos, aparelhos e modelos teóricos. Quantos véus por descerrar? "Chegará o tempo", dizia Sêneca no século I d.C., "em que a posteridade ficará assombrada de que fôssemos ignorantes de coisas tão manifestas." É o que dirão de nós.

28

Bactéria imortal. — Crescei e multiplicai-vos. O princípio de plenitude na biologia designa a propensão natural dos seres vivos a se reproduzirem e multiplicarem até o limite imposto pelo seu habitat. Surgidas há mais de 4 bilhões de anos, as bactérias (grego *baktérion*: "bastonete") são a mais antiga e primitiva manifestação da vida na Terra — e também o mais eloquente exemplo do princípio de plenitude em ação. — A *Pseudomonas fluorescens* (Pf), uma das bactérias que faz o leite azedar e coalhar, ilustra bem isso. Suponha que uma só bactéria de Pf, pesando um trilionésimo de grama, penetre numa garrafa de leite. Capaz de se multiplicar em duas a cada trinta minutos e assim sucessivamente, a população de Pf crescerá de modo explosivo: transcorridas 48 horas desde a primeira divisão haveria algo em torno de um octilhão ($7,92 \times 10^{28}$) de bactérias na garrafa. Em apenas dois dias, a prole de *uma única* Pf seria 80 mil vezes maior que o número de habitantes no planeta — o suficiente para arruinar o sangue de quem ingerisse um só gole do leite. — O mais interessante, contudo, é o motivo por que isso não ocorre. Como todos os microrganismos unicelulares que se reproduzem por cissiparidade ou fissão — a célula-mãe dividindo-se em duas com idêntico DNA —, as bactérias não estão geneticamente sujeitas ao envelhecimento e à morte programada, como acontece com os seres vivos multicelulares que se reproduzem sexualmente, ou seja, pela fusão das células germinativas dos genitores em novo embrião. Uma conjectura simples permite explicitar a diferença. Imagine um habitat natural ideal — um ambiente não restritivo e perfeitamente adequado — para uma espécie vegetal ou animal qualquer: não há morte por fome, frio, calor, contaminação por vírus ou micróbios, hábitos nocivos, acidentes ou qualquer causa externa. Mesmo nessas condições ideais, *todos* os indivíduos dessas espécies possuirão um máximo intervalo *teórico* de vida (140 a 150 anos para o *Homo sapiens*) e estarão condenados a perecer pelo simples fato de terem nascido: as células somáticas do seu organismo contêm instruções genéticas que tornam a senescência seguida de morte uma realidade inexorável em qualquer cenário. Bem outra é a condição dos seres unicelulares que deram origem à vida, como as bactérias, amebas, alguns tipos de fungo e outros. Se o habitat não impuser nenhum limite, ou seja, nenhuma restrição externa à sua livre e desimpedida reprodução, eles simplesmente viverão para sempre; imunes às mazelas naturais da idade e à morte programada, o seu máximo intervalo teórico de vida é *infinito*. Felizmente, isso nunca acontece. No caso da Pf, por exemplo,

45

a avareza do meio logo breca e interrompe o inicial furor: à medida que as bactérias consomem, numa velocidade crescente, os nutrientes do leite e alteram o seu pH (acidez), elas ao mesmo tempo minam as condições de sua reprodução e destroem as bases do seu crescimento explosivo. A morte vem, mas decorre de um limite exógeno — um "breque positivo", como diria Malthus — e não de uma fatalidade da sua condição de ser vivo. — Existe alguma coisa inerente à própria vida que torna a morte inexorável? A resposta, tudo indica, é *não*. A morte tal como a conhecemos não é o avesso obrigatório da vida. A reprodução por fissão celular — a divisão de um ser em dois outros com DNA idêntico ao seu — embute a promessa de certa imortalidade. E, afinal, não é justamente nisso que redundam as técnicas da clonagem de animais adultos ou da recém-divulgada produção de embriões viáveis ("embrioides") criados a partir da manipulação de uma única célula do corpo de um rato adulto ("in vitro gametogêneses")? Em vez da união de dois gametas para gerar um novo ser distinto de ambos, a manipulação de uma célula para engendrar dois seres geneticamente iguais. De volta ao começo...

29

Mão e contramão. — Pouco importa a causa. Quando uma pessoa muito idosa e decrépita expira, ela *vai* ao encontro da morte. Porém, quando uma jovem na flor da idade perde a vida, é a morte que *vem* ao seu encontro.

Com o sexo nasce a morte. — Como a senescência e a morte vieram a se alojar no genoma humano? A resposta remete à vitória do sexo como método de procriação dos seres vivos: a diferença entre a reprodução por fissão binária, na qual um ser se divide em dois iguais a ele, de um lado, e a reprodução sexuada, na qual dois seres se unem para que nasça um terceiro, semelhante-distinto a eles e apto a prolongá-los, de outro. O aparecimento relativamente tardio da reprodução sexuada no mundo natural — cerca de um bilhão de anos depois do início da vida no planeta — permitiu e impulsionou a proliferação de seres multicelulares cada vez mais complexos e diversificados, nos quais grupos de células altamente especializadas passam a cumprir de forma coordenada as funções necessárias à sobrevivência e procriação. O processo de especialização celular ensejou o surgimento de dois tipos fundamentais de células: as somáticas (grego *soma*: "corpo") e as germinativas (latim *germen*: "semente, broto"). Enquanto o soma constitui os órgãos e membros do corpo, cérebro incluso, que nos mantêm aptos a viver, as células germinativas ou gametas são aquelas que, misturando-se ao par adequado, darão sequência à linhagem da vida na concepção de um terceiro. — *Por que a morte?* As vantagens da reprodução sexuada do ponto de vista biológico da espécie são patentes: ela promove a variação genética e a permanente experimentação por meio da recombinação aleatória de genes que, ao serem selecionados em competição com outros, tornam as espécies mais aptas a reparar e eliminar defeitos genéticos e a sobreviver e adaptar-se ao ambiente em mutação. O problema, contudo, ao menos do nosso ponto de vista, é o custo embutido no processo. Enquanto algumas células germinativas — com sorte — se fundem a outras e geram um novo ser dotado de gametas capazes, por sua vez, de perpetuar o seu DNA na linhagem da vida, o soma não tem a mesma sorte. Em ritmos variáveis e por diferentes caminhos, o fato é que *todas* as células somáticas do nosso corpo, sem exceção, estão sujeitas ao processo de senescência seguido de morte. O soma não passa de simples coadjuvante ou serviçal no enredo da vida. Uma vez garantida a formação das células germinativas e cumprida a missão de torná-las aptas a transmitir o DNA para as gerações seguintes — daí, diga-se de passagem, o excepcional vigor da "longa intoxicação da juventude" —, o soma perde a razão de ser do ponto de vista biológico; ele se torna, por assim dizer, uma espécie de "bagagem ociosa" ou "redundância", abandonada pela natureza à própria ruína, como as cápsulas usadas e descartadas de um foguete cuja ogiva segue seu curso rumo ao espaço. O choque de perspectivas não poderia ser maior: se do meu ponto de vista *eu sou o meu soma* (cérebro incluso), já do ponto de vista da natureza o meu soma não passa de um *expediente temporário*, ou seja, uma peça útil — porém eminentemente descartável — a fim de lançar adiante a ogiva-DNA na linhagem da vida. Se o sexo embute a promessa de salvar os nossos genes e perpetuar-nos na espécie, ele não nos salva. Ele nos condena ao declínio e ao derradeiro despejo à revelia de nós mesmos. O que nos imaginamos ser — nosso corpo, a singularidade de ser quem se é — não é o que a natureza nos condena a ser: seres efêmeros, fadados ao descarte. A morte é o preço que pagamos pela reprodução sexuada.

31

A vertigem do clímax. — A língua francesa tem um nome sugestivo para o orgasmo: *la petite mort*. Com ponta de malícia, um biólogo sorriria. Corpos fusionados no apagão da consciência; a união paroxística dos gametas em transe; a natureza em júbilo pela sobrevida da espécie. Volúpia e vertigem — singelo conúbio de eros e tânatos. E se o orgasmo não passa da "pequena", o que pensar da sua versão superlativa — a "grande morte"? E se no êxtase do enlace, como vislumbra Carlos Drummond de Andrade em *Corpo*, "pressentimos só as migalhas desse banquete além das nuvens contingentes da nossa carne"? De quantas "pequenas mortes" se faz o derradeiro fim?

32

Desvio de finalidade. — O físico americano Robert Oppenheimer disse bem: "A busca do conhecimento se assemelha ao sexo; a finalidade é prática, mas não é por isso que as pessoas normalmente a praticam".

33

O lamento do soma senecto. — Rugas do tempo. Perto de completar noventa anos, o soma ensaia um balanço: "Abusei, não peço perdão. Haveria, no entanto, saída? Álcool, tabaco, cafeína, haxixe, açúcar refinado, sódio, gordura saturada, dióxido de carbono, radiação uv... escolha a substância — são poções diluídas. A droga mais potente, a pior peçonha, o veneno mais destruidor é o tempo. Quem pode detê-lo? O tempo implacável que faz do corpo uma carniça: pele enrugada; cabelos ralos e grisalhos; ossos e músculos afinados; juntas enrijecidas; genitais engelhados; digestão preguiçosa; autorregulação térmica avariada; sentidos lusco-fusco; cérebro enevoado. Artrite, varizes, esclerose. O corpo-ruína, envilecido: fósforo queimado, mexerica chupada, chiclete mascado e cuspido no chão. O tempo, algoz fugaz, decreta a sentença e fixa o destino-entulho de todo soma — fumaça e cinzas, alimento de vermes e abutres. Sombra inane ao sol do meio-dia, corpo frio ao entardecer. Como pude, jovem, ignorar a brevidade do meu dia?".

34

O cadáver adiado de Titonos. — A mitologia grega conta a saga de Titonos, filho de Laomedonte, rei de Troia. Jovem de grande beleza, ele desperta o amor de Eos, a deusa da aurora. Apaixonados, ela e seu consorte se mudam para a Etiópia, onde têm dois filhos. Preocupada com a condição mortal de Titonos e com a perspectiva de sobreviver a ele pela eternidade, Eos intercede junto a Zeus para que confira ao seu amado a prerrogativa da imortalidade. Zeus atende ao pedido. Mas como Eos esqueceu-se de acrescentar ao pleito a cláusula de que o mantivesse jovem para sempre, Titonos continua a envelhecer como se fora um mortal, e vai se tornando cada vez mais tíbio, enrugado e esquecidiço com o passar dos anos. De início, Eos não se abala e continua a cuidar dele com todo o zelo, servindo-lhe ambrosia e vestindo-o com belas roupas. Mas quando Titonos já não consegue sequer mover-se, reduzido a uma carcaça inane ou *soma* (no sentido homérico de corpo esvaziado de vida ou o que resta de alguém depois que seu viço e vitalidade se foram), ela por fim decide trancá-lo num quarto vazio e escuro, abandonando o esposo a um balbuciante murmúrio no eterno silêncio. Se o herói guerreiro, na cultura grega arcaica, alcança a glória eterna ao morrer na flor da idade, o ancião condenado a nunca morrer colhe a miséria imperecível de uma existência espectral. "Para Titonos", conclui o *Hino homérico a Afrodite,* "Zeus decretou um mal imorredouro, a velhice, que é pior ainda que uma horrível morte."

35

Oitenta anos em quinze. — Hábitos e ambiente têm o seu peso, mas o envelhecimento é um fenômeno essencialmente genético. Prova disso é a síndrome de Hutchinson-Gilford ou progéria (grego *progeros*: "prematuramente velho"). Os portadores dessa moléstia que faz disparar o relógio da senescência natural — uma anomalia genética que afeta um em cada 20 milhões de nascidos vivos — vão do berço ao túmulo, como num vídeo em fast-forward, em curtíssimo intervalo. Aos quinze anos de idade — e sem passar pela puberdade — a vítima apresenta os sinais exteriores da velhice: pele enrugada, fina e transparente; ossos e músculos afinados; cabelos ralos e grisalhos; sentidos embotados; sistema cardiovascular fragilizado. A causa da doença, ao que parece, é a mutação de um único gene (LMNA) que leva à produção da proteína progerina, geradora de uma gama de sintomas de envelhecimento acelerado em nível celular. — A progéria é uma síndrome rara, porque todos os seus portadores morrem sem procriar e, portanto, a mutação da qual resulta não se propaga às gerações seguintes: some com a vítima. Já a senescência natural é um fato comum e universal (para os que têm a sorte de chegar lá), apesar de nociva — quando não calamitosa — do ponto de vista da capacidade de autopreservação do organismo. A razão por que ela vige e consegue se perpetuar no genoma das mais diferentes espécies, inclusive répteis e anfíbios, é simples. Sua aparição no ciclo de vida do organismo é tardia. Quando os seus efeitos ruinosos afloram, o animal já viveu os seus quinze minutos de glória e holofotes: a flor da idade é página virada e os fogos e projéteis reprodutivos foram queimados. A linhagem da vida seguiu por outro caminho. Se a senescência viesse mais cedo, como ocorre no caso da progéria, ela minaria a capacidade de sobreviver e reproduzir do organismo em idade crítica e, desse modo, tenderia a desaparecer (ou tornar-se muito rara) devido ao crivo seletivo e à pressão da seleção natural; daí o parentesco, nesse ponto, com doenças de manifestação tardia, como o Alzheimer, que driblam o filtro seletivo da evolução e assim se hospedam e propagam com mais frequência no genoma. — A natureza não prima por um excesso de zelo e deferência com nossos sentimentos morais. Se Titonos viu-se condenado a um infinito envelhecer, as vítimas de progéria envelhecem em trágico desabalo. Mas se o relógio da senescência celular pode disparar dessa forma, então não é descabido imaginar que ele possa também vir a ser retardado em seu afã.

A ciência bigume. — Conhecimento é poder: ao privar de interioridade o mundo natural e abreviá-lo a rasa superfície causal, a abordagem científica rendeu a natureza aos ardis da manipulação técnica e despertou a sanha feroz de assenhoreamento. Se a ciência moderna destronou a humanidade metafisicamente, reduzindo-nos a não mais que gratuita, ínfima e dispensável espécie primata na ordem visível das coisas, ela ao mesmo tempo entronizou-nos tecnologicamente ao prometer, como vaticinou Francis Bacon, "restaurar e exaltar o poder e o domínio do próprio homem, da raça humana, sobre o universo" a fim de que possa afirmar-se "como um deus sobre a Terra". — Com a morte não foi diferente. Se, por um lado, a ciência induz ao nada absoluto como certeza prospectiva do após-a-morte, destruindo qualquer possibilidade de crença no que virá depois, ela ao mesmo tempo nos acena e seduz, por outro, com a perspectiva de vidas cada vez mais saudáveis e longevas e a promessa-horizonte da imortalidade em vida. Assepsia puritana no acreditar, voragem faustiana — fertilização in vitro, clonagem, embalsamento, criopreservação — no fazer e prometer.

37

O novo oximoro. — "A velhice é a mais inesperada de todas as coisas que acontecem a um homem", reparou Trótski no seu *Diário do exílio*. E, no entanto, o que há de mais comum ou previsível que ela? Embora prejudicial à saúde e fator de risco, o envelhecimento não é menos natural que a formação do feto, o desenvolvimento da criança ou a chegada da puberdade. Sendo assim, faria sentido considerá-lo como algo *patológico*, ou seja, da família do mal de Parkinson, da asma ou do herpes? Não há consenso entre os médicos. O envelhecimento chegou a receber o seu código específico (MG2A) na versão revisada da International Classification of Diseases — "a bíblia da medicina" — aprovada na 72ª Assembleia Mundial da Saúde em 2019. Segundo essa nova classificação que, contudo, após intensos protestos e debates acabou sendo revista e mudada na versão final do documento, a síndrome da idade avançada (*"old age"*) seria uma "doença", o que implicaria a ideia de que não existe motivo para que ela precise ocorrer ou para que devamos nos resignar a ela. Na versão aprovada pela Organização Mundial da Saúde em 2022, a idade avançada recebe uma definição diagnóstica, como a causa biológica de doenças produzidas pelo "declínio da capacidade intrínseca associada ao envelhecimento", mas deixou de figurar como uma doença em si. Apesar do recuo, o debate prossegue. Uma coisa, porém, parece certa: se a velhice entrar no rol das doenças, a expressão "envelhecimento saudável" passará a integrar o rol dos oximoros.

38

O limite de Hayflick. — O tempo dos relógios e calendários — convenção humana — não é o tempo dos corpos e do ciclo de vida. Como a progéria evidencia, a idade cronológica de um ser vivo — medida pelo número de anos desde o nascimento — nem sempre guarda uma relação exata e unívoca com a idade biológica, medida por algum biomarcador capaz de aferir o estado fisiológico do organismo e das células de que ele é feito. — A célula é a menor unidade do corpo sobre a qual se pode afirmar que está viva ou morta. O "limite de Hayflick" (devido ao médico americano Leonard Hayflick) designa o número de vezes que uma célula somática normal é capaz de se dividir em duas quando cultivada em condições ideais de laboratório. Ao contrário das bactérias unicelulares, aptas a se replicar ilimitadamente desde que não haja restrições do meio, as células somáticas têm uma capacidade de replicação limitada: a velocidade das divisões tende a desacelerar com o tempo e o número de subdivisões, apesar de variável segundo o tipo de célula (algumas, como as musculares e os neurônios, não se replicam), é *finito*. E como esse número declina de acordo com a idade da pessoa de quem a célula provém, a idade biológica das células pode ser mensurada pelo seu potencial replicativo em condições ideais. O número de duplicações de um fibroblasto (célula do tecido conjuntivo do corpo), por exemplo, varia de cerca de cinquenta vezes, se ele vier de um feto, para vinte a trinta vezes se for de um adulto e para doze vezes se for de um idoso; ao atingir o seu limite, ele simplesmente deixa de se replicar e, poucos dias depois, faz uma espécie de suicídio programado ("apoptose"). A sentença da senescência replicativa das células, entretanto, não importa em que estágio, pode ser arbitrariamente suspensa: o congelamento a 196 graus negativos em nitrogênio líquido ("criopreservação") bloqueia o processo natural de divisão celular e permite que ele seja reiniciado, do ponto exato em que foi interrompido, pelo simples descongelamento. Se o tempo cronológico medido em horas e anos, como um tirano, é uniforme, unidirecional e inexorável em sua marcha, o fluxo do tempo biológico guarda uma outra — e intrigante — natureza. Ele dá margem a barganhas e intervenções.

39

O bafo da virgem. — "Ó Juventude, que eu conheci tão diferente! Não há orações que outra vez te tragam, nunca mais! Não há caminho que me leve atrás?", clamava o poeta Hölderlin. Como rejuvenescer? Uns tomam canja, outros elixir. Quando se viu tolhido pela velhice extrema e nada parecia aquecer o seu corpo, o rei Davi, segundo o relato bíblico (1 Reis, 1:1-4), recorreu a um método peculiar. Ordenou aos seus servos que lhe trouxessem uma virgem de grande beleza para que viesse servi-lo e aquecê-lo, deitando-se ao seu lado no leito real. A *rationale* do expediente era a crença de que ao impregnar-se do calor e da umidade daquele corpo jovem e inalar o frescor do seu hálito, ainda que sem "conhecê-la" em sentido bíblico, o rei pudesse recuperar algo do antigo vigor e rejuvenescer. Curiosamente, a prática do "sunamitismo" (em tributo à jovem sunamita, Abisague, que aqueceu os estertores do rei Davi) não só foi ressuscitada por médicos de ponta do iluminismo europeu nos séculos XVII e XVIII, como também reaparece — e, ao que tudo indica, de forma independente — em tratados de medicina chinesa a partir do século XVI. "Para um homem velho ou pessoas deficientes de energia", prescrevia Li Shizhen, um luminar da medicina na dinastia Ming, a receita é "dormir com uma menina menor de catorze anos, uma vez que não existe melhor remédio do

que receber o *qi* [o 'yang original' ou 'verdadeiro fogo']
contido numa jovem." O método indicava a inalação
dos ares e vapores de uma mulher jovem durante o sono, porém desaconselhava a prática do ato sexual, uma
vez que isso poderia produzir o efeito contrário. — Se o
sunamitismo tem algum mérito, quem irá dizer? Diante
do saco de espantos da natureza, há que se manter arejada a janela da dúvida (se chegar à idade certa, eu não
me importaria em servir de cobaia). O viés de gênero,
contudo, é gritante: em nenhum momento os entusiastas
da terapia chegam a aventar a hipótese de que ela possa
também aplicar-se, mutatis mutandis, para mulheres ido-
sas — ou pessoas de qualquer orientação sexual — em
busca do viço e vigor perdidos.

40

O relógio de Horvath. — Como aferir o estágio de envelhecimento de uma célula do corpo independentemente da idade de quem a doou? O geneticista alemão Steve
Horvath desenvolveu um "relógio epigenético" baseado
na mensuração da modificação química do DNA associada ao processo de metilação (o acúmulo de elementos
do grupo metil na molécula). A metilação, como ele explica, equivale a uma espécie de "ferrugem" e ao progressivo "enferrujamento" da maquinaria molecular constitutiva dessa pequena usina bioquímica que é cada
célula. O "relógio de Horvath" é um biomarcador de
envelhecimento celular que permite avaliar de modo ra-
zoavelmente acurado a idade biológica dos órgãos e tecidos do corpo em qualquer fase do ciclo de vida. A taxa de aumento da metilação do DNA em determinado

intervalo de tempo, ele sustenta, explica pelo menos 50% das diferenças de longevidade entre espécies mamíferas (enquanto a baleia-da-groenlândia vive duzentos anos, o camundongo não passa dos quatro). E mais: ela permite prever com razoável precisão a probabilidade epidemiológica da ocorrência de várias moléstias e do óbito. — O uso do relógio de Horvath nos estudos de gerontologia (a ciência teórica e aplicada do envelhecimento) tem estimulado o surgimento de uma vasta e febril atividade de pesquisa visando não só desacelerar, mas *reverter* o processo natural de envelhecimento. A ideia básica desse programa de pesquisa é uma hipótese de "remédio-veneno": o principal fator responsável pela senescência seriam os processos que controlam nosso desenvolvimento desde o útero materno; embora esses processos e mecanismos tenham papel central nas fases iniciais do ciclo de vida, ou seja, durante a formação do feto e na maturação dos corpos até a idade reprodutiva, eles tendem a se prolongar por um tempo excessivo e a se tornar nocivos e disfuncionais com a passagem dos anos — e especialmente a partir do ponto em que, no outono e inverno da vida, o crivo da seleção natural deixa de ser operante e a natureza abandona o soma ao descarte. A metilação do DNA medida pelo relógio de Horvath permitiria aferir o grau do estrago produzido pela duração desses processos para além do seu tempo de funcionalidade. — Como reprogramar e reverter o avanço da idade biológica? O cardápio das técnicas de rejuvenescimento celular em estágio experimental inclui alguns resultados promissores: 1) a conjunção dos sistemas circulatórios e a injeção de plasma sanguíneo de ratos jovens faz retroceder a idade biológica das células (córnea, coração, fígado, cérebro) de ratos idosos; 2) a injeção intramuscular de plasma sanguíneo extraído do cordão umbilical de recém-nascidos num grupo de vinte mulheres e homens (65 a 95 anos) por um período de dez semanas reduziu a metilação do DNA e provocou o rejuvenescimento celular; 3) o uso de hormônios de crescimento e remédios contra diabetes por um grupo restrito de voluntários (sem grupo de controle) fez retroagir em dois anos e meio a idade biológica do timo (uma glândula do sistema imune) assim como de outros órgãos, entre eles o rim e a próstata; 4) existem evidências de que tanto a restrição calórica (ou a ingestão de uma pílula que mimetiza no organismo os efeitos de um jejum prolongado) como uma dieta rigorosa (rica em folhas e vegetais, rara de sódio, gordura e açúcar) têm como efeito não só refrear o ponteiro, mas dar marcha a ré no relógio de Horvath. — Na arte de medir o tempo cronológico, a areia da ampulheta deu lugar ao quartzo do digital. Com os biomarcadores hoje em voga não será diferente. É praticamente certo que eles darão lugar a novos e aprimorados relógios epigenéticos, assim como diversas terapias de rejuvenescimento ora em fase de teste parecerão pouco menos que toscas e desastradas aos olhos das gerações futuras. Todo começo é frágil, mas é assim que se começa.

41

Criônica. — A morte de Francis Bacon, o profeta renascentista do método experimental e da ciência a serviço da técnica, não poderia ter sido mais emblemática. Como conservar os alimentos? Por alguns anos ele vinha alimentando a ideia de que a neve, assim como o sal, poderia ser proveitosa no intuito de prevenir a putrefação dos órgãos e da carne animal. Numa manhã de inverno londrino, ele resolveu testar a hipótese. Foi a um mercado, comprou um galo e pôs-se a estufá-lo com neve usando as próprias mãos. Mas enquanto realizava o experimento, Bacon sofreu um forte calafrio e foi acometido por severa indisposição. Como estava longe de casa, precisou recorrer à hospitalidade de um amigo que morava perto. O quadro agravou-se e, poucos dias depois, ele faleceu. Nem por isso, entretanto, deixou de seguir com interesse o galo que (provavelmente) causou o seu mal. Na última carta que escreveu, em seu leito de morte, ele relatou a um amigo que o experimento com neve havia corrido "extremamente bem". — Bacon morreu em 1626, aos 66 anos. Em quatro séculos, o desenvolvimento da criônica (grego *kruos*: "gelado") — a ciência que estuda a física e a biologia das baixas temperaturas — é palpável, mas o aumento das ambições não ficou atrás. O maior feito recente da criônica foi a descoberta de que gametas, embriões e células-tronco congelados a temperaturas abaixo de 196 graus negativos por nitrogênio líquido podem ser mantidos por tempo indefinido em estado de "animação suspensa", como que imunes à ação natural do tempo, e depois reanimados com êxito, sem danos visíveis, ao serem descongelados. O passo seguinte seria a criopreservação de órgãos ou animais inteiros, mas os resultados têm se mostrado desanimadores até o momento, uma vez que os processos de resfriamento, armazenagem e descongelamento produzem danos estruturais e irreparáveis nos tecidos "ressuscitados". — *A fornalha ou o freezer?* A grande aposta dos adeptos da criopreservação humana — hoje um ramo de negócios em franca ebulição, com milhares de clientes prospectivos (vivos) na fila de espera — é a esperança de que o congelamento da cabeça ("neuropreservação") de pessoas recém-falecidas em tanques cilíndricos permita em algum momento futuro não só trazê-las de volta ao reino dos vivos como dar-lhes ainda um "novo endereço", ou seja, em cópias dos seus corpos criadas por meio de clonagem ou manipulação de células-tronco. O festival de horrores revelado pela miríade de danos e estragos verificados nos corpos e cérebros de "pacientes" criopreservados mas que por um ou outro motivo (a começar pela avareza dos descendentes) foram descongelados antes do tempo não parece deter os entusiastas da proposta. Cinzas ou gelo? Como um embalsamento 4.0, a criopreservação oferece aos que nela creem a miragem-promessa de uma viagem de ambulância no tempo com escala no hospital universal, tendo como destino a terra prometida da vida eterna. A chance é infinitesimal, o prêmio infinito.

42

O botão de recomeço: Yamanaka. — Da epiderme aos neurônios, os sinais de envelhecimento podem ser detectados em todas as nossas células somáticas. Isso não vale, todavia, para as células germinativas ou gametas; pois existe, escondido em nossa biologia, um mecanismo capaz de evitar que tais células — as únicas que darão seguimento à linhagem da vida — sofram o processo de senescência a que todas as outras estão sujeitas. É isso que explica o fato de que pais mais velhos gerem bebês com idade biológica idêntica aos gerados por pais muito jovens (e não com células maduras como as suas), como se uma espécie de "botão de recomeço" (*reset button*) tivesse a propriedade de anular o efeito do tempo e fazer com que cada bebê venha ao mundo com o relógio biológico zerado. A questão do modo específico como os gametas logram manter-se imunes à ação do tempo, tornando-se assim potencialmente imortais, ao passo que as células somáticas permanecem sujeitas às intempéries e à ruína da senescência, é tida por especialistas como "o enigma central da gerontologia". — Um passo decisivo na elucidação desse mistério foi dado em 2006 pelos pesquisadores japoneses Shinya Yamanaka (Nobel de Medicina em 2012) e Kazutoshi Takahashi. Eles descobriram quatro proteínas — "os fatores de Yamanaka" — dotadas de uma surpreendente e singular propriedade: uma vez misturadas a uma célula qualquer de um animal mamífero, elas levam essa célula a gradualmente abandonar sua função adulta especializada e a regredir a um estado embrionário pluripotente, a partir do qual ela pode ser reiniciada de modo a gerar qualquer outra célula especializada do corpo (pele, sangue, coração, fígado etc.). Os fatores de Yamanaka cumprem um papel e encontram-se normalmente ativados nas primeiras fases de vida de um embrião; a novidade foi a descoberta de que, ao serem reinseridos em células de qualquer idade, eles atuam como um botão de recomeço capaz de reconduzi-las à idade zero e ao grau zero da identidade. — O desafio agora consiste em dar a essa descoberta aplicações médicas dignas do seu revolucionário potencial. Os primeiros testes com ratos revelaram que além de zerar o relógio epigenético, como desejado, as células tratadas com os fatores de Yamanaka desenvolveram teratomas e tornaram-se com frequência cancerosas. A busca da solução do problema tem levado os pesquisadores a testar diferentes combinações das proteínas (é possível que uma delas seja a causa do efeito nefasto) e a variar as dosagens de modo a fazer com que as células não regridam até o grau zero da condição pluripotente, mas retrocedam rejuvenescidas à sua função especializada, o que talvez evite o surgimento de tumores. As possibilidades, é certo, parecem imensas, mas é preciso lembrar que o rejuvenescimento celular, ainda que primordial, não dá conta sozinho do fenômeno mais multifacetado e complexo que é a senescência. Imaginar o contrário seria como supor, por exemplo, que as placas do Alzheimer desapareceriam com o simples rejuvenescer das células nervosas do cérebro doente, o que não é o caso; porém, desde que aplicados em tempo hábil, os fatores de Yamanaka poderiam, aí sim, impedir que as placas viessem a surgir. Não é pouco.

43

Prognósticos afoitos. — A expectativa de vida ao nascer no mundo (não obstante a aids e a covid) aumentou mais no último meio século do que nos 50 mil anos precedentes. Além da forte queda da mortalidade infantil, moléstias outrora fatais, como tuberculose, varíola ou infecções banais, deixaram de sê-lo. Chegará o dia, é razoável supor, em que envelhecer ou manter-se jovem se tornará uma *escolha*, como cuidar (ou não) da saúde ou como tratar-se (ou não) de uma doença. A geração a que a maioria de nós pertence, filha do século xx, sustentam os mais entusiastas, será a última condenada pela natureza a padecer das dores, incômodos e humilhações de uma prolixa velhice. — A expectativa, é certo, não pode ser descartada; mas duvido que se materialize em tão curto prazo. É pródigo o cardápio de previsões afoitas e promessas irrealistas suscitadas pelos avanços da ciência. Como o quitute e a fome, o par se ajusta: o exagero promocional dos vaticínios combina o pensamento desejoso aliado ao oportunismo de alguns, do lado da oferta, com a fé esperançosa e a credulidade da maioria, do lado da demanda. Mas supondo, por um momento, que o prognóstico dos otimistas porventura se concretize e que nós, com um pé em cada século, sejamos de fato a última geração sujeita como que por fatalidade à senescência, *que grande pena!* Que lastimável infortúnio ter perdido — e por tão pouco! — a chance de nos vermos finalmente libertos e alforriados da cega, cruel e indiferente tirania a que nosso passado evolutivo nos sentenciou ao nascer.

44

A *árvore da vida.* — Pecado e castigo. Mas o que realmente sucedeu no mito judaico-cristão da queda? As árvores interditas do Éden eram duas: a árvore do conhecimento e a árvore da vida. Instigados pela serpente, Eva e Adão desafiam a autoridade divina, tomam o fruto da árvore do conhecimento e adquirem a ciência do bem e do mal. Mas o castigo a que foram condenados não visava reparar a ofensa já cometida. A expulsão do paraíso não é uma ação de justiça retributiva (pagar o mal com o mal), mas de justiça preventiva (evitar a recorrência do mal). O propósito da pena era antes prospectivo, ou seja: impedir que o casal viesse a repetir a audácia e assim rivalizar com Deus no desfrute da vida imortal. A quebra de confiança abriu um grave precedente e inoculou a dúvida na mente divina: "Eis que o homem se tornou como um de nós, capaz de conhecer o bem e o mal; e se ele agora estende a mão, toma o fruto da árvore da vida, come-o e vive para sempre?" (Gênesis, 3:22). O que estava em jogo não era essencialmente o passado, mas o futuro: o privilégio da vida imortal. E se a humanidade, portanto, traz a marca da falta e do pecado, isso se deve não só à violação da árvore do conhecimento, mas à tentação da árvore da vida. A culpa não é menos pretérita que prospectiva.

45

Juros e amortização. — "A natureza nos dá a vida, como dinheiro emprestado a juros, sem fixar o dia da restituição." A metáfora ciceroniana faz jus à nossa condição mortal. Mas haverá cláusula pétrea no draconiano contrato? E se a humanidade insurgente, farta do ônus, fizesse do engenho biomédico a arma para driblar a herança imposta por nosso passado evolutivo e renegasse a dívida? E se, rebelada, ela aplicasse um vitorioso calote? Que nos intime a natureza, nossa primordial credora: nem a velhice (juros compostos) nem a morte (amortização terminal) foram livremente acordados.

46

Os imortabilistas do iluminismo. — Como talvez nenhum outro movimento intelectual, o iluminismo europeu do século XVIII promoveu a secularização do pensamento e das aspirações humanas: a história como o enredo da progressiva vitória da razão e das luzes sobre a superstição e o obscurantismo. À corrosão das bases em que assentava a crença religiosa em outra vida após a morte correspondeu a supervalorização da vida terrena e o redobrado empenho em desfrutá-la e prolongá-la — viver com saúde por mais tempo e viver melhor. Se a porta da vida eterna num ilusório além se fechava, por que não trabalhar para abri-la no aquém desta vida pela luz da ciência e pelo arsenal da técnica? Foi o que propugnaram dois expoentes do século das luzes, o filósofo político e romancista inglês William Godwin e o matemático e filósofo francês Antoine-Nicolas de Condorcet. — A aposta-profecia na imortalidade era um aspecto da crença na "perfectibilidade humana". Tomando como ponto de partida a ideia lockiana de que a mente vem ao mundo como uma "tábula rasa" — uma prancha lisa e maleável na qual se podem imprimir os caracteres desejados —, Godwin argumentou que nossa constituição física e mental não seria algo dado, mas "essencialmente progressiva". A perfectibilidade — "o homem é perfectível ou, em outras palavras, suscetível de perpétua melhoria" — não se resumia a uma simples esperança, mas era um imperativo da razão e uma realidade histórica. Entre as conquistas desse aprimoramento devido ao engenho humano, ele previa, figuravam a abolição do *sono* ("enfermidade conspícua") e, posteriormente, a erradicação da *morte natural*, o que libertaria os humanos não só de qualquer expectativa em relação à vida póstuma como da necessidade de gerações futuras (a espécie humana tornar-se-ia "uma população de homens e não de crianças"). A imortalidade nesta vida seria não só fruto do progresso como alimento dele, ao impedir que a morte privasse o mundo das pessoas de gênio e saber. — Condorcet, por sua vez, vislumbrou um futuro no qual o aumento da extensão da vida seria virtualmente ilimitado: "A melhoria da prática médica, que se tornará mais eficaz com o progresso da razão e da ordem social, significará o fim das doenças infecciosas e hereditárias e das moléstias causadas pelo clima, alimentação e condições de trabalho. É razoável esperar que, de igual modo, todas as demais doenças poderão desaparecer à medida que suas causas remotas sejam descobertas. Seria então absurdo supor que essa perfeição da espécie humana possa ser capaz de um progresso indefinido; que chegará o dia em que a morte decorrerá somente de acidentes excepcionais ou do declínio das forças vitais, e em que o intervalo médio entre o nascimento e o declínio por fim deixará de ter um valor determinável?". — Exilada e banida do céu cristão, a promessa da imortalidade ganhou a terra. Referindo-se especificamente às conjecturas de Godwin e Condorcet em torno do prolongamento indefinido da vida humana no seu *Ensaio sobre a população* de 1798, o reverendo anglicano Malthus não deixou de detectar ali "uma deveras curiosa ilustração do anseio da alma pela imortalidade". Esses dois autores, ele apontou, "rejeitam a luz da revelação que promete de modo absoluto a vida eterna em outro estado [...] Não obstante, a ideia de imortalidade é algo tão congênito à mente humana que eles não são capazes de consentir descartá-la por completo dos seus sistemas". Céticos acerca da possibilidade de outra vida, os imortabilistas do iluminismo eram entusiastas das infinitas possibilidades desta. Ao acenar com a promessa da vida eterna, eles quebraram o monopólio religioso do *"immortality business"*.

47

O império do acaso. — Fez tudo certo na vida. Dieta, exercícios, sono, hábitos regulares. A proverbial taça de vinho tinto. Genética boa, saúde exemplar. Tinha tudo para uma vida longa e profícua, ver os bisnetos crescerem, como seus pais e avós... O acaso não quis. Ao submeter-se a uma tomografia em hospital de primeira linha (simples rotina, necessidade duvidosa), o aparelho estava mal ajustado e a radiação foi o gatilho de uma mutação celular no pâncreas. Em oito meses, tudo terminado. Tinha 52 anos. A causa do tumor jamais foi identificada.

48

Morte em vida. — Em 2020 a população mundial acima de sessenta anos ultrapassou a marca de um bilhão de pessoas; nos países de alta renda os idosos com mais de 85 anos são o grupo etário que mais cresce. O avanço da longevidade, porém, trouxe novos problemas. Enquanto os berçários mínguam, os asilos proliferam; em diversos países a venda de fraldas geriátricas supera a de fraldas infantis. Pior: o progresso da medicina tem permitido estender a sobrevida de pessoas em estado quase vegetativo, sem esperança plausível de recuperação, em muitos casos uma sombra apenas ou pálido resíduo do que foram em vida, quando não absolutamente ausentes e desmemoriadas; carcaças vazias e dolorosas de uma antiga personalidade e vivacidade. O que é a morte para alguém nessa condição? "Não se morre uma só vez, nem de vez": a perda derradeira pode ser ínfima face à perda sofrida no caminho. No afã de sobreviver por mais tempo, morrer por mais tempo. Em mais de um sentido, além do físico-corporal, a vida não raro se encarrega de fazer o grosso do infortúnio da morte.

49

A caixa de fósforos: um experimento mental. — O intervalo, sabemos, é finito; mas qual a extensão? Um dia ela será sabida. E se a indefinição ex ante acerca do tempo de vida que nos resta fosse abolida? Imagine que ao nascer você — e somente você — receba uma caixa de fósforos contendo o número exato de palitos correspondentes aos seus anos de vida. A cada ano transcorrido, no dia do seu aniversário, um palito é retirado da caixa, aceso e descartado. O número de palitos reduz-se ano a ano, independentemente do seu modo de vida e escolhas (tudo já havia sido computado), sem que nada e ninguém possa fazer algo a respeito. E se nos fosse facultado vir a saber? Você abriria a caixa e contaria os palitos restantes? — Do ponto de vista prático, o benefício seria claro: isso permitiria planejar melhor a vida, priorizar as escolhas e tirar calculadamente o máximo proveito do tempo e dos recursos disponíveis. O *homo economicus* prefere saber. Mas seria realmente o caso? Uma primeira dúvida remete ao conteúdo da caixa: ela pode estar bastante cheia ainda, tremendo alívio, mas pode estar *por um palito apenas* — catástrofe. Valerá a pena apostar? Mesmo no primeiro caso, todavia, é altamente duvidoso que a vantagem prática decorrente da abertura da caixa possa superar o fardo que essa opção acarretaria. Como seria viver sob o efeito de uma convivência prolongada com o dia fatal e incontornável a assombrar um horizonte-abismo cada vez mais próximo? O aniversário feito um marco de contagem regressiva, um dia de quase luto, esqueletos de fósforo se apinhando como guimbas num cinzeiro. A difusa expectativa de um acontecimento, embora certo, não nos afeta como a nítida e temporalmente assente presciência da sua ocorrência. Abrir a caixa equivaleria a pouco menos que adentrar uma espécie de corredor da morte, com data de execução definida, como um condenado que se vê forçado a marchar rumo à forca. "Sabiamente os deuses encobriram na noite fuliginosa o desenlace futuro e riem-se dos mortais quando se tornam ansiosos para além dos limites da sua condição mortal." Quando o ignorar é bênção, o conhecimento é encrenca. "Melhor vida é a vida que dura sem medir-se." O encanto da existência se renova e revive nessa fonte.

50

O cérebro e o seu "eu". — Se o cérebro de uma pessoa for transplantado para um outro corpo semelhante (ou clone idêntico) ao dela, essa pessoa morreu ou vive ainda, embora em nova morada? Eu *tenho* um cérebro ou eu *sou* um cérebro? Quando eu digo "o meu cérebro", a quem exatamente me refiro — *meu de quem*? Quem seria o proprietário do órgão? A filosofia implícita na linguagem comum, herança da nossa experiência milenar como seres de carne, osso e errância na terra, embute um peculiar contrabando: a ideia de um "eu" por trás de mim, como o titular soberano de um corpo e de um cérebro, mas pairando acima e além dele. Um "eu" imune a toda e qualquer transformação da nossa realidade cor-

poral; que se preserva intato mesmo quando alcançamos o mais avançado estágio de decrepitude e que não
se confunde com a criatura de pele, músculos e ossos: "o
inimigo maduro [que] a cada manhã vai se formando no
espelho de onde deserta a mocidade". Tem realidade esse "eu"? Ou ele não passa de uma peça de ficção, como
tantas outras fulminadas pelo avanço da ciência — duen-
des, lobisomens, unicórnios — ou como os mortos que
nos visitam em sonhos? Verdadeira ou falsa, no entanto,
a crença nesse "eu" imbricada na linguagem comum tem
uma característica irrecusável. Embora limada e ceifada
da imaginação pelo raciocínio lógico, ela teima em voltar, infiltrar-se e deitar raízes no solo da mente pela força
da experiência e da intuição. Uma ilusão, se o for, inex-
pugnável.

51

Imortalidigitalização. O corpo decai e apodrece; a mente anseia e resiste. Por que não dar ao universo mental
de cada pessoa uma existência emancipada, livre das ca-
rências e vulnerabilidades do corpo em que está imbricado? O impulso arcaico de alcançar a imortalidade em
vida encontrou no *transumanismo* — uma corrente tecnocientífica nascida na Califórnia nos anos 1980 e finan-
ciada por multibilionários do Silicon Valley — uma pitoresca manifestação. O alvo maior do movimento é nada
menos que transcender as limitações da vida biológica-
-corporal, com ênfase no doloroso enigma da morte,
por meio do uso do mais avançado arsenal tecnocientífico: inteligência artificial (IA), medicina regenerati-
va, nanomedicina, terapia genética, ferramentas CRISPR

(edição genômica), manipulação de células-tronco e o que mais for o caso. Uma das principais apostas desse programa de pesquisa é o *"mind uploading"*: a ideia de converter personalidades humanas em programas de IA aptos a ser armazenados no ciberespaço ou "carregados" em máquinas ou clones. A digitalização dos conteúdos do cérebro — nossas memórias e desejos, pensamentos e afetos, sonhos e medos, a sensação de ser quem se é — e sua transferência para um artefato cibernético garantiriam a perpetuação da nossa consciência e vida mental para além da frágil e efêmera corporalidade em que nos foi dado existir — *a imortalidigitalização*. Levada ao extremo, a utopia transumanista considera bem-vinda a substituição dos seres humanos com seus corpos pré-históricos herdados do passado evolutivo por máquinas inteligentes: o *"mind uploading"* em supercomputadores faria da IA o próximo passo da evolução. Pâncreas, unhas, hipófise? A proposta do transumanismo, em suma, é deixar o *Homo sapiens* para trás. — É impossível prever até onde se pode chegar na busca de um sucedâneo tecnológico para a imortalidade da alma. Como escreveu Marx no *Capital*: "A tecnologia moderna pode exclamar com Mirabeau: *Impossible! ne me dites jamais ce bête de mot!*".* Um entusiasta do transumanismo não diria melhor. Mas será minimamente plausível imaginar que no futuro, em alguns séculos ou milênios talvez, nossos descendentes terão se transformado — evoluído? — em seres incorpóreos ou entes eletrônicos a pairar no ciberespaço pela eternidade? A fantasia transumanista parte da premissa de que os seres humanos são o problema ao passo que a tecnologia é a solução. O redu-

---

* "Impossível! nunca me diga essa palavra ridícula!"

cionismo implícito na proposta salta aos olhos e raia as bordas do desvario: as pessoas não passam de máquinas (anacrônicas e imperfeitas) de processamento de dados e o mundo mental de cada um pode ser replicado em algumas linhas de programação. Ao se carregar o "eu digital" na nuvem, porém, o que restaria da pessoa que o originou? De que modo seriam traduzidos e preservados em código-fonte os seus vínculos de amor e amizade, o fluxo sensório, o calor do sol na pele, a delícia de um banho de mar, o olhar apaixonado e tudo, enfim, que significa estar vivo entre os vivos? E sem esquecer, é claro, que os artefatos tecnológicos, por mais sofisticados, estão no mundo físico e, portanto, vulneráveis a bugs, hackers, apagões e colapsos imprevistos. A alma digitalizada (ou o que restar dela) passaria a existir, como a cristã, fora do corpo; porém, ao contrário desta, seria apenas potencialmente imortal. — As miragens e falsas promessas do tecnossolucionismo — a crença de que existe uma resposta tecnológica para tudo — têm sido uma nota constante, quase uma obsessão da nossa era. O transumanismo californiano pertence à família das fantasias de absoluto controle e assenhoreamento da natureza que não raro redundam, como a crise climática, em temíveis e ameaçadoras formas de descontrole. O enredo é conhecido. No salto tecnocientífico que se avizinha, a aurora de um "novo tempo"; a promessa digna de fé e o passaporte da ansiada redenção. O futuro digital e a IA aí estão. Será diferente desta vez? Com esperanças assim, quem precisa de distopias?

52

As duas certezas. — Quando a carta magna estadunidense foi promulgada em 1789, Benjamin Franklin, um dos autores do documento, escreveu a um amigo: "Nossa nova Constituição foi agora implementada e tudo sugere que ela promete durar; porém nada nesse mundo se pode dar como certo, exceto a morte e os impostos". A depender do êxito do transumanismo, contudo, a conclusão do inventor do para-raios precisará ser revista. Os impostos sobreviverão à morte.

53

Verso e reverso. — "O homem que vive para o corpo está morto", pontificou o poeta Edward Young, precursor inglês do romantismo, em *Night thoughts*. Os tempos, porém, são outros. E a réplica digital de uma consciência incorpórea em rede com seus pares no ciberespaço — estará viva?

54

A epopeia de Gilgámesh. — Escrita em sumério e gravada em tabuinhas de argila que remontam ao século XXI a.C., a narrativa da saga de Gilgámesh, rei de Úruk, a maior cidade-estado da Baixa Mesopotâmia na época, perto da atual Bagdá, pertence ao mais antigo corpus de literatura de que se tem registro na história humana. A versão-padrão do poema — reunindo milhares de fragmentos em sumério e acádio descobertos e decifrados por especialistas entre 1872 e 2014, e tendo como texto-base a obra de um sacerdote-exorcista babilônio do século XIII a.C. — tem cerca de 3 mil versos e nos remete a temas, anseios e inquietações da mais inconteste atualidade. — A trama da epopeia conta uma lenda de revolta, amadurecimento e aceitação dos limites humanos: "o caminho da sabedoria" de um herói cultural. Acostumado a obter tudo que deseja por meio da força e da violência, o jovem Gilgámesh governava Úruk como um tirano. Em busca de fama e prestígio, ele abandona as suas responsabilidades como governante e parte com Enkídu, seu companheiro de armas e amigo, numa expedição à Floresta de Cedros, um reduto sagrado e interdito aos humanos. Depois de muitas aventuras, eles descobrem, penetram e profanam a floresta. Quando retornam a Úruk, entretanto, Enkídu adoece e morre. Consternado pela perda do amigo, cujo destino o torna ciente da própria finitude, Gilgámesh ordena que lhe proporcionem um suntuoso funeral antes de partir novamente de Úruk, tendo como objetivo agora encontrar a morada do sábio Utá-napíshti e arrancar dele o cobiçado "segredo dos deuses" — o dom da vida imortal. — No percurso até os confins da terra, onde morava o sábio, os percalços se sucedem, mas o ansiado encontro enfim tem lugar. Interpelado por Gilgámesh, Utá-napíshti conta-lhe a história do dilúvio e discursa sobre a fugacidade da vida e a inevitabilidade da morte; em seguida explica como após a quase extinção em massa provocada pelo cataclismo, quando um só casal de cada espécie animal conseguiu sobreviver graças à arca por ele construída, os deuses impuseram a todos, sem poupar os humanos, a condição mortal como um fato inelutável da vida; somente ele e sua esposa receberam dos deuses o dom da vida imortal. O rei, todavia,

75

não se dá por vencido. Utá-napíshti propõe-lhe então o desafio de abster-se do sono ("irmão mais novo da morte") durante uma semana, embora sabendo-o fadado ao fracasso. Gilgámesh sucumbe no teste e dá-se conta de que, se não consegue sequer derrotar o sono (que "como um ladrão apossou-se de minha carne"), não tem chance de vencer a morte. Resignado, o rei prepara-se para retornar a Úruk. Mas o sábio imortal, instado por sua esposa, e embora sabendo que a expectativa terminaria frustrada outra vez, resolve dar a ele como prenda de despedida o mapa de acesso a um vegetal secreto ("mistério dos deuses") a ser colhido na jornada de volta — *a planta do rejuvenescimento*. Ajudado por seu fiel barqueiro, o rei segue à risca as instruções do mestre e cava um túnel no mar profundo onde consegue localizar a planta e colher o fabuloso elixir capaz de fazer remoçar e reviver quem o ingere. Entretanto, bastou-lhe um momento de descuido para se ver tolhido da prenda: o herói distrai-se enquanto se banha numa cisterna e permite que uma serpente astuciosa, atraída pelo odor do vegetal, furte a preciosa planta; a pele que dela se desprende é o rastro da burla e signo da imortalidade roubada. Inconsolável, Gilgámesh tenta voltar ao local da descoberta, mas a busca se revela infecunda. — Nem tudo, porém, se perde. Derrotado na batalha pelo segredo da vida imortal, ele retorna à cidade natal amadurecido. Ao reassumir o trono, purificado pelos ensinamentos de Utá-napíshti, revela-se um bom governante; passa a cuidar do restauro dos templos e dedica-se à realização de benfeitorias, como a edificação de muralhas, o cultivo de cedros e a formação de oásis no deserto. Gilgámesh se reconcilia com o destino decretado pelos deuses e descobre que, embora ele mesmo mortal como todos, a comunidade humana é eterna, e a única forma de imortalidade ao seu alcance e à qual pode aspirar é a de um renome duradouro proporcionado por feitos perenes. À beira da morte, "ele que viu o abismo" não busca alento e consolo nos deuses, mas em suas próprias realizações. "Veio de longo caminho, estava exausto, encontrou a paz."

55

Promessa autorrealizável. — O imperador chinês Aidi de Jin, membro da dinastia Jin ocidental no século IV d.C., morreu vítima da obsessão de não envelhecer. Além da prática debilitadora do *bigu* — técnica taoista baseada na abstinência de cereais —, ele acabou perecendo, aos 25 anos, envenenado pela overdose de um elixir, à base de mercúrio e arsênico, que prometia a eterna juventude. De um modo torto, é certo, mas não menos verdadeiro, a promessa do elixir se cumpriu: a droga impediu que o imperador envelhecesse.

56

Ambrosia tantalizante. — Na mitologia grega, a imortalidade é o atributo divino por excelência. Qual o segredo? A fonte do privilégio não é dom constitutivo dos deuses, mas fruto do acesso a dois alimentos que somente eles podiam desfrutar: o néctar e a ambrosia (grego *ambrotos*: "imortal"). Ao contrário dos animais que comem qualquer coisa e dos humanos que se nutrem de pão, carne e vinho, os deuses do Olimpo são aqueles que, alimentados pelo néctar e pela ambrosia, regalam-

-se com os manjares da vida eterna, ainda que seus corpos, dotados de inesgotável vitalidade, ignorem o que seja fome, sede, sono ou cansaço. No embate entre Zeus e seu pai, Crono, pelo domínio do universo, o filho rebelde dá a cartada decisiva rumo à vitória quando liberta os gigantes Ciclopes e Cem-braços, presos por Crono no Tártaro, onde sofriam represália por suspeita de conspiração, e oferece a eles o direito ao néctar e à ambrosia na mesa das divindades olímpicas desde que façam uma aliança e lutem a seu lado na batalha contra o pai: a imortalidade foi a moeda de troca que viabilizou a nova ordem cósmica presidida por Zeus. — Nem todos, porém, tiveram a mesma sorte. Ciosos dos seus privilégios, os deuses eram cuidadosos em reservar exclusivamente para si o alimento ambrosiano. Exemplo disso, entre outros, é o destino de um dos filhos de Zeus, Tântalo, rei da Lídia. Ao ser recebido certa feita pelos deuses para um banquete no cimo do Monte Olimpo, ele teve a audácia de tentar contrabandear o néctar e a ambrosia da mesa divina com o intuito de entregá-los aos mortais. A punição sofrida é índice da gravidade da ofensa: Tântalo foi privado das suas prerrogativas divinas e viu-se condenado ao suplício perpétuo ("tantalizante") de padecer de sede e de fome tendo sempre à vista, mas nunca ao alcance efetivo, toda a água e todo o alimento de que carecia. Tormento redobrado: o objeto do desejo bem ali, diante dos olhos sequiosos, quase ao alcance da boca e das mãos, mas para sempre inalcançável. Eternamente fugidio.

57

A escolha de Ulisses. — A *Odisseia* de Homero narra as peripécias de Ulisses, um dos heróis gregos na Guerra de Troia, em sua viagem de volta a Ítaca, sua terra natal. Tendo sofrido um naufrágio depois de muitas aventuras, Ulisses passa cerca de sete anos (de um total de oito ou nove anos da jornada de retorno) numa ilha isolada do extremo ocidente mediterrâneo, onde o sol se põe. A única habitante da ilha era a deusa Calipso (cujo nome deriva do grego *kaluptein*: "aquela que se oculta e oculta os demais"), uma ninfa de grande beleza que o resgata, acolhe-o e logo se apaixona por ele. Movida pelo desejo de conquistar o amor de Ulisses e desposá-lo, a deusa se desdobra em cuidados, mimos e carinhos na tentativa não só de retê-lo na ilha, mas de fazer com que ele afinal se esqueça de Ítaca e da amada esposa, Penélope, que havia deixado à sua espera antes de partir para a guerra. Nos primeiros tempos de vida em comum, Calipso e Ulisses mantêm uma relação erótica, porém assimétrica: embora façam as refeições juntos, ela come néctar e ambrosia, como os deuses, ao passo que ele apenas pão e vinho, como um mortal. Mas quando Calipso percebe que Ulisses sente-se cada vez mais nostálgico e solitário na ilha, nem propriamente vivo nem morto, "oculto no silêncio e na escuridão" (como dirá Telêmaco, seu filho), ela resolve oferecer-lhe uma proposta prima facie irrecusável a fim de que se case com ela e abandone o desejo de regressar. Se decidir ficar, ela promete, Ulisses terá garantida a imortalidade dos deuses olímpicos: viver para sempre no brilho da juventude, sem amargar a decrepitude da velhice. O herói, contudo, recusa a oferta. Ficar na ilha ao lado de Calipso significaria não só abandonar

Penélope e todos aqueles que lhe eram caros, mas aceitar uma espécie de morte esculpida em vida que o condenaria ao eclipse na memória das gerações futuras, destituído da glória de herói-guerreiro, mergulhado na obscuridade de um covarde e anônimo esquecimento, ainda que gozando da prometida vida eterna. Entre a condição mortal coroada pela glória eterna na memória coletiva póstuma, de um lado, e a imortalidade física alcançada pelo favor da deusa, de outro, Ulisses reafirma o desejo de voltar a Ítaca, apesar dos riscos e ameaças que ainda terá que enfrentar. "O episódio de Calipso", observa o classicista francês Jean-Pierre Vernant, "assinala pela primeira vez em nossa literatura o que se poderia chamar de a recusa heroica da imortalidade." Mortal imortal, ou imortal mas condenado ao absoluto oblívio? Se Ulisses tivesse ficado na ilha em vez de abraçar sua condição mortal, é difícil imaginar que Homero houvesse criado a sua grandiosa epopeia, imortalizando-o. E, se assim fosse, quem hoje saberia quem foi o herói da *Odisseia* ou que ele um dia existiu?

58

Desimplicações. — Como reagir à inevitabilidade do fim? *O apreço pela vida não implica o terror da morte.* Eu posso sinceramente crer, por exemplo, como fazem os místicos, que a vida é passagem, pois "passaremos à existência futura como quem adentra um aprazível sonho", assim como posso, de outro modo, raciocinar com os epicuristas e concluir que "a morte não é nada para nós" uma vez que enquanto sou, ela não é, mas quando eu não for, ela não será: a morte não existe para os mortos. Os dois caminhos servem a um mesmo fim: eles nos permitem acatar de maneira equânime um destino que é comum a todos e aceder à morte com serenidade, apaziguados, ainda que possamos lamentar a perda. — O reverso da proposição, no entanto, não carece de lógica ou sustentação: *o terror da morte não implica o apreço pela vida.* É o que brada, por exemplo, Ifigênia — "Uma vida infeliz é mil vezes melhor que uma morte feliz!" — ao se descobrir prestes a ser sacrificada pelo pai, Agamêmnon, a fim de angariar o favor dos deuses na Guerra de Troia. É o que sustenta com característica eloquência o filósofo espanhol Miguel de Unamuno em *Del sentimiento trágico de la vida*: "Eu não quero morrer — não; eu não quero morrer nem quero querer morrer; quero viver para sempre e sempre e sempre. Quero que este 'eu' viva — este pobre 'eu' que sou e que me sinto ser aqui e agora; e, portanto, o problema da duração da minha alma, da minha própria alma, me tortura [...] é melhor viver na dor que deixar de existir em paz". — A aversão à morte é um sentimento pré-reflexivo e arraigado em nossa psique, mas por que o *terror*? Dois caminhos conduzem ao mesmo fim. De um lado, o pânico-vertigem da morte como a aniquilação total da consciência — o abismo do não-ser. "Quanto a mim", declara Unamuno, "posso dizer que jovem ainda, e mesmo criança, permanecia impassível quando me exibiam as mais perturbadoras imagens do inferno, pois mesmo então nada me parecia tão horrível como o nada em si." O inferno é nada perto da perspectiva do nada. E, de outro, o temor suscitado pelo desconhecimento do que pode vir depois. É o que reconhece Agostinho em *De libero arbitrio*, ao meditar sobre as possibilidades da vida póstuma: "Não é porque eu preferiria ser infeliz a não existir por completo que não desejo morrer, mas pelo temor de que após a morte eu possa ser ainda mais infeliz" (como no conhecido solilóquio "ser ou não ser" do *Hamlet*). Embora muitas vezes de forma obscura ou apenas latente, o sentimento de que existir, em qualquer condição, é *sempre* preferível a não existir, expressa a mais radical e intensa manifestação do anseio de perenizar-se em vida.

59

Pode a morte ser vencida? — Do ponto de vista biomédico, penso eu, é plausível supor que sim. A morte no sentido estrito da senescência geneticamente programada do soma seguida do colapso final do organismo poderá ser no futuro indefinidamente postergada. A vida deixaria de ser um intervalo finito com duração desconhecida para se tornar um intervalo com início definido e duração potencialmente ilimitada. Embora o *se* da vida sem máximo teórico estipulado se nos afigure como uma quase certeza, o *quando* dessa conquista permanece em aberto: trata-se de uma questão de tempo, talento e recursos. — Isso não significa, todavia, que a morte será vencida em sentido amplo e absoluto. Além dos acidentes e infortúnios a que estamos sujeitos na vida pessoal — atropelamento, tombo, engasgo, bala perdida, overdose —, a estupidez cósmica jamais deveria ser subestimada. Eventos catastróficos pontuam a trajetória humana desde os tempos imemoriais: a família de legendas em torno do dilúvio primordial que demarca as grandes eras da existência — narrativa comum a diversas tradições culturais e religiões do Oriente e do Ocidente — atesta a ubiquidade do tema desde a mais remota ancestralidade. O histórico de cataclismos do nosso planeta — terremotos, colisões meteóricas, eras glaciais, epidemias — fala por si. E sem esquecer, é claro, do mal que desde sempre os humanos infligiram uns aos outros. O *Homo sapiens*, como observa William James, pode ser caracterizado do ponto de vista biológico como "o mais temível de todos os animais predadores e, de fato, o único que preda de forma sistemática os membros da sua própria espécie". Se as armas dos nossos ancestrais eram as mãos, as pedras e os galhos de árvores, o desenvolvimento de armas nucleares criou uma situação inédita na história não só da nossa espécie como da vida no planeta: pela primeira vez no processo evolutivo de bilhões de anos *todas* as formas de vida na Terra se tornaram dependentes de um simples juízo ético ou opinião humana: *apertar ou não o botão*.

60

Ficções convergentes. — Quem não desejaria? O sonho é ancestral, mas valerá a pena viver para sempre? A pergunta é o fio condutor de quatro obras modernas de ficção: "O imortal" (1882), conto de Machado de Assis; *O caso Makropulos* (1922), peça teatral de Karel Čapek (adaptada em ópera por Leos Janácek); *Todos os homens são mortais* (1946), romance de Simone de Beauvoir (transformado em filme de Ate de Jong); e "El inmortal" (1949), conto de Jorge Luis Borges. Em todas elas o protagonista anseia pela imortalidade e tem o seu desejo atendido por algum elixir que lhe garante a vida eterna em pleno gozo das faculdades físicas e mentais: o ex-frade franciscano Rui de Leão, nascido no Recife em

1600, ganhou a poção de presente do chefe tamoio Pirajuá, seu sogro; Elina Makropulos herdou a fórmula do
pai, médico na corte do Sacro Império Romano no século xvi; o magistrado italiano Raymond Fosca obteve o
elixir de um mendigo absolvido por ele de uma pena capital no século xiii em Carmona, sua cidade natal; e o
militar romano Marco Flamino Rufo logrou a imortalidade ao beber das águas turvas do rio Egito, a oeste do
Ganges, em sua expedição à Cidade dos Imortais. Os detalhes e o colorido das tramas, é evidente, são próprios
da fantasia e do engenho de cada autor. Mas, em todos
os casos, o enredo converge para um mesmo e dramático
desfecho: a bênção-maldição da imortalidade. Passados
alguns séculos, o fastio e a melancolia tomam conta dos
quatro protagonistas e eles por fim se rebelam contra o
brutal destino a que se viram condenados e se desespe-
ram. Depois de muito esforço, três deles conseguem encontrar um antídoto para o mal, recuperando enfim a
condição mortal (a exceção é Fosca, que segue vivo no
fim do romance, mergulhado no mais espesso tédio e na
solidão). Por efeito da imortalidade todos viveram tempo de sobra sem que sobrasse encanto ou miragem de seguir vivendo. A lição da freira carmelita Teresa d'Ávila —
"mais lágrimas são derramadas pelas súplicas atendidas
do que pelas não atendidas" — é o alerta do dândi libertino Oscar Wilde: "quando os deuses querem nos punir
eles atendem as nossas preces".

61

Hora de partir. — Não importa a idade: a partida teima
em vir cedo demais. Ser obrigado a despedir-se da vida

quando não se deseja é deplorável. Mas ainda mais terrível, talvez, seja a imortalidade irrevogável: ser forçado a viver — e saber-se fadado a isso — quando o impulso de vida esmoreceu. Quando a glândula do viver secou.

62

Death abolitionism. — Prolongar a vida não significa viver para sempre; não envelhecer (ou envelhecer bem) não é o mesmo que não morrer. A biologia evolucionária elucida a lógica e o mecanismo subjacentes ao envelhecimento e à morte, mas ela também revela que as coisas não precisam ser assim. A senescência e a morte do soma não são coetâneas da vida: elas são o preço da reprodução sexuada. O aumento da longevidade, uma das principais realizações do mundo moderno, é um objetivo universalmente aceito, cada vez mais presente no rol das preocupações humanas, e que não suscita maiores dúvidas ou questionamentos (exceto no caso de pacientes em estado vegetativo sem a menor chance de recuperação). — Uma coisa, no entanto, é o paulatino aumento da longevidade em anos ou décadas, tal como testemunhado no período recente; e outra, muito distinta, é a chamada "extensão radical da vida" — a proposta de prolongá-la em séculos e milênios tendo como horizonte e alvo-limite a abolição da morte. O desafio biomédico, todavia, seja qual for a sua real exequibilidade, nada nos diz sobre o desafio ético-existencial do projeto. A extensão radical da vida suscita questões de ordem prática e coletiva, como a superpopulação num planeta com recursos finitos e submetido a forte pressão ambiental (o que provavelmente implicaria a necessidade de alguma restrição dos direitos reprodutivos) ou como a vertiginosa explosão da desigualdade resultante de um acesso restrito e excludente a essa condição. Mas não só. Ela também incita a uma profunda — e não menos perturbadora — reavaliação dos valores e significado da existência. Como lidaríamos, cada um de nós, com a perspectiva de uma vida que dura não mais cem ou duzentos anos, o que já parece bastante, mas um ou dois *milênios*, o que é praticamente impossível imaginar? O que significaria viver isso de fato, do ponto de vista psicológico e existencial? E quem ousaria dizer-se — santa presunção — apto a saber?

63

Eternidade atroz. — "O melhor modo de atravessar a eternidade era variá-la." Foi o que concluiu Rui de Leão, protagonista de "O imortal" de Machado de Assis, ao adquirir o privilégio de viver com uma idade ao redor de quarenta anos pela eternidade. Fez de tudo na vida: foi soldado, advogado, sacristão, mestre de dança, comerciante, espião e livreiro; aprendeu hebraico com Spinoza em Haia; superou com folga a marca dom-juanesca das *mille e tre* amantes; instigado por lady Ema Sterling, a maior paixão de sua vida, fez-se passar por filho do rei Carlos II e tentou usurpar o trono inglês; armou um navio negreiro e traficou escravos para o Brasil; lutou na guerra contra a república dos Palmares; preso pelo Santo Ofício, conseguiu fugir; embarcou com a corte portuguesa para o Brasil em 1808; saudou a Independência e fez parte da Constituinte antes de eleger-se deputado... Mas quando um dos filhos do seu último casamento, o médico homeopata doutor Leão, ciente do segredo do pai, quis saber como era ser imortal, ficou pasmo e perplexo com o que viu e ouviu: "A alma de meu pai chegara a um grau de profunda melancolia. Nada o contentava; nem o sabor da glória, nem o sabor do perigo, nem o do amor. [...] Vegetava consigo; triste, impaciente, enjoado". E quando o filho manifestou estranheza face ao seu abatimento e desencanto, "dizendo-lhe que eu não compreendia tamanha tristeza, quando eu daria a alma ao diabo para ter a vida eterna, meu pai sorriu com uma tal expressão de superioridade, que me enterrou cem palmos abaixo do chão; depois, respondeu que eu não sabia o que dizia, que a vida eterna afigurava-se-me excelente, justamente porque a minha era limitada e curta; em verdade", acrescentou, "era o mais atroz dos suplícios", pois ele "tinha provado tudo, esgotado tudo; agora era a repetição, a monotonia, sem esperanças, sem nada". — A eternidade, sugere "O imortal", não se *atravessa*. O embate é ferrenho: o suplício da escravidão à vida mede forças com o suplício da escravidão à morte.

64

Hume encontra Caronte. — Na penúltima visita que fez a David Hume, Adam Smith procurou consolar o amigo, gravemente enfermo, dizendo que ele parecia gozar de tão excelente ânimo e bom humor que sua doença, a princípio mortal e incurável, talvez pudesse sofrer uma reviravolta. Hume, no entanto, não se deixou persuadir; o seu mal era irreversível e seria uma questão de dias até que tudo terminasse (como de fato ocorreu). Diante da negativa, Smith comentou então que ele ao menos tinha a satisfação de deixar todos os amigos e a família do seu irmão — Hume era solteiro — em ótimas condições. Hume aquiesceu e foi além: admitiu que quase não tinha arrependimentos e pouco deixava por fazer. Sentia-se, de fato, tão realizado que quando se dispusera a reler, alguns dias antes, o *Diálogo dos mortos* do poeta latino Luciano, não foi capaz de encontrar nenhum motivo que pudesse invocar a fim de pleitear algum tempo adicional de vida antes de subir na barca de Caronte — a nau capitaneada pelo barqueiro que, na mitologia grega, conduzia os recém-falecidos até o submundo dos mortos. Não tinha filhos aos quais precisasse prover; dívidas a pagar; uma casa em obras por terminar; inimigos de quem desejasse vingar-se. Foi quando ele se pôs a imaginar um diálogo com Caronte (como relata Adam Smith em carta ao editor das obras de Hume) no qual apresentava desculpas capazes de retardar a hora do embarque. "Meu bom Caronte", ele poderia alegar, "estou em meio à correção dos meus livros para uma nova edição; dê-me um pouco mais de tempo para que eu possa ver como o público receberá as alterações." Mas o barqueiro, sabendo com quem lidava, responderia: "Quando você tiver visto como reagiram, é claro que vai querer fazer outras alterações, e as desculpas não terão mais fim; então, caro amigo, suba por favor na barca". Hume, porém, volta à carga. "Tenha um pouco de paciência, bom Caronte, pois eu tenho me empenhado em abrir os olhos do público e, se viver mais alguns anos, poderei ter a satisfação de presenciar a derrocada dos sistemas dominantes de superstições." Ao ouvir o pleito, contudo, o barqueiro perdeu a fleuma e, irritado, ordenou: "Mas não há a menor chance de que isso aconteça em séculos, seu trapaceiro vadio; então você é capaz de supor que eu lhe faria uma concessão de tão largo prazo? Entre na barca imediatamente, seu preguiçoso, seu trapaceiro vadio". — Nem tudo, porém, era leveza e *jeu d'esprit*. Na semana seguinte ao encontro com Smith, Hume não deixou de expressar o pesar, em carta a outro querido amigo, pela perda que a morte iminente traria: "haveria pouco a lamentar, não fosse a experiência de tão bons amigos a quem é preciso deixar para trás". Morrer é solitário.

65

Mortabilistas e imortabilistas. — Pavor, receio, resignação, indiferença, alívio, volúpia. Nem todos reagem de igual modo à perspectiva da morte. É natural, portanto, que a conjectura da vida imortal desperte em nós um gradiente de reações. Se a opção de viver ilimitadamente *em ótima condição de saúde* nos fosse oferecida, isso valeria a pena? Seria algo desejável ou não? A resposta à disjuntiva separa dois grupos bem definidos. — De um lado, os *mortabilistas*. São os que aceitam e acolhem a condição finita em que nos foi dado existir. Embora universal e até certo ponto compreensível, o desejo de viver para sempre é um impulso irrefletido e ingênuo que não passa pelo crivo de uma consideração madura e ponderada. A brevidade e a fugacidade da existência humana são justamente os atributos que lhe conferem sentido, valor e beleza. É o que propõe, entre outros, o poeta americano Wallace Stevens: "A morte é a mãe da beleza; por isso dela somente pode vir realização para os nossos sonhos e os nossos desejos". A flor artificial não comove; a impermanência é o motor da criação. A experiência de um viver infinitamente longo está fadada a se transformar com o tempo na experiência da infinita futilidade. A opção mortabilista, vale frisar, não está ancorada em nenhum tipo de crença religiosa ou esperança de vida depois da morte. Trata-se, antes, da conclusão de que a bênção aparente da condição imorredoura condenaria o seu "beneficiário" a um tédio e a um cansaço existencial intoleráveis visto que, a partir de determinado ponto, "tudo que poderia acontecer e fazer sentido para um ser humano particular já teria acontecido para ele", como sustenta o filósofo inglês Bernard Williams. Se a morte pode vir cedo demais, a vida pode ir longe demais. Chegará o dia em que a pessoa, seja quem for, sentir-se-á saturada e exausta de si; o dia em que ficará feliz pela chance de morrer (no devido tempo, é claro). — E, no polo oposto do espectro, os *imortabilistas*: os que desejam que a consciência de si mesmos — a preciosa chama do "eu" — tenha duração eterna. O flagelo da morte é um infortúnio a que não precisamos nos resignar e que deve ser combatido sem tréguas. Viver mais, desde que em condição adequada de saúde, é sempre melhor. "Dada a escolha simples entre viver por mais uma semana e morrer daqui a cinco minutos", reflete o filósofo americano Thomas Nagel, "eu sempre escolheria viver por mais uma semana; e por uma versão matemática do raciocínio indutivo, concluo que ficaria satisfeito em viver para sempre." O endosso do imortabilismo não pressupõe nenhum tipo de parti pris religioso ou crença acerca do que possa (ou não) suceder-nos após a morte; um católico fervoroso à la Miguel de Unamuno, não menos que um defensor do mais impecável e intransigente credo materialista, pode igualmente abraçá-lo. "Morrer no devido tempo"? Existirá, então, o *tempo devido* de mor-

90

rer? E, se existe, *quando*? O imortabilista acata e acolhe a sede insaciável de seguir vivendo que preside a todo fenômeno vivo e descarta como temor infundado o fantasma do enfado e do cansaço existencial de uma vida demasiado longa; ele reafirma a força do eros primordial e a infinita capacidade de renovar-se e reinventar-se da imaginação humana. Recusar a opção de viver mais um dia, em condições toleráveis, quando ela está ao nosso dispor, seria como rejeitar o tratamento médico certo e seguro de uma doença fatal. Seria suicídio.

66

Os termos da imortalidade (1). — O grau de apego à vida varia de pessoa a pessoa: há quem arrisque a pele por esporte, há quem se guarde como a ostra em sua concha. O mesmo vale para o anseio de perpetuar-se em vida. *Mortabilismo ou imortabilismo?* A terra prometida da imortalidade nos leva a penetrar em *terra incognita*. As implicações da extensão radical da vida e de uma eventual abolição da morte são impossíveis de antecipar e avaliar em suas labirínticas ramificações. Se "uma questão viva é como um território em que ninguém sabe por qual caminho seguir", um primeiro passo é demarcar o terreno. — Se a opção de viver imune à morte geneticamente programada do soma me fosse oferecida, *em que termos* exatamente ela seria feita? Três parâmetros me parecem cruciais. O primeiro — e óbvio — é saber a condição de integridade física na qual eu me imortalizaria. Entre o destino de Titonos* e o ciclo de vida mortal

* Vide seção 34 acima.

eu não hesitaria: prefiro a morte sem pestanejar. Se pudesse escolher, no entanto, uma idade ideal como ponto fixo da condição imortal, as vantagens seriam evidentes; mesmo nesse caso, porém, algo valioso se perderia: é razoável supor que, ao permanecer por um tempo indefinidamente longo com o corpo e a saúde exemplares da idade tida como ideal — digamos, algo em torno de trinta ou quarenta anos —, ela termine por deixar de sê-lo. As fases do ciclo de vida, como as estações do ano, têm cada uma o seu encanto. A uniformidade produziria enfado e monotonia com o tempo — "nada é mais difícil de suportar que uma sucessão de dias belos" —, mas o custo, creio eu, embora tangível, seria perfeitamente assimilável.

67

Os termos da imortalidade (2). — O segundo parâmetro é a questão do acesso: quem estaria apto à condição imortal? Ela seria prerrogativa de *uma só pessoa* (no caso, eu); de alguns *poucos afortunados* (em sentido financeiro ou por favorecimento político); ou estaria aberta a *todos* que assim desejassem? As três opções são problemáticas. *Ser o único* — como imaginar-se? Compartilharia o segredo? Logo me vejo a me ver perder, uma a uma, implacavelmente, todas as pessoas a quem amo e que me são mais queridas; e seus filhos e netos depois delas, e os filhos e netos dos seus filhos e netos ad infinitum. Como criar vínculos densos de empatia e afeto com seres tão eminentemente fugazes e passageiros? Se morrer é solitário, que dirá do eterno "sobre-vivente", entregue a si mesmo, condenado a perder em vida e a ver partir, atônito, subjugado, todos os que lhe traziam alento e faziam-

-no sentir-se vivo entre os vivos? A solidão faz pensar. O acesso *restrito*, por sua vez, redundaria em intolerável desequilíbrio social seguido, talvez, de despótica tirania. A formação de castas separadas por um abismo levaria à exacerbação do rancor e do ressentimento a um ponto de ebulição dificilmente sustentável. Na ausência de um brutal aparato repressivo, o espectro da insurgência e da morte violenta, não é descabido supor, assombraria cada passo da casta imortal. Já o acesso *irrestrito* esbarra nos limites do planeta. A explosão populacional resultante muito provavelmente exigiria um severo cerceamento dos direitos reprodutivos. O preço da imortalidade seria abrir mão de ter filhos e mais: se a maioria aceitasse a troca, a população mundial logo se veria privada de crianças, jovens e idosos. A universalização democrática do acesso aliada ao egoísmo da presente geração decretaria o fim das gerações futuras.

68

Os termos da imortalidade (3). — E, por fim, é preciso elucidar a condição de saída. O argumento aqui se bifurca em dois caminhos. Se a imortalidade for tomada em sentido biomédico, ou seja, restrita à suspensão da senescência e à abolição da morte por causas naturais ("morte morrida"), então sempre haverá uma porta lateral de saída. A opção pelo imortabilismo pode ser revista e revertida a qualquer momento pelo recurso a uma morte deliberada e provocada por causas externas ("morte matada"). Ninguém estaria condenado a viver para sempre mesmo que contra a vontade: o suicídio é a fronteira da liberdade. Mas se a imortalidade for concebida em sentido abrangente e irrestrito, como tende a ocorrer nas mitologias e narrativas de ficção, a questão da *porta de saída* torna-se crítica. A garantia de vida eterna, é certo, permitiria embarcar nas mais temerárias aventuras e enfrentar perigos sem risco de vida, o que expandiria dramaticamente o nosso campo de escolha. O problema, porém, é que o imortabilismo dos mitos e obras de ficção costuma vir sempre acompanhado de uma cláusula de irreversibilidade, ou seja: uma vez obtida a condição imortal, não há mais a opção de voltar atrás e se tornar um simples mortal outra vez (salvo, em alguns casos, depois de extenuantes e angustiantes esforços, e nunca com a certeza prévia de que uma porta de saída existe). Pois bem. Se o preço da imortalidade for a sentença irrevogável à vida eterna, sem opção de saída, penso que isso seguramente reduziria o apelo e a atratividade do imortabilismo. Embora ache difícil imaginar que eu venha a me cansar em definitivo da vida, sobretudo tendo ótima saúde, a simples ideia de me descobrir *condenado* a viver para sempre, quer queira quer não, é suficiente para inocular a dúvida. Pois o fato é que eu posso, depois de sabe-se lá quanto tempo, mudar de opinião, e posso querer ardentemente deixar de viver. Quem ousaria presumir que sabe *quem será* ou *como estará pensando e sentindo* depois de séculos e milênios de vida? O infortúnio aparente da morte pode se tornar um bálsamo frente ao inferno da eternidade sem remédio.

69

Shakespeariana. — "Todas as coisas que são, elas o são com mais entusiasmo perseguidas que desfrutadas." Estaria o imemorial desejo de prolongar indefinidamente a vida no rol dessas coisas?

70

Declaração em juízo. — O refletir modifica o refletido. O *"immortality business"* deixou de ser monopólio das religiões. No embate entre mortabilismo e imortabilismo, seria ingênuo e absurdo acreditar na existência de uma única resposta certa, válida para todos indistintamente. O que penso eu? Ao estudar o assunto e debruçar-me sobre ele, duas coisas aconteceram comigo. A primeira foi que a perspectiva prática da extensão radical da vida e da eventual abolição da morte no sentido biomédico se tornou menos inverossímil, do ponto de vista da exequibilidade, do que me parecia de início. O tempo até que isso se torne realidade, ninguém pode prever com segurança — e eu, com certeza, não conto com nada remotamente parecido no meu horizonte de vida; mas fixou-se em mim a crença de que a questão deixou de ser *se* para tornar-se *quando.* Por outro lado, o apelo e a atratividade do imortabilismo — antes disso para mim soberanos — sofreram perdas e abalos no processo, ainda que não a ponto de virar o jogo ou reverter o pêndulo da balança. A ideia de uma escolha binária simples, algo do tipo "pegar ou largar", não faz jus à complexidade e às nuances do dilema. O fato é que, à medida que mergulhei na questão, aflorou em mim a teima interrogante: *será?* Quero de fato existir para sempre? Desejo que a chama do meu "eu" — a frágil consciência de ser quem sou — sobreviva pela eternidade e nunca se apague? Embora a princípio me imaginasse como *cem por cento* imortabilista — "enquanto me for dada a chance preferirei sempre viver mais um dia" —, hoje, confesso, não estou tão seguro. *Três quartos*, talvez. A existência de uma cláusula de saída não elimina o dilema da escolha, mas a simples lembrança de que ela existe, e de que posso acioná-la a qualquer momento se assim desejar, bastaria para que eu me inclinasse a protelar (indefinidamente?) a decisão eventual de desistir da vida — "amanhã será outro dia" —, assim como alguém sujeito a crises de ansiedade se tranquiliza ao lembrar que tem uma caixa de ansiolíticos ao seu alcance. Não obstante, suspeito que, tudo considerado, e mesmo supondo a melhor versão da imortalidade (idade ideal, acesso universal, cláusula de saída), o *mortabilismo* acabe tendo, ao fim e ao cabo, a última palavra. A vulnerabilidade e a fugacidade da vida são qualidades essenciais do seu encanto. A certeza e o mistério da morte catalisam o estímulo e a excitação de viver. Hoje vejo-me capaz de compreender e aceitar isso, mas com uma crucial ressalva: *no devido tempo, é claro.*

71

É assim. — O corpo vivo mantém um estado de equilíbrio autorregulado. A morte assinala a ruptura desse estado e deflagra um processo de transição rumo a um novo equilíbrio: a paz do pó. As etapas iniciais dessa transição obedecem a uma sequência-padrão universal. As células são as menores unidades do organismo sobre as quais se pode dizer que estão vivas ou mortas. Quando um número suficiente de células do córtex cerebral morre em decorrência, digamos, de uma parada cardíaca, uma pessoa é considerada clinicamente morta. O que vem depois? Os sinais elétricos deixam de fluir pelos seus circuitos neurais e a consciência de si, por tudo que sabemos, se apaga como uma lâmpada cujo interruptor foi desligado. Livre da propulsão cardíaca, o sangue se move e oscila ainda por alguns instantes, antes de se render à gravidade e assentar na parte inferior do corpo, onde por fim coagula. Privados de oxigênio, os cerca de 100 trilhões de células do organismo colapsam e se desintegram sob a ação das enzimas privadas de função quando a vida cessa. Gradualmente o corpo esfria e, três ou quatro horas mais tarde, ingressa em estado de rigidez cadavérica. Os músculos e as pálpebras enrijecem, logo seguidos pelo resto da face e pelo pescoço. Em questão de horas toda a superfície do corpo adquire um aspecto fosco e marmóreo, mas no intervalo de um dia o processo se reverte e o corpo volta a se descontrair na mesma sequência em que enrijecera. Porém, as antigas feições são quase irreconhecíveis: lábios enrugados, nariz retorto, bochechas tombadas nas orelhas e o globo ocular encolhido e encovado no crânio. — Visto de fora é assim. Mas será só assim? Era uma vez alguém e, num piscar de olhos, ninguém. Serena ou tensa, risonha ou debochada, irônica ou nostálgica — a esfinge do rosto inerte do cadáver mira, provoca e interroga o olhar dos viventes. Tudo que sabemos sobre a morte saiu do cérebro dos vivos.

PARTE II

ESPERANÇAS SUPRATERRENAS

72

Vida póstuma. — A inexistência de provas não é prova da inexistência.

73

Impasse. — Existe a morte para os mortos? Indigência de crer, penúria de descrer: fome interrogante de primitivo e esquivo alimento. A necessidade emotiva da crença mede forças com a impossibilidade intelectual de crer. Medo e esperança digladiam no breu. Chegaremos algum dia a saber? A ignorância infinita desconcerta o saber finito.

74

O destino da alma: cartografia. — O que é feito de quem

se foi? A imaginação odeia o vácuo; o vácuo excita a imaginação. O repertório de enredos é vasto e diversificado ao extremo: a fauna e a flora das crenças e hipóteses em torno do destino da alma após a morte fazem jus à biodiversidade de um bioma amazônico. Simplificar é preciso. Mas assim como a miríade de espécies vivas pode ser classificada e sistematizada em gêneros e famílias, de igual modo o labirinto dos dogmas e conjecturas sobre a vida póstuma pode ser mapeado e reduzido — ainda que não de forma exaustiva — a um conjunto restrito de continentes e hemisférios. Do ponto de vista conceitual, as especulações sobre o destino da alma (entendida aqui como um termo que denota a consciência individual na sua inteireza e continuidade, sem outras conotações) dividem-se em seis categorias básicas: 1) aniquilação; 2) reabsorção; 3) reencarnação; 4) progressão; 5) ressurreição; e 6) eterno retorno. — A *aniquilação* nega qualquer possibilidade de existência póstuma: a morte é o nada absoluto e eterno; a vida tal como a conhecemos é tudo que existe e a experiência mental de cada um cessa por completo com a dissolução do corpo. A *reabsorção* afirma o retorno da alma à essência espiritual da qual emanou; assim como o corpo se reintegra à matéria ao morrer, a alma liberta perde a sua forma de consciência individualizada e regressa ao espírito ou fonte primordial do universo de onde emergiu, como um rio ao desaguar no oceano. Na *reencarnação* a alma não se arreda do mundo, mas está fadada a renascer em outro ser vivo, não necessariamente humano, porém sem memória alguma das vidas prévias; o ciclo da reencarnação pode ser infinito ou culminar com a definitiva superação do ciclo de mortes e nascimentos. A *progressão* compreende o mundo como um grandioso processo de formação do espírito a partir da matéria inerte; a alma humana não passa de um elo finito e intermediário na jornada ascendente, sujeita a uma série de escalas e provações, que vai do barro tosco à vida vegetal e animal antes de alcançar o seu ápice na espiritualidade pura do ser eterno. Na *ressurreição* a vida é apenas passagem e a alma sobrevive ao corpo em que veio ao mundo: a chama da consciência individualizada ressurge em outra esfera da existência; a condição post mortem é eterna e guarda relação com as escolhas da vida terrena. E, por fim, o *eterno retorno*: se o quantum de átomos no universo é finito, se as leis que regem as combinações possíveis entre os átomos são finitas e se o tempo é infinito, então tudo que acontece no mundo, por momentoso ou trivial, voltará a acontecer em igual sequência ad infinitum; o destino de todos, corpo e mente, é nascer, falecer e ressurgir tal qual, num movimento circular serial sem fim. — Os seis continentes da vida futura (ou sua ausência) dividem-se, por sua vez, em dois campos ou hemisférios distintos. O que os separa é o modo como concebem a natureza do real. Enquanto as hipóteses da aniquilação e do eterno retorno se atêm estritamente ao mundo empírico e não extrapolam o domínio da vida tal como nos é facultado apreendê-la, todas as outras postulam a existência de uma realidade oculta ou supraterrena que, embora vedada aos sentidos e ao senso comum, não seria menos real do que o mundo que nos é familiar. A raiz da diferença entre as duas posições, vale frisar, não é o pretenso caráter científico da primeira e metafísico da segunda, uma vez que ambas estão calcadas em suposições francamente especulativas; tanto uma como a outra sustentam alegações que são por definição irrefutáveis: o que sabemos, afinal, sobre *o lado de lá* da morte? O grande divisor de águas entre os dois campos é o modo como cada um se posiciona face à mesma inquietação: *a vida manifesta é a totalidade da vida?* A existência, tal como nos é dado vivê-la, é tudo que existe ou haverá um além, mesmo que jamais nos seja facultado efetivamente saber?

75

Epitáfio anônimo. — Os lábios dos mortos se fecham, mas as derradeiras palavras ecoam para além de si. Nome e datas preferiu omitir; na lápide do túmulo, entretanto, deixou inscrito: AGORA EU SEI.

76

Lição de antropologia. — Como dispor do cadáver de um morto? Embora o leque de práticas seja amplo, a preocupação com os cuidados e rituais devidos aos corpos dos que se foram é um traço universal, comum a toda sociedade reconhecivelmente humana. A expressão de respeito não se limita à percepção dos viventes, mas usualmente se estende à consideração pelos sentimentos e dignidade dos que partiram. Ilustração incomparável disso é o relato do choque de culturas feito pelo historiador grego Heródoto nas *Guerras persas*. No auge do Império Persa, no século v a.C., o rei Dario I chamou os membros de uma delegação grega em visita à nova capital, Persépolis, e perguntou a eles quanto dinheiro pediriam para comer os corpos dos seus pais em vez de cremá-los; os gregos responderam que nenhum dinheiro no mundo os faria cometer tal crime. Ato contínuo, Dario fez chamar um grupo de calatianos vindos da Índia, adeptos da antropofagia, e perguntou a eles por meio de intérpretes quanto dinheiro pediriam para cremar os corpos de seus pais falecidos, ao que eles reagiram, indignados, dizendo que tais coisas nem ditas deveriam ser. O horror recíproco é índice de inconformidade, mas exprime a força do denominador comum: o sentimento de respeito e a consideração pela dignidade dos ancestrais mortos.

77

A paz dos cemitérios. — Ao assumir o trono da França em 1852, o imperador Napoleão III deu início a um ambicioso plano de renovação urbana em Paris visando erradicar os redutos medievais da cidade, considerados superpovoados e insalubres. O plano previa a construção de uma rede de esgotos e aquedutos, a criação de parques e a integração de bairros afastados por meio de avenidas amplas, iluminadas e arborizadas. Mas não parava aí. O projeto incluía a desconsagração dos cemitérios parisienses que haviam sido criados na periferia da cidade no começo do século XIX mas que a rápida expansão urbana tinha assimilado à região central. A ideia era repetir um precedente exitoso: no final do reino de Luís XVI, em 1786, o Cemitério dos Inocentes, usado desde a Idade Média por mais de cinco séculos, fora demolido, vasculhado e desalojado do centro de Paris, sem maiores abalos, a fim de abrir espaço para novos aproveitamentos do solo. Os tempos, porém, eram outros. A proposta da administração napoleônica foi recebida pela opinião pública parisiense como um intolerável sacrilégio e violentamente combatida e rejeitada. Os protestos conseguiram unir adversários viscerais. Enquanto os católicos repudiaram, em nome da fé cristã, a profanação da morada dos mortos, os seus oponentes positivistas queriam preservar os cemitérios, em nome da razão secular, como monumentos públicos de culto aos antepassados e expressão do patriotismo. O repouso dos mortos subjugou o interesse dos viventes — a intervenção foi enterrada.

78

Sonho e realidade: um meditativo chinês. — Chuang Tzu, poeta e filósofo taoista do século IV a.C., viveu numa época de grande instabilidade política na China, conhecida como o período dos Reinos Combatentes, antes da unificação do Império sob a égide da dinastia Qin em 221 a.C. Ele é o autor do luminoso poema em prosa "O valor da vida": "Os Qin capturaram uma filha do governador de Ai. Nos primeiros dias de cativeiro a jovem encharcou de lágrimas o seu vestido; mais tarde, quando a levaram ao palácio do príncipe e passou a viver na riqueza, ela se arrependeu do seu pranto. Como saber se os mortos não se arrependem agora da avidez com que se aferraram à vida? Um homem sonha que vai a um banquete e desperta para chorar e penar. Outro sonha em meio a um enterro e se levanta para atender a uma convocação. Enquanto sonhamos, não sabemos que estamos sonhando. Só ao despertar sabemos que estávamos sonhando. Enquanto o Grande Despertador não nos desperta, não saberemos se esta vida é ou não um vasto sonho. Os tolos, entretanto, creem que já despertaram".

Ou como ele dirá em outro poema: "Sonhei que era uma mariposa. Voava pelo jardim de galho em galho. Só tinha consciência da minha existência de mariposa e não a tinha da minha personalidade de homem. Despertei. E agora não sei se sonhava que era uma mariposa ou se sou uma mariposa que sonha que é Chuang Tzu".

79

Dúvida pessoana. — "E se eu for alguém que um ser de outro mundo está sonhando?" (De manhã bem cedo, o despertador tocou; mal vindo do sono, ao mirar-me no espelho, o verso solto me veio à cabeça — e, com ele, a dúvida: terei lido isso em Pessoa (ele mesmo?) ou sonhado que li?)

80

O eterno presente. — Clarão e estrondo: o raio antecipa o trovão. Se o Sol sofresse um apagão neste exato instante, nós demoraríamos oito minutos e dezoito segundos para notar o efeito. Maior a distância, maior o intervalo: o brilho da segunda estrela mais próxima da Terra demora algo em torno de quatro anos e quatro meses para se tornar visível aos nossos olhos. Daí que a visão do céu estrelado nos põe em contato não com o universo como ele é agora, em tempo real, mas com eventos transcorridos há milhares e milhões de anos. — Uma implicação curiosa disso é pensar a Terra vista do espaço. Assim como as luzes de uma estrela morta permanecem brilhantes e visíveis no céu por muito tempo, podemos imaginar a luz refletida da Terra captada por um telescópio situado em algum ponto do universo. O fato intrigante é que, dependendo da posição exata e da acuidade desse telescópio, seria possível presenciar de novo qualquer evento pregresso ocorrido na superfície do nosso planeta: os primeiros dias da Terra; a colisão do meteoro que causou a era glacial; o terremoto de Lisboa; os funerais de Gandhi; a final da Copa de 1970; o seu primeiro banho de mar. Todos esses eventos podem ser visualizados "ao vivo" por um observador devidamente situado e aparelhado, assim como podemos ver da Terra eventos celestes que ocorreram milênios atrás. Do ponto de vista externo, ou seja, passível de apreensão pelos órgãos sensoriais, tudo que aconteceu alguma vez na história do planeta está acontecendo agora em algum ponto do universo. Espaço e tempo são interdependentes. O que pode ser presenciado em tempo real a uma dada distância está por acontecer ainda a uma distância maior, embora tenha já ocorrido a uma distância menor. E quando nosso miúdo planeta pulsante desaparecer — o dia, tudo indica, virá —, as misérias e esplendores de tudo que nele existiu restarão visíveis pelo tempo-espaço (infinito?) que o universo durar. O presente é eterno.

81

As condolências de Einstein. — Quando o seu melhor amigo e colaborador de toda uma vida, Michele Besso, faleceu — "ninguém é tão próximo de mim, ninguém me conhece tão bem, ninguém se mostra tão dedicado a mim quanto você", ele dissera numa carta anos antes —, Einstein redigiu e entregou à viúva uma cuidadosa mensagem de condolências na qual refletia sobre o significado pessoal daquela perda: "Ele partiu deste estranho mundo um pouco antes de mim. Isso não quer dizer nada. Para nós, que acreditamos na física, a distinção entre passado, presente e futuro é apenas uma teimosa ilusão". — O tempo, no sentido prosaico, confirmou o prognóstico: Einstein e Besso morreram com cinco semanas de intervalo. Mas terá desfeito a "teimosa ilusão"?

82

O epitáfio de Kepler. — Poucos meses antes de morrer, o astrônomo e astrólogo alemão Johannes Kepler, descobridor das três leis fundamentais da mecânica celeste — as Leis de Kepler —, redigiu o seu próprio epitáfio: "Os céus medi, agora meço as sombras da Terra. Embora minha alma fosse ao céu impelida, a sombra do meu corpo jaz aqui".

83

Os três pedidos de Naciketas. — Escritas em sânscrito entre o século VII a.C. e o início da era cristã, as Upanisadas ("correspondências" em sentido literal ou "doutrinas secretas" na acepção corrente) são textos de exegese e comentário dos Vedas, as escrituras sagradas das principais tradições religiosas — budismo, jainismo e hinduísmo — da Índia arcaica. Enquanto o cânone védico, mais antigo, abarca os hinos, cantos, mantras e rituais dos cultos religiosos celebrados pela casta sacerdotal dos brâmanes, as Upanisadas contêm material explicativo e especulativo de teor filosófico que extrapola os limites da literatura místico-ritualística dos Vedas, abordando temas como ética, ideal ascético, doutrina da reencarnação e técnicas de libertação do ciclo de renascimentos da condição mortal. A Katha Upanisad (um dos mais belos textos em versos do cânone upanisada) conta a história de um menino que tem a chance de interpelar Yama, o Senhor da Morte no panteão das divindades indianas, sobre o destino póstumo da alma. — Quando o seu pai, Gautama, se desfez dos bens e das posses da família em ato de caridade sacrificial, seu filho, Naciketas, expôs a farsa do gesto alegando que tudo que fora dado era coisa gasta e destituída de valor. "E eu, papai, a quem tu vais me dar?", provoca o filho, sem obter resposta. E como insistisse, o pai, exasperado, explodiu: "Dar-te-ei à morte!". Mas, em vez da morte, o castigo de Naciketas é o exílio. Confinado à morada de Yama, o filho de Gautama se viu forçado a três dias e três noites de jejum, visto que o anfitrião divino se encontrava ausente em viagem. Quando Yama retorna e depara o seu hóspede famélico, apieda-se dele e oferece, como reparação, atender a três pedidos seus de livre escolha. O primeiro deles — "Ó Morte, permita que Gautama esqueça a sua raiva e me perdoe e me receba outra vez na família" — é logo atendido. Como segundo pedido, Naciketas requer a revelação dos segredos do "ritual do fogo" que faculta aos humanos ascender ao reino dos céus, onde não existem o medo, a ansiedade, a velhice, a fome e o pesar. Novamente, o prêmio é concedido. Instado a fazer o último pedido, o menino perquire: "Há quanto a quem está morto esta questão: alguns dizem que a alma existe depois da morte do homem, outros dizem que não; eis o que almejo saber, sendo por ti instruído". Yama, porém, reluta. "Não me constranjas a isso." Se mesmo as altas divindades têm dúvidas, ele argumenta, sendo a questão por demais sutil, e se nem elas estão seguras da resposta, seria melhor que outro pedido fosse feito. Naciketas, todavia, finca o pé. Como Senhor da Morte, Yama era com certeza o único deus capaz de dar-lhe resposta. Premido pela insistência do menino, Yama volta a tergiversar. "Escolha filhos e netos que vivam centenários; rebanhos, elefantes, ouro, cavalos; seja rei do vasto mundo e viva pelo tempo que lhe aprouver; desfrute prazeres que os mortais não logram, beldades celestes em carruagens ao som de alaúdes, tudo eu lhe ofereço, ó Naciketas, mas não me perguntes do estado da alma depois da morte." O apelo não vinga. O tempo é breve, rebate o menino, e os prazeres da vida mortal são fugazes; "que fiquem para ti cavalos, dança e canto, pois o homem não se satisfaz só com riqueza"; e mais, se dela nos tornamos escravos a morte reina soberana: "o quanto permitires tanto viveremos". E arremata: "O que se abrenha no mistério é o que te peço, não outra coisa é o que elege Naciketas". É quando Yama afinal aquiesce e passa a expor a doutrina esotérica de que é portador. — O prazeroso difere do verdadeiro bem. Dois caminhos se oferecem aos mortais. Um deles, pautado pelo primado dos sentidos, conduz ao mundo deleitoso e à gratificação dos desejos; mas como o corpo e todas as coisas materiais estão fadadas a perecer, ele termina inevitavelmente na morte. É por acreditar que "não há outro mundo, o mundo é só este" que aqueles a quem o prazer e a riqueza iludem estão sujeitos ao jugo de Yama. O outro caminho, embora difícil para a maioria, é o da interioridade e do cultivo da alma profunda (*atma*): uma jornada pautada pela busca da transcendência do ser pessoal e pela negação das pulsões e apelos do mundo sensório através da disciplina espiritual e da sabedoria que tem por meta o bem. "O conhecimento que me pedes", prossegue Yama, "não pode alcançá-lo inteligência ou ensinamento nem vasto saber sagrado; só quem a alma [*atma*] elege pode alcançá-lo: a ele essa alma seu corpo lhe desvenda." A coroa da imortalidade é dádiva dos sábios que transcendem as ilusões do corpo e tomam contato com a essência de sua natureza anímica pelo cultivo da introspecção e meditação. "Se pensa o matador poder matar e o morto acredita que foi morto, então não compreendem um e outro: não pode ele ser morto nem o outro matar: quando o corpo morre, ele não morre." — A teimosia de Naciketas dobrou a resistência de Yama. Ao expor a doutrina da imortalidade da alma e o caminho para alcançá-la, o Senhor da Morte fixa as bordas do seu império e devassa os flancos do seu poder. Ao arrepio da vontade, ele revela ao menino a porta de escape da condição finita e a chave do cárcere do mortal viver.

84

Os iorubás e o mundo-além. — Na cosmovisão tradicional do povo iorubá, originária da África Ocidental, a existência transcorre em dois planos distintos e interligados: o mundo (*àiyé*) e o além (*òrun*). Ao passo que o àiyé engloba o universo físico e todos os seres vivos que o habitam, o òrun é a dimensão sobrenatural ou o mundo-além, habitado pelos entes divinos (*òrìsà*) e pelos espíritos dos parentes e antepassados mortos (*égún*). O reino òrun, espiritual, é o duplo abstrato do àiyé mortal. Embora os dois mundos se comuniquem e sofram influências recíprocas, eles estão radicalmente apartados entre si. — Nem sempre, contudo, como a mitologia iorubá ensina, teria sido assim. Houve um tempo, como observa a antropóloga Juana Elbein dos Santos, em que "a existência não se desdobrava em dois níveis e os seres dos dois espaços iam de um a outro sem problemas; os òrisà habitavam o àiyé e os seres humanos podiam ir ao òrun e voltar de lá vivos". A cisão entre os dois mundos, segundo a tradição oral transmitida pelos babalaôs, resultou de um ato de transgressão: "No tempo em que o àiyé e o òrun eram limítrofes, a esposa estéril de um casal de certa idade apresentou-se em várias ocasiões a Òrisalá, a divindade mestra da criação dos seres humanos, e lhe implorou que lhe desse a possibilidade de gerar um filho. Repetidamente Òrisalá se tinha recusado a atendê-la. Enfim, movido pela grande insistência, aquiesce ao desejo da mulher, mas com uma condição: a criança não poderia jamais ultrapassar os limites do àiyé. Por isso, desde que a criança deu seus primeiros passos, seus pais tomaram todas as precauções. Contudo, toda vez que o pai ia trabalhar no campo, o pequeno pedia para acompanhá-lo. Toda sorte de estratagemas era feita para evitar que a criança acompanhasse o pai. [...] À medida que a criança ia crescendo, o desejo de acompanhar seu pai aumentava. Tendo atingido a puberdade, uma noite, ele decidiu fazer um buraquinho no saco que seu pai levava todos os dias de madrugada e pôr uma certa quantidade de cinza no fundo. Assim, guiado pela trilha de cinza, conseguiu localizar seu pai e o seguiu. Eles andaram muito tempo, até chegar ao limite do àiyé onde o pai possuía suas terras. Nesse exato momento, o pai apercebeu-se de que estava sendo seguido por seu filho, mas não conseguiu detê-lo. O jovem atravessou o campo e, apesar dos gritos do pai e dos outros lavradores, continuou a avançar. Ultrapassou os limites do àiyé sem prestar atenção nas advertências do guarda e entrou no òrun. Lá, começou uma longa odisseia no decorrer da qual o rapaz gritava e desafiava o poder de Òrisalá, faltando ao respeito com todos os que queriam impedi-lo. Atravessou os vários espaços que compõem o òrun, lutando contra uns e outros, até chegar ao ante-espaço do lugar onde estava o grande Òrisalá a cujos ouvidos chegou seu desafio insólito. Apesar de terem chamado sua atenção várias vezes, o rapaz insistiu até que Òrisalá, irritado, lançou seu cajado ritual. O projétil cruzou todos os espaços do órun e cravou-se no àiyé, separando-o para sempre do òrun, antes de retornar às mãos de Òrisalá. Entre o àiyé e o òrun apareceu o sánmo [o céu-atmosfera] que se estendera entre os dois". — Trespasse e exílio. *A humanidade testa limites.* Os deuses não toleram os excessos e provocações dos humanos: cobram obediência e zelam por suas prerrogativas. Um jovem se rebela em fúria contra a divindade que lhe permitiu nascer. Mas o que, afinal, o movia? O que buscava com o seu "desafio insólito" — a imortalidade, um acerto de contas, saberes proibidos? Estava ciente dos riscos? O mito não diz. Na memória de outro mundo, ancestral, partilhado por deuses e mortais, vivos e mortos, a senha-esperança de um mundo por vir — o mundo-além.

85

Crer e ser. — Crer-se imortal não torna imortal; ignorar-se mortal não torna imortal. Crer-se mortal não torna mortal; ignorar-se imortal não torna mortal. Fleumático ou sanguíneo, rebelado ou reconciliado, não importa: o mesmo faz que se creia ou ignore. O que será, será.

86

Os monopolistas da vida futura. — O fato bruto é incontornável: o corpo nasce, floresce, decai, perece e apodrece. Ao contrário das outras espécies, e para seu enorme espanto, cada indivíduo humano se descobre ciente de um tempo em que ele não existiu e antevê o tempo em que deixará de existir. Tudo nele, entretanto, parece rebelar-se contra essa fatalidade: *quão final é o fim?* O anseio de perenizar-se — nesta ou em outra vida — não é menos real que a certeza da morte corporal: o enigma da finitude cobra respostas. — Como se fixam as crenças acerca do após-a-morte? O terreno é arisco e escorregadio ao extremo. O que vai pela mente de cada um é difícil saber, a começar pela dificuldade de apurar o grau de definição e clareza daquilo em que se crê ou descrê ou, ainda, imagina-se erroneamente acreditar, como no caso do pretenso ateu que se põe a rezar e implorar a Deus no exato instante em que sente *a sua pele* em risco. Há um hiato entre as crenças que imaginamos ter, inclusive para nós mesmos, de um lado, e aquelas reveladas por nossas ações, de outro. Seja como for, porém, o papel e a relevância dos credos religiosos institucionalizados não podem ser subestimados. Para a maioria dos devotos, é razoável supor, a autoridade dos textos sagrados e dos seus intérpretes e promulgadores oficiais é definitiva. A resposta ao enigma do após-a-morte não só se encontra ligada à religião professada, mas acha-se inteiramente elucidada e determinada por ela. O mistério não demanda um esforço de questionamento e pensamento próprios, uma vez que deixou de sê-lo. Existe um único credo verdadeiro — aquele em que o devoto foi doutrinado ou ao qual se converteu — capaz de dirimir todas as dúvidas e inquietações, seja pelo contato direto com a palavra divina ou pela intermediação de uma classe de líderes religiosos, clérigos ou profetas. — Do teocal asteca à pirâmide egípcia; do templo greco-romano ao santuário druida; do quarup tupi ao terreiro nagô; da mesquita maometana à sinagoga judaica; do púlpito evangélico ao altar católico — a crença em alguma forma de vida depois da vida desconhece geografia, língua, etnia e cultura. Em todas as épocas e civilizações de que se tem registro, a fé na vida futura — em uma ou outra das suas inumeráveis encarnações — foi formulada, codificada e inculcada na coletividade, não raro de forma cruel, por meio da ação organizada de autoridades religiosas e seculares. — Será alguma verdadeira? A multiplicidade de credos discrepantes e incompatíveis, cada um reivindicando o monopólio da fé verdadeira e a falsidade de todos os outros, depõe contra a credibilidade de qualquer um deles. "Traga o papel-moeda para um país onde esse uso do papel é desconhecido e todos irão zombar da sua imaginação subjetiva", observou o jovem Marx: "venha com os seus deuses a um país em que outros deuses são venerados e todos dirão que você padece de fantasias e alheamento." Se no passado era comum debater as provas da existência de Deus e suas implicações para a crença numa vida futura, hoje procuramos examinar e entender como as crenças religiosas se moldam e evoluem no tempo e como chegam a adquirir peso e relevância em cada cultura. O fato capital, não obstante, permanece. Por mais injustificáveis que sejam suas pretensões dogmáticas e exclusivistas, as religiões institucionalizadas respondem, cada uma a seu modo, às mais caras e inquietantes aspirações humanas. A precariedade das respostas (aos olhos dos que não creem) em nada diminui a pertinência dos medos e anseios que buscam — e, para tantos, logram — aplacar. A ubiquidade histórica e cultural da crença na vida futura é índice do seu universal apelo. A vida não cabe na vida. O ser finito mira o infinito.

87

Visões do paraíso. — O paraíso viking não é o paraíso araweté. Na mitologia nórdica, os guerreiros mortos em campo de batalha têm lugar reservado no Valhalla: um esplêndido palácio, forrado por um teto de adargas, no qual os heróis vivem em estado de graça sob os auspícios de Odin, o deus das guerras e tempestades, a quem os prisioneiros inimigos eram sacrificados. Enquanto aguardam o dia do juízo (o Ragnarök), quando serão convocados por Odin a sair em marcha pelas portas do Valhalla a fim de enfrentar os temíveis gigantes, os heróis desfrutam de uma vida de ócio e abundância, saboreando a carne de javalis que são todos os dias abatidos e se recompõem durante a noite, sorvendo o licor das tetas de uma cabra e divertindo-se por meio de gládios e combates diuturnos entre si. — Bem outra é a concepção de paraíso do ramo araweté da família tupi, um povo da Amazônia oriental cujos deuses — os Maï — são "canibais celestes". Como relata o antropólogo Eduardo Viveiros de Castro, com base em cuidadoso trabalho etnográfico: "Os Maï devoram as almas dos mortos recém-chegados ao céu; em seguida, imergem os despojos em um banho mágico que ressuscita e rejuvenesce os mortos, transformando-os em seres imortais como eles mesmos, que vivem em um paraíso perfumado onde abunda a bebida, o sexo e a música. As únicas almas que não sofrem a prova da devoração são aquelas de homens que mataram um inimigo em vida". — O contraste entre as duas visões do paraíso — a beligerante e a lúdica — é patente. Subjacente a ambas, contudo, dois traços comuns sobressaem: a expectativa de retorno a uma existência corporal-sensória no após-a-morte e a crença num destino póstumo diferenciado, conforme o teor da vida levada na terra. A bravura no combate e a coragem na hora fatal como passaportes da eternidade. Morrer pelos seus.

88

Astúcia cristã: tupis. — "Se Cristo não ressuscitou de entre os mortos, é vã nossa fé", pregou o apóstolo Paulo (1 Coríntios, 15:14). Nos primórdios da colonização europeia, os missionários cristãos — jesuítas portugueses da Companhia de Jesus e católicos e calvinistas da expedição francesa de Villegagnon — trouxeram a palavra do filho de Deus aos ouvidos dos povos costeiros, naturais da terra, do litoral brasileiro. Entre os estratagemas usados pelos missionários na obra de conversão dos povos nativos, a pregação escatológica, com ênfase na imortalidade da alma e na garantia de vida eterna como prêmio da fé, teve lugar central. Guiada pelo gênio político paulino, que trouxe a finitude da carne e o dogma da ressurreição para o centro da fé cristã, a astúcia dos catequistas soube logo enxergar na recusa da mortalidade pessoal entre os catecúmenos o ponto nevrálgico da obra missionária. — O êxito (ao menos de início) da pregação cristã contou com dois grandes aliados. O *primeiro* foi a surpreendente convergência entre algumas noções religiosas dos povos originários, de um lado, e a doutrina dos missionários cristãos, de outro. Nem a crença de que o espírito dos homens e das mulheres sobrevive à morte e à decomposição do corpo nem a noção de que o destino póstumo depende do que se faz em vida (sendo as almas dos bravos votadas ao paraíso, ao passo que os covardes amargam a errância junto aos espíritos malignos) eram estranhas à cultura religiosa dos povos autóctones. Daí que, como diversos relatos de clérigos e viajantes europeus atestam, a mensagem cristã de redenção, com os devidos ajustes e reparos, teve boa acolhida e encontrou solo fértil na alma selvagem. O *segundo* aliado foi o modo como os naturais da terra encararam a súbita chegada dos europeus vindos de "outro mundo" ao Novo Mundo. Diante do inusitado do "encontro" e do poderio técnico dos recém-chegados, com suas armas e vestes, caravelas e ferramentas, os indígenas não só foram tomados por um sentimento de reverência como também conferiram a eles uma desmedida autoridade; os padres e missionários, em particular, foram vistos como uma espécie nova e particularmente poderosa de *karaíba* — os feiticeiros-demiurgos indígenas que se faziam crer capazes de acessar os espíritos e que iam de aldeia em aldeia a curar os enfermos, domar a natureza e espalhar profecias. Os supercaraíbas brancos foram recebidos como mensageiros autorizados do além e como portadores da ciência divina da imortalidade num paraíso que, se não podia ser atingido em vida, estava entretanto aberto a todos que acolhessem a palavra de Jesus no coração. — Exemplo notável, entre outros, da astúcia cristã em ação aparece no relato do padre jesuíta José de Anchieta sobre sua embaixada junto aos tamoios, etnia do tronco tupi no litoral de São Paulo. Depois de ouvi-lo discorrer sobre "o inferno e a glória", relatou Anchieta, um dos líderes tamoios tomou a palavra e dirigiu-se à assembleia recomendando que não lhe fizessem mal: "Se nós outros temos medo de nossos feiticeiros, quanto mais o devemos ter dos padres, que devem ser verdadeiros santos"; e, depois, voltando-se agora para ele, Anchieta, em particular, implorou que intercedesse junto a Deus em seu favor e "rogai-lhe que me dê longa vida, que eu me ponho por vós outros contra os meus". Na França Antártica, de modo semelhante, os missionários André Thevet e Jean de Léry registraram os insistentes apelos feitos pelos nativos a Villegagnon: "Faça com que não morramos mais". — Mas assim como o colonizador europeu fracassou no projeto de submeter o corpo livre dos povos indígenas à disciplina do trabalho servil, também o caraíba branco terminou falhando no intento de moldar a conduta e a alma selvagem aos rigores da fé cristã. A passagem dos anos se encarregou de mostrar que o sucesso aparente dos primeiros ensaios catequéticos não passava de fugaz e enganosa embriaguez. Acolhidas jovialmente por um ouvido, a palavra divina e as notícias do além cristão logo se esvaíam em fumo e irrisão pelo outro. Daí o conhecido lamento do padre Antônio Vieira no "Sermão do Espírito Santo", ao ponderar as frustrações e reveses do trabalho missionário nos trópicos: "Outros Gentios são incrédulos até crer; os Brasis ainda depois de crer são incrédulos". Ou como dirá Nietzsche, com certeiro bom humor:

"O que os povos selvagens tomam primeiramente dos europeus? Aguardente e cristianismo, os narcóticos europeus". Inebriamentos fugazes.

89

Astúcia cristã: anglo-saxões. — Nortúmbria, 626 d.C. Extremo norte da Inglaterra: Roma lá esteve, Agostinho não tardou. Depois de várias tentativas frustradas de convertê-lo à religião da cruz, o rei Edwin relutava em aceitar encontrar-se com uma comitiva de missionários cristãos em visita ao reino. Reunidos em conselho, os dignitários da corte deliberavam sobre o assunto. Foi quando um dos seus nobres conselheiros tomou a palavra e, dirigindo-se ao rei, falou: "Comparada ao tempo e ao espaço além sobre os quais não temos certeza alguma, ó rei, a vida presente do homem me faz lembrar dos vossos banquetes de inverno, quando tomais assento com vossos generais e ministros. A lareira arde ao centro espalhando suave calor, enquanto tempestades de chuva e neve rangem lá fora. Impelido pela gélida ventania, um delicado pardal adentra por uma das portas e voa em deleite em torno de nós antes de ir-se embora por outra porta. Enquanto permanece em vosso palácio ele não sente os rigores da tormenta invernal; mas quando o seu breve momento de felicidade foi já desfrutado, ele é forçado a retornar à funesta tempestade da qual havia escapado, e não será mais visto. Tal é a vida do homem, e somos tão ignorantes da condição que precedeu a nossa existência como daquela que a ela irá seguir-se. Assim sendo, penso que se essa nova fé pode nos trazer mais certeza ela merece ser recebida". A palavra do conselheiro calou na alma do rei e a missão cumpriu seu intento. Primeiro monarca cristão da Nortúmbria, Edwin foi batizado no ano seguinte no mosteiro de Kent.

90

Ciência aliada da fé. — Nietzsche fez uma boa pergunta: "Teria o homem *menos necessidade* de recorrer ao além para solucionar seu enigma de existir, agora que esse existir aparece como ainda mais gratuito, ínfimo e dispensável na *ordem visível* das coisas? Precisamente a autodiminuição do homem, sua *vontade* de diminuir-se, não se acha em avanço irresistível desde Copérnico?". — A ciência moderna que prometia banir o mistério do mundo deixa-o cada dia mais inescrutável. "Quanto mais o universo parece compreensível", afirma o físico americano Steven Weinberg, "mais ele também parece destituído de propósito." Quanto mais avançamos na rota do que a ciência faculta saber — a superfície causal das coisas —, mais remoto e fugiente parece ficar o porto do que mais importa saber — o *por quê* e o *para quê* de tudo. O progresso da ciência fomenta o sentimento do absurdo; o sentimento do absurdo induz ao niilismo; o niilismo inculca o desespero; e o desespero vai à cata de algum tipo de alento no colo da fé. Eis os passos de um inesperado e subterrâneo encadeamento.

91

As cinco religiões mundiais. — Quantos são? As cinco religiões de expressão mundial — budismo, cristianismo, hinduísmo, judaísmo e islamismo — agregam aproximadamente 5,8 bilhões de fiéis autodeclarados (cerca de 72% da população mundial). O número impressiona, mas seria enganoso tomá-lo ao pé da letra, tendo em vista que não só não há como determinar o grau efetivo da aderência dos devotos aos respectivos credos, como parece ainda mais impossível saber minimamente *o que é feito* da adesão formal a uma religião institucionalizada na experiência pessoal interna de cada devoto. (Mais correto, talvez, à luz da colossal diversidade das condições e dos temperamentos, seria dizer, como propõe o Dalai Lama, que de fato deveriam existir tantas religiões distintas quantos são os habitantes do planeta, cada uma ajustada e sintonizada com a disposição mental, inclinação natural, forma de vida e formação cultural da pessoa.) — O que dizem as religiões mundiais sobre a vida póstuma? Cada uma, por óbvio, tem sua visão e versão específica do após-a-morte. Abstraindo, entretanto, as particularidades e o colorido próprio dos diferentes credos, podemos identificar duas premissas comuns a todos eles. A *primeira* é a tese de que a morte biológica não é o fim definitivo de tudo; existe uma radical assimetria entre o pré-nascer e o pós-morrer, de modo que a vida, tal como a conhecemos, é somente o preâmbulo ou o rito de passagem rumo a formas de existência que transcendem o mundo dos sentidos e a experiência comum. A *segunda* é a tese de que a condição post mortem será determinada em grande medida pelo que fizermos (ou deixarmos de fazer) em nossa jornada terrena; existe um vínculo relevante entre as ações realizadas em vida e o que virá depois: os bons serão premiados e os maus serão punidos. — As cinco religiões afirmam a crença na existência póstuma da alma em contraste com a finitude do corpo, porém com uma diferença crucial: enquanto as religiões monoteístas (cristianismo, judaísmo, islamismo) representam o após-a--morte como uma condição eterna da alma em outra esfera de vida, as politeístas (budismo e hinduísmo) professam a sobrevivência da alma por meio da transmigração ou reencarnação em outros corpos vivos até a conquista de uma definitiva libertação do ciclo de mortes e renascimentos graças a um processo de evolução e iluminação espiritual. Em todos os casos, porém, prevalece a mesma lógica de cunho ético-normativo: o grau de adesão ao código de preceitos e interdições determina o caráter da condição post mortem. — A persistência do fenômeno religioso, não obstante séculos de ataques cerrados, impugnações corrosivas e prognósticos do seu fim iminente, dá o que pensar. Se a crítica sistemática e a demolição racional das doutrinas e fantasias religiosas tivessem o poder de destruir ou neutralizar o seu apelo, como acreditaram tantos pensadores, cientistas e adeptos da razão desde o iluminismo europeu, elas não estariam vivas e pulsantes século XXI adentro. A necessidade de além não se tornou menor com o avanço da ciência, o progresso tecnológico e a universalização do ensino formal. A razão secular ilumina, mas não sacia. Pontos de luz não apagam a escuridão.

92

A palavra divina. — Com a exceção de parte do cânone budista (fruto dos ensinamentos de Siddharta Gautama compilados quatro séculos após a sua morte), os textos sagrados das principais religiões mundiais — os Vedas hindus, a Bíblia cristã, o Alcorão islâmico, o Tanakh judaico — se autoproclamam revelações divinas. Mas a tentativa de conferir a essas obras uma aura sagrada e uma autoridade sobre-humana esbarra em duas dificuldades simples. A primeira é o fato de que a sua composição e redação dependeu, em todos os casos, do trabalho de emissários mortais e falíveis, autodesignados porta-vozes do além. É a palavra divina, asseguram, que lhes foi revelada e ditada pela graça de um ente superior. Mas com que autoridade ou certeza sentem-se aptos a chamar a si e reivindicar tal façanha? A proclamar que o texto — *seu texto* — é a palavra de Deus? E como chegaram a crer de tal modo em si mesmos — a crer no que dizem? São todos humanos demasiado humanos — profetas, evangelistas, mensageiros do além; são todos, portanto, inescapavelmente sujeitos ao erro e (mais provável) ao autoengano. — Ao incerto da composição junta-se o incerto da recepção. A elucidação e interpretação dos cânones religiosos foi desde sempre fonte de insolúveis e por vezes violentos conflitos. É obra de séculos e milênios. O que isso nos diz? "Para um ateu", observa Montaigne, "todos os escritos sustentam o ateísmo." A proliferação de controvérsias, leituras e interpretações incongruentes dos textos sagrados, argumentou Locke, "é prova manifesta de que, mesmo que tudo que esteja dito no texto seja infalivelmente verdadeiro, o leitor pode ser, ou melhor, não pode deixar de ser senão por demais falível no entendimento dele". Se o verbo divino se fizesse texto, a recepção mortal o trairia. O lido se rende ao que lê.

93

Falar com Deus. — Aceitemos como premissa a existência de Deus. Não importa como você (ou eu) O conceba. A questão é: você conversa com Ele? Deus tem nome? Ele te ouve? Fala sua língua? Dirige-se pessoalmente a você e sabe o seu nome? Conhece os segredos que nem a nós mesmos contamos? E como estar seguro de que se é capaz de entendê-Lo, sem erro ou engano? Ou de que a voz vem mesmo Dele, e não de recanto obscuro do seu próprio espírito?

94

Nos corredores do seminário católico. — Durante alguns anos de sua juventude, enquanto se preparava para uma carreira no clero, Julien Sorel, o protagonista de *O vermelho e o negro* de Stendhal, morou no seminário católico de Besançon, no interior da França. Entre os dizeres pios e edificantes inscritos em carvão nas paredes do seminário, conta o narrador do romance, um deles alertava: "O que são sessenta anos de provação pesados na balança contra a eterna bem-aventurança ou o óleo escaldante do inferno pela eternidade!". — Assim como um sequestrador cria a demanda pelo que oferece — a liberdade da vítima em troca de um resgate —, de modo semelhante o cristianismo — e não só ele — cria a demanda pelo que oferece: toma sob sua particular proteção o espectro dos horrores do inferno — crença por ele mesmo incutida e insuflada — e apresenta aos devotos o preço da salvação.

95

O gozo antecipado das delícias póstumas. — A pessoa que acredita em alguma forma de bem-aventurança ou paraíso póstumos, como prêmio por uma vida reta ou como misericórdia divina, dificilmente será desapontada. Se o paraíso existe, a crença se confirma; mas se ele não existe, e a morte é a definitiva aniquilação do ser, então não restará ninguém a ser desapontado. Os prazeres da crença na salvação eterna são presentes — a salvação é que é futura.

96

O sonho de Cipião. — Se a vida plena é a que nos aguarda no além, por que suportar a vida-sombra de uma existência terrena amarga, repleta de angústias e adversidades? A pergunta aparece no sonho de Cipião, narrado pelo filósofo latino Cícero no diálogo *De re publica*. — Hóspede do rei da Numídia, aliado de Roma, Cipião Emiliano — o general romano que dois anos mais tarde derrotaria Cartago na terceira guerra púnica em 146 a.C. — relembra na companhia do seu anfitrião, durante um amistoso jantar, os feitos heroicos do seu avô adotivo, Cipião Africano, general vitorioso na segunda guerra púnica. Ao deitar-se naquela mesma noite, o avô falecido aparece-lhe em sonho e profetiza para ele uma vida de agruras e sofrimentos, marcada por traições no círculo familiar, antes que ele, "liberto dos embaraços do corpo como de uma prisão", venha ao seu encontro e de outros entes queridos na abóbada celeste, a morada dos mortos, onde poderão "desfrutar de uma vida eterna de felicidade". Ao ouvir tais palavras, o neto de Africano se inquieta e interpela: "Por favor, diga-me, sendo assim a vida, por que devo então tardar-me aqui na terra; por que não apressar as coisas e juntar-me logo a vocês?". Ao que o avô, secundado agora pelo pai de Emiliano, Lúcio Emílio, responde: "Isso não pode ser, pois a não ser que Deus, cujo templo é o mundo, liberte-o do confinamento no corpo, as portas do reino celeste jamais poderão se abrir para você. [...] Faça na terra como fez seu avô e como fiz eu, seu pai. Ame a justiça e o servir devotado, pois são ambos aos seus patrícios e antepassados devidos. Este é o caminho de vida que conduz aos céus e à presença dos que, tendo completado seu termo no mundo, veem-se agora libertos dos seus corpos e habitam a região celeste que você ora contempla e que vocês na terra, servindo-se de um termo grego, chamam Via Láctea". — A fim de conquistar os bens celestes, argumenta Cícero, é forçoso merecê-los pelo exercício do dever cívico. "Como sentinelas terrestres a serviço de Deus", cumpre aos mortais não desertar seus postos antes da hora devida. O capinar é terreno, mas a colheita é celestial.

97

Atalhos do paraíso. "A esperteza é sempre mais fácil que a virtude, pois ela toma o caminho mais curto para tudo." Com o paraíso não é diferente. Do Éden judaico-cristão ao Jannah muçulmano, as representações da bem-aventurança eterna são tantas quanto as estrelas do céu. Mas o elemento ético-normativo das cinco grandes religiões mundiais é comum: a promessa-garantia de uma vida futura na qual os bons serão recompensados e os maus (ou incréus) castigados. A lógica do raciocínio é tão clara e direta como plantar e colher, mas embute uma sedutora armadilha: por que não antecipar a colheita? Esperar por quê? Por que postergar a ansiada redenção? — Quando ela se torna mais que uma simples esperança; quando ganha foros de uma certeza inabalável, a crença na bem-aventurança póstuma pode levar a gestos extremos. O cálculo se impõe. Ao comparar tudo que a vida terrena promete a quem nela transita, de um lado, e as benesses do paraíso beatífico pela eternidade, de outro, como hesitar? Quando a absoluta salvação no além está em jogo e depende apenas do testemunho da fé, não há sacrifício ou renúncia que não pague a pena. No sermão "A excelência do martírio", Valério — um dos Pais da Igreja Católica e bispo de Cimiez, no sul da França — exortou os primeiros cristãos a abraçar o caminho da penitência e do martírio, sem excluir o sacrifício voluntário da vida nas mãos dos algozes romanos se preciso, invocando uma troca no tempo: "O homem sábio apressará com ardor o caminho do martírio, pois ele enxerga que abrir mão da vida presente é parte da conquista da vida eterna". A morte antecipada — desde que "santa" ou como mártir da fé — é a resposta lógica da equação intertemporal. Como observa Margaret Battin em *The death debate*, "os autores teológicos [cristãos] do século III d.C. passaram a sustentar que aqueles que morriam de fato pela fé — não só os confessores [fiéis que proclamaram seu credo sendo por isso presos e torturados], mas todos os mártires — tinham assegurada a salvação imediata. Eles acreditavam que o batismo de sangue eliminava inteiramente os pecados e convertia o sofredor em alguém merecedor de pronta admissão no paraíso. Isso ajudou, também, a estimular a sujeição voluntária às perseguições". A lógica do atalho, entretanto, não ficou restrita aos compêndios e homilias; ela produziu efeitos concretos na vida dos adeptos de diversas comunidades cristãs nos primeiros séculos da nossa era. A proliferação do martírio voluntário e a prática do suicídio coletivo, especialmente no Norte da África, viraram uma ameaça de tal ordem entre os fiéis sequiosos de redenção que as autoridades religiosas se viram compelidas a intervir. "Foi contra essa situação que Agostinho assumiu uma posição firme e que se tornou a proposição central do cristianismo sobre a questão do suicídio: o suicídio é proibido pelo mandamento 'Não matarás' e, exceto quando expressamente ordenado por Deus, uma falta da máxima gravidade." É somente no século IV d.C., portanto, uma vez que nem o Antigo Testamento nem o Novo chegam a condenar ou proibir o ato, que o suicídio foi declarado "pecado mortal" irremissível, capaz de condenar à danação eterna quem o comete. — Uma coisa, no entanto, é o martírio *passivo*, no qual o devoto sofre nas mãos dos opressores e se dispõe a entregar a vida como testemunho da fé; e outra, muito distinta, é o martírio *ofensivo*: o ato beligerante cujo objetivo é a destruição e a eliminação dos inimigos da fé, ainda que ao sacrifício da própria vida, como nas cruzadas cristãs medievais ou nos atentados terroristas islâmicos, entre os quais a destruição das Torres Gêmeas em Nova York em 2001, com quase 3 mil vítimas inocentes, é o caso emblemático. No embate de vida e morte de uma "guerra santa", a espada de uns é a chave do inferno e a espada de outros é a chave do paraíso: as armas dos verdadeiros crentes condenam os infiéis à eterna danação, ao passo que as armas dos descrentes asseguram aos mártires tombados a salvação eterna. Os termos da equação, é claro, são intercambiáveis ao sabor do credo professado. — Se o fanatismo não é prerrogativa de nenhuma religião mundial (ou ideologia política), parece também inegável que a prática do martírio ofensivo em nossos dias encontra-se fortemente associada a certos grupos ou facções do islamismo. O que diz a religião islâmica sobre a morte voluntária em nome da propagação da fé? O tema, não surpreende, é um campo minado de armadilhas — e nuances — exegéticas e tem suscitado não menos melindrosas controvérsias. Alguns pontos, todavia, parecem claros. Embora o Alcorão — a palavra divina de Alá comunicada ao profeta Maomé pelo arcanjo Gabriel — condene e proíba de forma expressa e categórica o suicídio, os textos sagrados do Islã — especialmente os chamados *hádices* ou "tradições proféticas", relatos da vida e obra de Maomé que elucidam passagens do Alcorão e servem como fonte da lei islâmica (*xaria*) — incluem passagens bastante incisivas em defesa do engajamento dos fiéis em ações beligerantes visando a destruição dos inimigos da fé e tendo como recompensa o acesso às mais elevadas esferas do Jannah. No Alcorão, por exemplo, lê-se: "Mas, se morrerdes ou fordes assassinados pela causa de Alá, sabei que a Sua indulgência e a Sua clemência são preferíveis a tudo quanto possam [os incréus] acumular" (3:157). Ou, de forma mais explícita, na coleção de hádices compilada pelo imã al-Bukhari no século IX d.C.: "O Profeta disse, 'A pessoa que participa em batalhas santas pela causa de Alá [...] quando nada a obriga a fazer isso, exceto a crença em Alá e Seus Apóstolos, será recompensada por Alá com uma recompensa ou espólio se sobreviver, ou será admitida no Paraíso, se for morta na batalha como mártir'". — Textos, no entanto, são textos. As palavras divinas de qualquer procedência, não menos que as outras, pertencem metade a quem escreve, metade a quem lê. E se é verdade que "as nossas paixões sempre se justificam, ou seja, sugerem-nos opiniões que ajudam a justificá-las", então não surpreende que paixões como o ódio e a fúria destruidora nunca tenham carecido de pretextos e racionalizações conferindo-lhes uma pátina religiosa (ou ideológica) capaz de enaltecer seus desígnios. De que impulsos e escusos abismos não se nutre o zelo doutrinário quando ensandece? Credulidade, desespero, rancor, autoengano ou mistura febril de todos juntos? É impossível, em qualquer caso, determinar com segurança se a miragem de um atalho do paraíso — a garantia de remissão dos pecados e de pronto acesso aos prazeres do Jannah, com suas virgens e manjares, vinhos e veludos — exerce de fato um papel decisivo nos crimes e atentados de martírio ofensivo. Como a experiência amplamente ilustra, e não só na religião, o demônio sempre foi mestre na arte de recorrer às Escrituras para os seus próprios fins.

98

Entreouvido no funeral de Richelieu. — Principal ministro do rei Luís XIII durante quase duas décadas, o cardeal e duque de Richelieu levou a monarquia francesa a um patamar inédito de poder e preeminência no cenário europeu. Sua maior inovação como estadista foi submeter as estratégias de governo à lógica fria da *raison d'état*, sem considerar a filiação religiosa de eventuais aliados ou adversários em questões de política doméstica e internacional (aliando-se, por exemplo, a protestantes suecos e mercenários turcos contra as monarquias católicas da Áustria e da Espanha). Compreende-se, portanto, o comentário do papa Urbano VIII a um amigo católico em 1642, nos funerais do insigne cardeal: "Se existe um Deus, então Richelieu tem muito a responder; se não, então ele foi um grande homem".

99

A humilde esperança de Adam Smith. — "Seria bom morrer, se houver deuses; triste viver, se não houver nenhum", teria refletido o filósofo e imperador romano Marco Aurélio. A esperança de uma justiça póstuma, capaz de corrigir e compensar as iniquidades da justiça humana, é o corolário natural da crença numa vida futura e no ser divino. Ao refletir sobre a frequência dos desmandos e perversões dos juízos humanos na atribuição de mérito e culpabilidade, Adam Smith evocou a possível existência de um "mais elevado tribunal" presidido por "um Juiz onividente" e apto a consolar e compensar todos aqueles que, apesar de virtuosos, se viram injustamente menosprezados — quando não "humilhados e afligidos" — enquanto viviam: "A nossa felicidade nesta vida depende, em muitas ocasiões, da humilde esperança e expectativa de uma vida futura: uma esperança e expectativa profundamente enraizada na natureza humana e que é a única capaz de amparar suas ideias elevadas acerca de sua própria dignidade. [...] Que existe um mundo vindouro, onde se fará plena justiça a cada homem [...] é uma doutrina em todos os aspectos tão venerável e tão reconfortante para a fragilidade da natureza humana [...] que o homem virtuoso que tiver o in-

133

fortúnio de duvidar dela não conseguirá evitar o desejo ávido e ardente de nela acreditar". — Em contraste com Hume — percebido e atacado por todos como um notório ateu —, Adam Smith sempre se manteve calculadamente reticente acerca das suas crenças religiosas; daí que, em sucessivas edições da *Teoria dos sentimentos morais*, ele teve o cuidado de atenuar e suprimir passagens do texto que pudessem sugerir adesão, ainda que oblíqua, a algum credo específico. Como o leitor atento terá notado, mesmo no trecho citado acima (o mais explícito da última edição do livro, publicado no ano de sua morte), Smith em nenhum momento afirma a crença numa vida futura ou justiça póstuma, ou se compromete com tal crença. O que ele considera são apenas as *consequências* dessas crenças para os que nelas creem, ou seja, em que medida a "humilde esperança e expectativa de uma vida futura" promove a felicidade e o consolo dos homens e das mulheres e contribui para que preservem sua confiança na vida e seu senso de dignidade. O "homem virtuoso" que por desventura deixa de acreditar — difícil não pensar em seu amigo Hume e, possivelmente, no autor da frase ele mesmo — "não conseguirá evitar o desejo ávido e ardente" de retornar à antiga crença (Hume com certeza discordaria). Haverá, no entanto, caminho de volta?

100

Ilusões ateias: Mill e Marx. — Quem precisa da promessa de vida futura? Houve um tempo em que as religiões — e o cristianismo ocidental em particular — pareceram estar com os dias contados. Com o avanço da ciência, a ofensiva iluminista e a queda do Antigo Regime europeu, o fenômeno religioso tornou-se, aos olhos de muitos filósofos e líderes de opinião, uma espécie de excrescência ou anacronismo fadado a ser varrido da história como o espartilho, o pincenê ou o rapé. Se as crenças religiosas são a expressão e o efeito de forças psicológicas e condições sociais historicamente datadas, então a conclusão era — ou, ao menos, parecia ser — clara: com a modernização da sociedade, a democratização do ensino e a criação de instituições fundadas na razão, a religião perderia o apelo junto às massas e se veria privada do solo no qual deitava raízes. Questão de tempo. — Entre os herdeiros do iluminismo europeu no século xix, por exemplo, o prognóstico da morte natural da religião uniu adversários ideológicos ferrenhos como os utilitaristas e os marxistas. Em "A utilidade da religião", um de seus últimos escritos, John Stuart Mill se propôs a examinar não a "verdade da religião" — uma questão a seu ver ultrapassada —, mas a noção de que "a religião possa ser moralmente útil sem ser intelectualmente defensável", visto que seria "prova de enorme preconceito em qualquer descrente negar que existiram épocas, e que existem ainda tanto nações como indivíduos, em relação aos quais isto é efetivamente o caso". O futuro, porém, tornaria supérfluo (quando não nocivo) o tônico moral da fé: "A crença no sobrenatural, não obstante os serviços por ela prestados nos estágios iniciais do desenvolvimento humano, não pode ser considerada por mais tempo requerida, seja para nos habilitar a saber o que é certo e errado na moralidade social, seja para prover motivos a fim de fazer o que é direito e abster-se do que é errado". Quanto à conjectura de um "mundo por vir" ou alguma forma de vida após a morte, Mill sustentava que, à medida que "a condição dos homens se aprimore e eles se tornem mais felizes com suas vidas e mais capazes de obter felicidade por meio de fontes não egoístas, eles se importarão cada vez menos com essa lisonjeira expectativa". Desse modo, antecipava, "quando a humanidade deixar de ter necessidade de uma existência futura como consolo para os sofrimentos do presente, essa crença terá perdido o seu principal valor para ela". Por que temer o doloroso enigma da morte? "Parece-me provável que depois de certo intervalo de tempo, diferente para pessoas distintas", seres humanos maduros e cultivados "terão tido o suficiente da vida e aceitariam de bom grado deitar-se [*would gladly lie down*] e receber o seu eterno repouso." No futuro, portanto, "não a aniquilação, mas a imortalidade, pode ser a ideia penosa". — De modo análogo, embora por outros caminhos, Marx e Engels jamais se propuseram a uma crítica direta da religião, mas tratam-na como *sintoma* ou reflexo de um mundo objetivo hostil e transitório a ser transformado pela ação política. Produtos do espírito humano, as crenças religiosas como que adquirem vida própria e passam a assombrar o cérebro dos seus criadores como se fossem realidades autônomas e alheias à sua vontade, embora não passem de um aspecto da superestrutura ideológica das diferentes formações socioeconômicas. Daí que "a luta contra a religião", como sustenta Marx, "é a luta contra o mundo do qual a religião é o aroma espiritual". Remédio-veneno e bálsamo-narcótico, a religião é "o ópio do povo", como na conhecida fórmula. Ela é "o suspiro da criatura oprimida, o coração de um mundo sem coração, a alma de condições desprovidas de alma". Daí que, "cobrar [dos homens] que renunciem às suas ilusões acerca da sua condição, é cobrar que renunciem a uma condição que precisa de ilusões". Mas com o advento do socialismo, como profetizará Engels, a religião morrerá da morte natural que lhe está reservada: "Quando a sociedade, pela apropriação e utilização planificada dos meios de produção, se tiver libertado e libertado a todos da servidão em que as leis de produção os conservam [...]; quando o homem não só puser, mas dispuser, só então desaparecerá a última potência estranha que ainda se reflete na religião". "Desta forma", ele arremata, "extinguir-se-á o reflexo religioso, pela boa razão de que já nada haverá para refletir." Abolidas as condições "desprovidas de alma" em que se faziam necessárias, a humanidade redimida poderá enfim desfazer-se das suas derradeiras ilusões — "a última potência estranha" —, visto que não precisará mais delas. Superadas todas as formas de alienação religiosa e conquistado o reino da liberdade e justiça na terra, dissolve-se como por encanto a névoa lenitiva e dissipam-se os anseios, mistérios e angústias da condição mortal. — Crenças saturadas de desejo não são apanágio da vida religiosa. Reforma ou revolução? Em retrospecto é claro: no Ocidente liberal não menos que no experimento soviético, o século xx foi cruel com os prognósticos dos pais do utilitarismo e do marxismo. Será descabido supor que suas ilusões sobre a morte natural da religião e a expectativa de uma reconciliação racional-resignada com o enigma da morte revelam a força de uma fé que não fica em nada a dever à fé da maioria dos devotos?

101

O cri de coeur de Rousseau. — "Eu sofri por demais nesta vida para não esperar ansiosamente por outra. As sutilezas da metafísica podem aumentar os meus pesares, mas não conseguem abalar a minha fé na imortalidade da alma. Eu a sinto; eu creio nela; eu a desejo; eu tenho esperança nela; eu a defenderei até o meu último suspiro."

102

A felicidade perfeita de Kafka. — "Teoricamente, existe a possibilidade de alcançar a felicidade perfeita: acreditar no elemento indestrutível dentro de si e não se esforçar em direção a ele."

103

A resiliência de uma ilusão: Freud. — A ânsia de saber humano pede muita resposta. O que faz da religião, no sentido mais amplo, *religião*? Para além das suas diferenças, dois traços salientes perpassam as manifestações do fenômeno religioso: 1) o recurso à autoridade divina e 2) o sentido consolador do credo. Ao contrário de outras emanações do espírito humano, como a arte, a ciência e a filosofia, as doutrinas e teses religiosas se apresentam — e são tidas por seus adeptos — como tendo uma origem sobre-humana, ou seja, como frutos de alguma forma de revelação divina e, portanto, dotadas de uma natureza transcendente, indemonstrável e por definição irrefutável. Ao mesmo tempo, as religiões dão respostas que ajudam a suportar as contrariedades da vida e oferecem narrativas capazes de conferir sentido aos sofrimentos, anseios e temores da condição mortal. "As ideias religiosas", como observa Freud, "não são preci-

138

pitados da experiência ou resultados finais do pensamento: são ilusões, realizações dos mais antigos desejos, dos mais fortes e prementes desejos da humanidade; o segredo da sua força é a força desses desejos." — A religião torna menos áspero e doloroso, quando não suave e bem-vindo, o que é de todo modo inevitável. Entre as crenças religiosas, a convicção de uma vida futura após a morte ocupa lugar de honra. O que diz Freud sobre esse antigo, caro e não menos premente desejo — a crença, em suas palavras, de que "a própria morte não é aniquilação, retorno à inorgânica ausência de vida, mas sim o começo de uma nova espécie de existência que se acha no caminho para um desenvolvimento superior"? Em toda a sua obra — e de forma mais direta e argumentada em O futuro de uma ilusão —, Freud se empenha no intuito de desinflar qualquer esperança ou abertura nessa direção. "Não há instância acima da razão." A doutrinação religiosa desde a tenra infância e o recurso à autoridade divina como salvo-conduto dos seus dogmas perpetuam uma condição infantilizada nos devotos — "a religião é comparável a uma neurose infantil" — e equivalem ambas à proibição de pensar. Quanto à crença na "continuação da existência terrena numa vida futura", argumenta, trata-se de um caso emblemático de pensamento desejoso, visto que "essa exigência de imortalidade é tão claramente um produto de nossos desejos que não pode reivindicar valor de realidade". O caráter eminentemente consolador da crença numa justiça supraterrena — "todo o bem encontra enfim sua recompensa, todo mal seu castigo [...] assim, todos os terrores, sofrimentos e durezas da vida estão fadados à extinção" — é índice do teor de ilusão: a recusa em admitir que "também o que é doloroso pode ser verdadeiro". — E o futuro? Uma "neurose infantil coletiva" não precisa — nem deve — durar indefinidamente: "é de supor que o afastamento da religião deverá suceder com a mesma fatal inexorabilidade de um processo de crescimento, e que justamente agora nos encontramos no meio dessa fase de desenvolvimento". O caminho à frente, propõe, é a superação do infantilismo religioso por meio da adoção do que ele chama uma "educação para a realidade", calcada numa formação estritamente científica e racional (em lugar das "relíquias neuróticas" que dispensam comprovação empírica) e no franco reconhecimento, desde cedo no ciclo educacional, da nossa condição de "completo desamparo" e "irrelevância na engrenagem do universo": "O ser humano não pode permanecer eternamente criança, tem de finalmente sair ao encontro da vida 'hostil' [...] Quanto às inevitabilidades do destino, contra as quais não existe remédio, ele aprenderá a suportá-las com resignação. De que lhe serve a miragem de uma grande fazenda na Lua, cuja colheita ninguém jamais viu? Como honesto camponês aqui na Terra, ele saberá cultivar seu pequeno torrão de modo que este o alimente. Retirando as expectativas que havia posto no Além e concentrando na vida terrena todas as forças assim liberadas, ele provavelmente alcançará que a vida se torne suportável para todos e a civilização não mais oprima ninguém". — Freud executa com maestria o trabalho de desmonte e demolição da solução religiosa para o enigma do após-a-morte. O problema é: *o que pôr no lugar?* Como preencher o vazio deixado pelo radical desinflar e pela desintegração das ilusões tradicionais? A solução freudiana combina, a meu ver, duas vertentes ou expectativas questionáveis. A primeira é a superestimação do que a ciência pode oferecer. "Apenas aos poucos", ele afirma, "os enigmas do mundo se desvelam à nossa pesquisa, e ainda hoje a ciência não é capaz de responder a muitas questões." *Ainda hoje?* — é de perguntar. Chegará então o dia em que ela se mostrará *capaz*? A expectativa sugere a crença-esperança ilusória de que a ciência possa fornecer respostas ao nosso irreprimível impulso de transcendência e de busca do significado e do fundamento últimos da existência pessoal e coletiva. Os formidáveis avanços da física e da biologia nas últimas décadas, penso eu, reforçam a conclusão de Wittgenstein: "Sentimos que, mesmo que todas as questões científicas *possíveis* tenham obtido resposta, nossos problemas de vida não terão sido sequer tocados". — A outra vertente é a subestimação do desejo humano de sobreviver à morte biológica: a noção de que uma postura de resignação e indiferença à questão da sobrevivência após a morte possa servir de resposta adequada à superação do consolo religioso. Como lidar com o vazio das ilusões perdidas? A resposta dada por Freud, em seu próprio caso, foi incisiva. Instado no fim da vida, em rara entrevista, a se posicionar sobre a questão — "O senhor acredita na persistência da personalidade após a morte, de alguma forma que seja?" —, ele reagiu: "Não penso nisso. Tudo que vive perece. Por que deveria o homem ser uma exceção?". "Mas o senhor não tem, em outras palavras, o desejo de imortalidade?" E ele: "Sinceramente não. [...] Pelo que me toca, estou perfeitamente satisfeito em saber que o eterno aborrecimento de viver finalmente passará". Que o pai da psicanálise, aos setenta anos, depois de uma vida de incansável labuta e padecendo de um câncer no maxilar, declare-se farto da existência é algo compreensível. Mas imaginar que o desdém pela vida e que sua pos-

tura de absoluta resignação e indiferença, como se o
após-a-morte não lhe dissesse respeito, possam servir de
resposta à fome de imortalidade que, como ele mesmo
admite, é um dos mais "fortes e prementes" desejos da
humanidade comum, é algo insustentável. O fato é que o
anseio de sobreviver à morte biológica não é um artefato
da doutrinação religiosa, ainda que tenha sido sequestrado, monopolizado e moldado por ela. Baixar os olhos,
estreitar horizontes e sufocar ou reprimir a sua expressão na consciência, como propõe Freud, não é solução.
Ao atacar a religião em nome da razão, ele se esquece de
que o anseio de um propósito transcendente para a vida
dificilmente pode ser substituído e que haverá sempre
desafortunados a desesperar nas trevas. Se as respostas
que tradicionalmente saciavam os desejos e apetites da
imaginação desvanecem, mas a fome de saciá-los persiste, então ignorá-los não fará com que desapareçam. Fará, isto sim, com que busquem novos caminhos. Como
astro desorbitado, o anseio de imortalidade não tardará
em buscar — e eventualmente encontrar — aporte e an-
coradouro em outras constelações, como o sonho da
conquista de uma glória imortal no espírito das gerações
futuras, por exemplo. As necessidades simbólicas, não
menos que as corporais, cobram repleção.

104

Dois gumes. — "A suspeita recai sobre todas as doutrinas
que são favorecidas por nossas paixões", alerta Hume no
ensaio póstumo "Sobre a imortalidade da alma". O conselho procede, mas requer um adendo. Não é porque
certas doutrinas neguem ou afrontem as nossas paixões

que devemos considerá-las acima de suspeita ou dar-
-lhes maior crédito. Se as crenças capazes de gratificar as
nossas emoções e desejos não são por esse motivo ver-
dadeiras, longe disso, o mesmo se aplica àquelas que fe-
rem e espicaçam nossas mais caras esperanças. Uma
crença não é falsa por ser confortadora, assim como não
se torna verdadeira por ser espinhosa.

105

Rigor cético. — O negar pode ser tão assertivo ou dog-
mático como o afirmar. O cético é aquele que não afirma
nem nega, mas segue pesquisando e indagando, como
aliás deixa clara a etimologia do adjetivo grego *skeptikos*, derivado de um verbo cujo significado é "investigar" ou "considerar". Ninguém se empolga e se exalta
ou recorre a um argumento de autoridade (divina ou secular) para defender que a soma dos ângulos internos de
um triângulo é 180° ou que a água ferve a 100°C. O fervor e o recurso à autoridade apenas se fazem necessários
quando se trata de algo incerto, questionável ou improvável. *Omnibus dubitandum*: duvidar de tudo. Assim
prescreve a genuína orientação científica, pautada pelo
rigor cético, onde as certezas e as convicções não têm direito de cidadania. Quem de tudo duvida, não menospre-
za o desconhecido e por isso mantém as janelas abertas.
Que sabem a aranha e o tamanduá do universo que habitam? Dos infinitos prismas do após-a-morte, quantos
há que não presumo?

106

Epitáfio assinado. — O matemático alemão David Hilbert, um dos pioneiros da lógica matemática, abandonou a Igreja Protestante Reformada, na qual fora batizado e depois se casara, e declarou-se agnóstico em 1902. Os teoremas matemáticos, acreditava, não dependiam da existência de Deus nem de nenhum pressuposto a priori. O epitáfio na lápide do seu túmulo em Göttingen — NÓS PRECISAMOS SABER — NÓS IREMOS SABER — registra o seu desacordo com a crença em limites intransponíveis para o conhecimento sintetizada na máxima latina *ignoramus et ignorabimus* ("ignoramos e ignoraremos").

107

A morte não é só isso que se vê: Heráclito. — "A não ser que você espere o inesperado você nunca encontrará [a verdade], pois ela é difícil de descobrir e difícil de obter." A interpretação dos fragmentos do filósofo grego pré--socrático Heráclito ("o obscuro") vem desafiando a argúcia e o engenho dos estudiosos há mais de 2 mil anos; recompor a sua filosofia é como reconstituir a partir de um punhado de ossos um animal extinto. Sobre o enigma da vida futura, um desses fragmentos afirma: "Existem coisas que aguardam os homens após a morte as quais eles não esperam e das quais não possuem noção alguma". — Se Heráclito chegou a especular em sua obra acerca do que seriam *tais coisas* é impossível saber; nem os trechos remanescentes julgados autênticos (poucos) nem a doxografia (nem sempre confiável) dão alguma pista. O fragmento, não obstante, permite demarcar

um ponto de vista que o distingue de *três visões* do após-
-a-morte na cultura grega. — Por um lado, ao enfatizar
o inesperado e o desconhecido, ele descarta as crenças e
narrativas religiosas tradicionais. Ao mesmo tempo, ele
se opõe ao materialismo atomista de Leucipo e Demócrito, precursores do epicurismo, para os quais a morte
é a total aniquilação. E, por fim, embora Heráclito afir-
me a *sobrevivência* de alguma forma de consciência no
após-a-morte, ele não endossa a crença na *imortalidade*
da alma, tal como viria a ser promulgada na geração seguinte à sua pelo platonismo e depois pelo cristianismo,
uma vez que em sua filosofia nada perdura para sempre
(nem mesmo os deuses), exceto a atividade e a incessante mudança, simbolizadas pelo fogo.

108

Imortalidade compartilhada. — "Na morte", observou
Marco Aurélio, "o fim de Alexandre da Macedônia em
nada difere do fim do seu cavalariço." Outro, no entanto, foi o destino dos gêmeos Castor e Pólux, filhos da jovem Leda. Recém-casada com Tíndaro, herdeiro do reino de Troia, a extrema beleza de Leda despertara as
atenções de Zeus, que passou a cortejá-la. Mas como ela
rejeitasse os seus avanços, Zeus tomou a forma de um
cisne perseguido por uma águia e se aproximou de Leda
enquanto ela se banhava nas águas de um rio. A jovem
mortal acolheu e acariciou a ave no colo. Meses depois,
ela dá à luz os gêmeos Castor e Pólux. Ocorre, entretanto, que eles têm pais distintos: Castor é filho de Tíndaro,
seu mortal esposo, ao passo que Pólux é filho de Zeus, o
amante-deus, e por isso imortal. Os jovens crescem ex-

145

tremamente unidos, exímios no esporte e na guerra, até o dia em que uma disputa travada com dois primos pela posse de um rebanho termina com a morte de Castor e com Pólux ferido. Ao saber, todavia, que o irmão assassinado havia descido ao submundo do Hades, o reino das sombras destinado aos mortais, Pólux se revolta e recusa a imortalidade a que tinha direito, a não ser que Castor pudesse também desfrutá-la. Instado a interceder, Zeus se nega a trazer Castor de volta ao reino dos vivos, mas encontra uma saída engenhosa: a imortalidade compartilhada. Cada um dos gêmeos recebe a permissão de passar junto ao irmão períodos alternados, ora com os deuses celestes no Olimpo, ora com as sombras dos mortos no Hades. Em homenagem à grandeza daquela união, o amor dos gêmeos é lembrado por duas estrelas, Pólux e Castor, na constelação que imortaliza o seu renome: Gemini.

109

Sobriedade socrática: Apologia. — Aos setenta anos de idade, Sócrates escolheu morrer. Julgado e condenado à pena capital por um tribunal popular pelos crimes de desrespeito à religião e corrupção da juventude, ele não só teve a chance de atenuar a condenação pelo pagamento de multa ou exílio, como de fugir da prisão sob os auspícios de um amigo rico e influente; preferiu, todavia, acatar o (injusto) veredicto. "Uma vez que os atenienses acharam por bem condenar-me, também eu, pelas mesmas razões, achei por bem e mais justo ficar aqui sentado, aguardando a vez de me sujeitar à pena que me infligiram." — Ao receber o resultado da segunda votação do júri confirmando a pena máxima, como relata Platão (que muito jovem, aliás, assistiu ao julgamento e três anos depois redigiu a *Apologia*), Sócrates obteve permissão da corte para dirigir-se uma última vez ao tribunal. A fala divide-se em duas partes. Na primeira, voltada àqueles que o condenaram, ele justifica sua atitude de aparente displicência e ironia no discurso de defesa: "Eu prefiro morrer tendo falado à minha maneira a falar à vossa maneira e viver. [...] A dificuldade, amigos, não é evitar a morte, mas evitar a iniquidade, pois ela é mais célere que a morte". Na segunda, dirigida aos que votaram pela absolvição, ele aborda a questão da morte e da existência de uma vida futura. Embora reafirme a confiança em que a morte possa não ser algo temível como tantos imaginam, mas que, ao contrário, "existe boa razão para a esperança de que a morte é um bem", o teor da fala é marcado por um tom de sobriedade e de sereno, porém tentativo, otimismo. "Existem duas alternativas", ele afirma: "ou a morte é um estado de anulação e absoluta inconsciência ou, como dizem alguns, existe uma migração da alma deste para outro mundo." No primeiro caso, em que não resta vida consciente mas "um sono como o sono de alguém que não é perturbado sequer pelos sonhos", a morte seria (a seu ver) um consumado ganho; um estado equivalente à mais prazerosa noite de sono das nossas vidas, digna da inveja do rei da Pérsia: "a eternidade é então somente uma única noite". E na hipótese da migração, caso a morte seja "uma jornada rumo a outro sítio no qual, como diz a tradição, todos os mortos residem", melhor ainda. "Pois que bem, meus amigos e juízes, pode ser maior que este? O que não daria um homem se pudesse conversar com Orfeu e Museu, Hesíodo e Homero? Se assim for, deixem-me morrer não uma, mas diversas vezes." Ademais, continua ele, a migração ao outro mundo lhe daria a chance de "prosseguir na busca por conhecimento falso e verdadeiro" e assim descobrir quem é de fato sábio e quem pretende ser, sem que o seja. "O que não daria um homem a fim de interpelar o líder da grande expedição troiana ou Ulisses ou Sísifo ou tantos outros homens e mulheres! Que delícia infinita haveria em conversar com eles e lhes fazer perguntas! Em outro mundo eles não condenariam um homem à morte por fazer perguntas; certamente não." — As duas hipóteses aventadas, é inegável, são um tanto otimistas e estão longe de esgotar o campo das possibilidades. Em nenhum momento, porém, Sócrates permite que a esperança dê margem a uma crença eriçada ou se confunda com algum tipo de convicção acerca do que o após-a-morte reserva. O medo da morte, argumenta, toma como pressuposto uma infundada presunção de sabedoria, e não a verdadeira sabedoria, pois baseia-se "na pretensão de conhecer o desconhecido", isto é: que *a morte é um mal* e, portanto, temível. O fato, contudo, é que "ninguém sabe se a morte, que os homens supõem em seu medo ser o maior mal, possa não ser o maior bem". Ante o indecifrável, a suspensão da crença.

110

Corpo-cárcere. — Frágil, vulnerável e perecível, o corpo nos deserta; a alma não. Apropriada e popularizada pelo cristianismo, a ideia da alma como fagulha do divino alojada no barro tosco do corpo mortal — *o infinito aprisionado no finito* — tem raízes que remontam ao movimento órfico grego-arcaico, uma seita religiosa-filosófica do século VII a.C. cujo poeta-fundador, Orfeu, teria retornado do inframundo dos mortos e promulgado a crença na transmigração e no ressurgimento da alma humana individual em outro mundo depois da morte e da dissolução do corpo. A influência do orfismo na filosofia platônica transparece de forma aguda na invectiva de Platão contra o corpo: "Enquanto possuirmos um corpo e a semelhante flagelo estiver a nossa alma enleada, jamais conseguiremos alcançar satisfatoriamente a meta das nossas aspirações — e essa, dizemos, é a verdade. Inúmeros são, de fato, os entraves que o corpo nos põe, e não apenas pela natural necessidade de subsistência, pois também doenças que sobrevenham podem ser outros tantos impeditivos da nossa caça ao real. Paixões, desejos, temores, futilidades e fantasias sem conta — com tudo isso ele nos açambarca, de tal sorte que não será exagero dizer-se, como se diz, que, sujeitos a ele, nunca chegamos a verdadeiramente pensar. E senão vejamos: as guerras, as lutas, as discórdias, quem as fomenta a não ser o corpo e seus apetites? É de fato o desejo de possuir riquezas que está na base de todas as guerras; e as riquezas, somos por sua vez levados a adquiri-las em proveito desse corpo ao qual servimos como escravos. [...] Mas é pior: se em algum momento o corpo nos dá trégua e voltamo-nos para qualquer tipo de pesquisa, logo vemos os nossos esforços de todos os lados baldados por insistentes clamores e pelo súbito temor e confusão em que nos lança tornando-nos inaptos para discernir a verdade". — Exílio provisório da alma, segundo essa visão, o corpo é o que nos mantém como que presos e condenados à vida-sombra em que viemos ao mundo; ele é o cárcere ou invólucro da alma invisível, divina e imperecível de que somos portadores, não obstante a contaminação das pulsões oriundas do corpo, mais insistentes e perturbadoras em certas almas do que em outras. Compreende-se, portanto, a resposta de Sócrates a Críton — o amigo que dois dias antes lhe oferecera a chance de fugir da prisão pelo suborno do carcereiro —, quando este indagou-lhe, em nome dos amigos, como desejaria que fizessem o seu funeral: "Façam como quiserem, contanto que me alcancem antes que vos fuja".

III

As esperanças supraterrenas de Platão: Fédon (1). — "Importem-se pouco com Sócrates e muito mais com a verdade!" Afirmar a imortalidade da alma, como pregam as religiões, é uma coisa; fundamentar e justificar racionalmente essa crença e mostrar que ela é digna de crédito, outra bem distinta. Existirão argumentos capazes de nos convencer da sobrevivência da alma após a morte sem o apelo à autoridade divina e com base apenas em raciocínios lógicos e evidências abertos ao escrutínio de todos, prescindindo do recurso a metáforas, analogias e narrativas aliciadoras? Eis o desafio central que Platão se propôs a enfrentar no *Fédon*, o diálogo em que reconstitui o derradeiro encontro e conversa de Sócrates com um grupo seleto de amigos em visita ao cárcere (Platão ausente por motivo de doença) na véspera da sua execução. — Assim como Buda e Jesus, Sócrates nada escreveu. O Sócrates platonizado do *Fédon*, concordam os especialistas, extrapola em larga medida, ainda que em nada contradiga, o Sócrates contido e irônico — "mutuca dos atenienses" — da *Apologia*. Obra da maturidade de Platão, o *Fédon* retoma a tese da *Apologia* de que a privação da vida, longe de ser um mal, é talvez uma grande dádiva para os que souberam bem viver. A diferença é que no diálogo ele busca dar uma prova racional da imortalidade da alma e mostrar "com que boa razão, segundo me parece, um homem que consagrou toda a sua vida à filosofia sente-se confiante à hora da morte e esperançoso de que, terminados os seus dias, logrará o melhor dos destinos no outro mundo". A defesa argumentada dessa esperança e a tentativa de dar resposta às principais objeções que lhe podem ser feitas são a linha mestra e o alvo maior do diálogo.

112

As esperanças supraterrenas de Platão: Fédon (2). — Como dar sustentação racional à crença na imortalidade da alma? As idas e vindas e a esgrima dialética da argumentação não precisam nos deter. A pergunta decisiva foi lançada por Cebes, principal interlocutor de Sócrates (ao lado de Símias) no *Fédon:* "Quem nos garante, de fato, que, ao separar-se do corpo, a alma subsiste algures, e não fica destruída e aniquilada no mesmo dia em que o homem morre? Quem sabe se, logo que dele se liberta e sai, não se desvanece como sopro ou fumo, evolando-se para não mais deixar rastro de existência?". O fulcro da resposta platônica remete a uma profunda e ousada reavaliação — consubstanciada na chamada Teoria das Formas — do modo como apreendemos a nossa existência e a realidade do mundo na experiência comum da vida. — *O que é real?* O mundo se nos afigura como uma realidade visível e concreta em contínua mudança; uma sucessão de objetos, eventos e qualidades como, por exemplo, uma árvore, um sorriso ou um verso de rara beleza. Mas como chegamos a saber que esses objetos, eventos e qualidades são o que são? Considere, por exemplo, a árvore. Existem bilhões de árvores distintas pertencentes a uma infinidade de espécies. Quando miramos uma árvore em particular, vemos um vegetal lenhoso de certa altura, dotado de tronco, galhos e raízes, mas nós somente o chamamos de *árvore* porque reconhecemos nele certas características comuns, ou seja, porque temos uma Forma ou Ideia universal de árvore na mente à qual todas as árvores concretas estão relacionadas. O mesmo vale para qualquer outro objeto ou qualidade abstrata: subjacente a um verso de grande beleza está uma Forma ou Ideal de beleza em virtude do qual dizemos que é *belo*. É só porque conhecemos a Forma da árvore e do belo que nos tornamos aptos a conhecer as coisas singulares — esta árvore, aquele verso — como tais. Mas como chegamos a nos inteirar das Formas? Seguramente, dirá Platão, não foi por meio dos sentidos, uma vez que, se podemos ver e tocar uma árvore, o mesmo não podemos com a Forma ou Ideia de árvore. É a mente ou o intelecto por si mesmo, desligado dos sentidos, que nos faculta conceber e conhecer as Formas, o que se torna ainda mais óbvio em se tratando de qualidades abstratas como o belo, o justo ou o verdadeiro. Assim se define, portanto, a existência de dois mundos: o *mundo sensível*, a que temos acesso por meio dos órgãos sensoriais do corpo; e o *mundo inteligível*, cuja existência situa-se para além do que os sentidos dão conta. Qual a relação entre eles? Platão não só acredita que o mundo inteligível das Formas tem primazia sobre a realidade do mundo circundante apreendida pelos sentidos — sendo este não mais que uma cópia ou imagem pálida, flutuante e imperfeita do primeiro, como na conhecida alegoria da caverna na *República* —, como atribui ao mundo das Formas uma existência eterna, imaterial e imutável, independente do fluxo das coisas visíveis e sujeitas à ação do tempo. O familiar e visível, portanto, é parasito do eterno e invisível, uma vez que é o mundo sensível que deve a sua existência, significado e valor ao mundo inteligível do qual emana. — Pois bem. A essência do argumento platônico em defesa da imortalidade da alma reside nessa reavaliação da nossa experiência comum a partir da Teoria das Formas: *a vida manifesta não é a totalidade da vida.* O mundo instável e fugaz pelo qual transitamos em nossa vida corporal-biológica não é tudo que há; ao contrário, ele é tão somente uma realidade aparente ou superfície cambiante derivada de uma realidade suprassensível e perene — as Formas puras e perfeitas — que, embora vedada aos sentidos, pode ser apreendida pela faculdade intelectiva da alma. Ao dualismo contrapondo o mundo sensível e o inteligível na filosofia platônica corresponde o dualismo de corpo e alma da condição humana. Ao passo que o corpo pertence ao mundo das coisas mutáveis e perecíveis, estando portanto fadado à ação corrosiva do tempo, a alma individual pertence ao mundo inteligível, que é o seu habitat natural, estando assim essencialmente imune às contingências e vicissitudes do mundo sensível, apesar do seu inevitável enredamento — em maior ou menor grau em cada pessoa — pelos desejos e pulsões do corpo que habita. Daí que a morte não é o fim, mas passagem. Ela significa tão somente a completa desinserção ou libertação da alma das amarras do corpo; a "re-união" daquilo que temos de mais essencial ao seu próprio elemento e

153

morada: o mundo das Formas eternas, imateriais e imutáveis. Nem a vida nem a morte são só isso que se vê.

113

As esperanças supraterrenas de Platão: Fédon (3). Concluído o argumento em prol da imortalidade da alma, resta a pergunta: *o que vem depois?* Na parte final do diálogo Platão enfrenta a questão, porém recorrendo a uma narrativa mítica — e não a uma construção teórica —, uma vez que, como ele próprio admite, o assunto não se presta a um tratamento estritamente argumentativo. Qual o destino da parte imortal das almas individuais e o que lhes sucede após a dissolução do corpo? Existe uma condição póstuma diferenciada, conforme as escolhas da vida terrena? E, se existe, como isso deveria afetar a nossa conduta enquanto cativos do mundo sensível? Na mitopoética do *Fédon*, como fará Dante na *Divina comédia* séculos mais tarde, Platão entremeia conjecturas especulativas sobre a vida futura com uma geografia detalhada das regiões celestes e subterrâneas para onde seriam conduzidas as almas libertas — um verdadeiro Guia de Viagem do Hades. Enquanto as almas eleitas são premiadas com uma vida póstuma "esplendorosa" junto aos deuses, heróis e poetas mortos, as almas danadas, ao contrário, se veem submetidas a severas penas — purgatoriais ou eternas — pelos vícios e crimes praticados em vida. "Insistir ponto a ponto na veracidade desta narrativa", reconhece Platão, "não seria próprio de uma pessoa de senso; mas sustentar que as coisas se passam mais ou menos desta maneira, no que respeita às almas e suas moradas, sendo a alma evidentemente imortal como se nos revelou, é proposição que me parece digna de crédito e na qual vale a pena arriscar." — Na conclusão do *Fédon*, quando o sol declina e a hora fatal se anuncia, Sócrates reafirma uma vez mais sua plena esperança na vida futura: "Estas, pois, as razões por que deve confiar no destino da sua alma todo aquele que, durante a vida, rejeitou os prazeres do corpo e seus paramentos como alheios, considerando-os de um efeito mais nocivo do que benéfico, e que se empenhou, pelo contrário, em alcançar os prazeres do conhecimento e adornar sua alma não com paramentos que lhe são estranhos, mas com aqueles que lhe são próprios, isto é, com a temperança e a justiça, a coragem, a nobreza e a verdade, e que assim aguarda a jornada que fará ao Hades quando convocado pelo destino". A vida filosófica, pautada pela busca incessante do saber e pelo "cuidado da alma", seria não só a melhor vida terrena ao nosso alcance, mas o melhor preparo para um após-a-morte venturoso. Como "exercício de morrer e estar morto", a vida filosófica seria a preparação para a eternidade, na medida em que molda e assimila a alma do genuíno filósofo à Forma da alma. Embora a filosofia, como a verdadeira religião, não deva ser cultivada tendo em vista o objetivo da salvação eterna — o que só poderia desvirtuar sua prática e finalidade —, ela estaria lá, como prêmio ou dádiva a coroar uma vida bem vivida. "Belo é o prêmio e grande é a esperança." Corpo-cárcere, alma-amplidão.

114

O salto imortal de Cleombroto. — Mal-entendidos têm consequências. É difícil imaginar que o argumento metafísico e abstrato de um filósofo possa provocar um gesto extremo, mas existem exceções. O poeta e erudito grego Calímaco registra num epigrama o caso de um jovem filósofo, Cleombroto de Ambracia, que mesmo sem sofrer desventura alguma cometeu suicídio atirando-se ao mar do alto da muralha de sua cidade natal depois de ter lido o *Fédon* de Platão. "Adeus, ó Sol!", exclamou antes de saltar. O entusiasmo com a promessa de chegar ao Hades e "gozar uma felicidade tal como talvez nenhum outro tenha encontrado", como antecipa Sócrates no diálogo, é compreensível. O que causa estranheza, todavia, é que a expressa condenação do suicídio no *Fédon* não o tivesse dissuadido, até porque o atalho suicida teria o efeito de negar o resultado pretendido. Teria ele "saltado" essa parte do texto, discordado dela ou esquecido o que lera?

115

As esperanças supraterrenas de Platão: microbalanço. — As verdades religiosas repelem a dúvida e se pretendem definitivas. As verdades filosóficas duvidam de si e admitem-se provisórias. No ensaio "Sobre a imortalidade da alma", Hume escreveu: "Trata-se de uma infinita vantagem em toda controvérsia defender a negativa. Se a questão estiver fora do curso da experiência comum da natureza, essa circunstância é quase, se não inteiramente, decisiva. Por meio de que argumentos ou analogias podemos provar qualquer estado de existência que ninguém nunca viu e que de modo algum se assemelha a qualquer um que se tenha jamais visto? Quem repousará uma tal confiança em qualquer pretensa filosofia de modo a aceitar, com base em seu testemunho, a realidade de uma tão fantástica cena? Alguma nova espécie de lógica se faz requerida para esse fim, além de novas faculdades mentais que nos permitam compreender essa lógica". O alerta cautelar humiano, é certo, parece servir como uma luva e feito sob medida para a crítica do *Fédon*; mas a salutar reserva e os limites que ele aponta não teriam surpreendido Platão. Embora o alvo almejado por Sócrates no diálogo fosse a demonstração ou prova argumentada da imortalidade, em nenhum momento ele alega que isso foi de fato atingido. E o principal: sua postura genuinamente filosófica transparece no franco reconhecimento do caráter prospectivo e aberto ao contraditório do argumento. Pressionado por Símias — "devido à magnitude do assunto bem como à pouca conta em que tenho a debilidade humana sinto-me compelido a declarar que ainda alimento dúvidas quanto ao que foi explanado" —, Sócrates não hesita em reafirmar que nenhuma das "hipóteses iniciais" ou premissas do seu argumento — a começar, presume-se, pela Teoria das Formas — está imune à revisão crítica e, portanto, "por dignas de confiança que pareçam devem ser examinadas com maior rigor" (algo que, diga-se de passagem, o próprio Platão se encarregou de fazer com devastadora severidade, no tocante às Formas, em diálogos subsequentes). — O que sobrevive da "prova" platônica da imortalidade? Que há muito a criticar — e rejeitar — no argumento parece-me inconteste; são exemplos: a ideia das Formas ou universais como objetos de conhecimento a priori da razão (e não como construções de linguagem gradualmente sedimentadas e transmitidas entre gerações); ou, ainda, a crença numa justiça retributiva póstuma em perfeita consonância com o senso de justiça do filósofo que nela crê. O principal, porém, não é isso. Resultados particulares da investigação à parte, a real diferença entre Platão e Hume é a *postura ante o desconhecido*. Ao passo que o iluminista escocês se resguarda, cético e defensivo, na "infinita vantagem" da negativa, escudado em cautelas de mar costeiro, o autor do *Fédon* não se recusa ao mar aberto e à aventura do "nobre risco", ainda que sua "nova espécie de lógica" conduza a um (muito provável) naufrágio. — Nossas ilhas de conhecimento movediço e local — tudo que os sentidos, a lógica e a pesquisa especializada facultam saber — são pontos isolados e diminutos no vasto oceano de trevas e mistério que nos cerca. Sócrates despediu-se da vida conversando serena e animadamente com amigos sobre o enigma da condição mortal. Dois mil e quinhentos anos nos separam do *Fédon*. O que permanece vivo no diálogo? Para além do entorno especulativo, vive o sentido de urgência, o apelo do longe e "o prazer de buscar que empurra as velas para o não descoberto". Vive o impulso de zarpar e desbravar o novo, como quem primeiro se inicia em Bach ou em geometria; vivem a coragem e o desassombro de ousar terra incógnita. O mundo sensível e a ideia de finito, ao serem postos e nomeados, despertam o anseio pelo que ocultam e sugerem: o suprassensível e o infinito. O transcendente se impõe. Ler Platão é navegar e inquirir com ele. O porto de chegada é provisório; a trilha percorrida, imortal.

116

Pergunta singela. — A relativização da realidade sensível e da vida tal como nos é facultado conhecê-la é a antessala da crença numa vida futura. O mundo aparente ou fenomênico (como diria Kant), a realidade passível de apreensão pelos sentidos humanos e pelos aparelhos científicos, por mais possantes e avançados, pode não ser tudo que há. Parêntese da eternidade, a realidade mundana pode ser tão somente reflexo ou superfície oscilante do mundo numênico ou essencial. Como, entretanto, ir além? É o que pergunta o poeta: *"Nothing more true than not to trust your senses; and yet what are your other evidences?".* *

117

Deus e vida póstuma. — A crença na existência de Deus costuma andar colada na crença da vida póstuma, assim como a crença na inexistência de Deus costuma andar colada na descrença de uma vida póstuma. Pelo sim ou pelo não, verifica-se uma afinidade eletiva na imaginação humana entre as crenças no ser divino e na imortalidade da alma. Mas a frequência da conjunção não significa que exista uma relação lógica ou necessária entre elas. Duas outras combinações são possíveis. Assim como é perfeitamente lógico crer na existência de Deus e negar a existência de uma vida póstuma, é igualmente possível negar a existência de Deus e crer na existência

* "Não confiar nos sentidos é o que ensina a sapiência; porém, quais são suas outras evidências?"

de algum tipo de vida póstuma, como aliás enfatiza o filósofo setecentista e bispo anglicano Joseph Butler ao afirmar que "a noção de que iremos continuar vivendo ulteriormente é tão compatível com o ateísmo como com o fato de que estamos vivos agora". — A independência da hipótese de uma vida futura de qualquer fundamentação religiosa aparece, por exemplo, nas conjecturas do eterno retorno e da imortalidigitalização.* Outra variante dessa mesma família foi a hipótese sustentada há pouco mais de um século pelo filósofo e psicólogo americano William James no ensaio "Imortalidade humana". Se a nossa vida mental-espiritual é função do cérebro e depende inteiramente dele, como propõe a neurociência, então como acreditar que ela possa de algum modo sobreviver à falência biológica do cérebro? A conjectura de James baseia-se na hipótese de que a dependência funcional da mente em relação ao cérebro não seja ao modo de uma "função produtiva", na qual matéria produz matéria (como, por exemplo, o vapor é produzido pela fervura da água ou faíscas por metais em atrito), mas sim "transmissiva": uma relação funcional na qual energia transmite energia *através* de um meio material (como a luz refratada por um vitral multicolorido ou os sons liberados pelas vibrações da corrente de ar acionadas pelas teclas e pelos pedais de um órgão). O cérebro seria como o vitral multicolorido; ele seria justamente o órgão do nosso corpo que, como a lente trespassada pela luz de uma "fonte supersolar", filtraria as vibrações e oscilações de uma energia suprassensível — a essência espiritual do universo — que se manifestam na nossa consciência e vida mental. A analo-

* Como vimos nas seções 74 e 51 acima, respectivamente.

gia da relação entre um radiorreceptor e a fonte emissora das ondas sonoras ajuda a elucidar o ponto: se o rádio está avariado, a música sai distorcida; se o rádio quebra, a música cessa; mas durante todo o tempo, não obstante, os sinais radiofônicos continuam circulando na atmosfera, inalterados mesmo depois de silenciados. A consciência individualizada é passageira e morre com o corpo; mas a energia que nela vibra e que por ela transita enquanto vivemos seria uma realidade perene, embora vedada aos sentidos. O radiorreceptor estaria para as ondas de radiofonia por ele captadas como o cérebro para a vida mental. O universo sensível-material que nos é familiar seria a realidade aparente de outra esfera do ser — o universo suprassensível e espiritual — do qual emana. Na morte, a alma individual se liberta do corpo e é reabsorvida pelo espírito universal que é sua morada. Platão redivivo. O insondável mistério (James o evita) é a "fonte supersolar" emissora...

118

O filósofo e a tia carola. — A: Veja só, tia, são coisas distintas; você pode perfeitamente acreditar em Deus sem acreditar na promessa de uma vida eterna. — B: Mas se não pela vida eterna, *então para que Deus?*

119

Capítulo das negativas. — Diante da enormidade e singularidade do fato, o raciocínio analógico não vai longe. A morte não é como o sono, o coma, a anestesia profunda ou o confinamento solitário na escuridão. A morte, ao que tudo indica, libera o animal do mundo sensível, das esporas do apetite, dos labirintos do desejo e da servidão à carne. Trilhões de células desorbitadas. O colapso aparente dos nossos anseios e enganos e da versão do universo de que cada alma é portadora. Tudo isso, ao que parece, ela faz. O mundo cessa e segue sem mim, sem você. E isso é tudo, talvez.

120

Supercopa da Autoridade. — Se é verdade, como já se disse, que todas as formas de entretenimento são imitações de luta, eis um belo confronto. Dois times, onze para cada lado. Como em toda escalação (como negar?) os elencos têm um quê de arbitrário: os vieses de gênero, origem, escola e tradição cultural, entre outros, são por demais evidentes; no banco de reservas um celeiro de craques prontos para o jogo (se eu tivesse nascido asiático, Lao-Tsé e Confúcio seriam titulares). A escolha, todavia, se impõe. Ei-la. De um lado, jogando em casa, o escrete da Vida Futura: Heráclito, Platão, Cícero, Aquino, Rousseau, Kant, Emerson, Goethe, Unamuno, William James, Charles Peirce. E, no campo adversário, a seleção do Nada Além: Demócrito, Epicuro, Lucrécio, Hobbes, Diderot, Hume, Marx, John Stuart Mill, Nietzsche, Freud, Thomas Nagel. Dois mil e quinhentos anos de aguerrida contenda, sem que um placar cabal se confirme. O time da casa conta desde sempre com forte adesão da torcida, mas torcer, sabemos todos, não basta. Contemplar como um anjo o desenrolar da partida? Ou arbitrar e julgar como um deus quem leva a taça?

A tensão entre estoque e fluxo na ciência. — Tautologias e truísmos à parte, nenhum saber é final. Seja qual for o objeto do conhecimento, uma coisa é certa: é possível conhecer mais. E como o que falta saber, por definição, ninguém sabe o que é, o desconhecido pode ter uma propriedade singular. Nem sempre o que era desconhecido mas veio a deixar de sê-lo limita-se à descoberta de coisas que são meramente complementares ao estoque de saber preexistente. A tensão entre o antigo e o novo — entre o estoque e o fluxo na busca do conhecimento — gera surpresas e anomalias. Um revolucionário fato novo — como, por exemplo, as descobertas da existência do Novo Mundo (aos olhos europeus), das partículas subatômicas ou do gene — pode alterar radicalmente o nosso entendimento acerca da natureza do saber preexistente e do seu valor de verdade. *O conhecer modifica o conhecido.* O desconhecido é uma espécie de bomba-relógio pronta para implodir ou obrigar a repensar o edifício do saber estabelecido. — Certeza derradeira, portanto, não há. Afirmá-la seria supor que a fronteira intransponível do saber foi alcançada, o que é insustentável, ou então presumir que o que falta conhecer será sempre "bem-comportado", ou seja, complementar e não subversivo do saber preexistente, o que implica prejulgar, de forma injustificada, aquilo que por sua própria natureza não se pode saber. Para quem busca o conhecimento, portanto, e não o conforto de crenças entorpecidas no solo do acreditar, surpresas e anomalias são achados valiosos. Como afirma o lógico e filósofo da ciência americano W.V. Quine: "Qualquer fenômeno oculto — qualquer caso claro de telepatia, teletransporte ou clarividência, um fantasma, um disco voador — deleitaria a mente científica. Os cientistas, empolgados, correriam em bandos para as suas pranchetas e aceleradores lineares. Os mecanismos dos fenômenos ocultos clamariam por serem investigados e uma revolução básica na física estaria a caminho". — Qual a relação entre o que virá a ser conhecido, de um lado, e o que supomos ser conhecido, de outro? Com um simples par de prismas polidos, Newton enterrou milênios de conjecturas sobre as causas do arco-íris. A expansão da fronteira do conhecimento pode somar-se harmoniosamente ao território do saber constituído (peça acrescida), mas pode também subvertê-lo e transfigurá-lo (novo quebra-cabeça). Quando isso acontece, o fluxo subverte o estoque. Quem busca o conhecimento busca o inesperado. Daí a pertinência da dúvida: estará definido, fechado e consolidado em definitivo o repertório que hoje nos é familiar acerca das possibilidades de alguma forma de vida futura? "Uma dificuldade é uma luz; uma dificuldade insuperável é um sol."

122

O passo em falso de Nietzsche. — "É tarefa da ciência", declarou o físico dinamarquês Niels Bohr, "reduzir as verdades profundas a trivialidades." Das causas dos terremotos e surtos epilépticos à origem das espécies e à estrutura do DNA, o rol de sucessos da ciência moderna na elucidação e redução a trivialidades do que eram (até então) mistérios da natureza é vasto e inconteste. Estará o enigma do após-a-morte nesse rol? Muitos, ao que parece, e com maior prevalência nos meios científicos e filosóficos, creem que sim. É o caso, por exemplo, de Nietzsche. No §72 de *Aurora*, intitulado "O 'após-a--morte'", ele se alinha à filosofia epicurista e argumenta que a ciência moderna reconquistou para si o pensamento da definitiva aniquilação post mortem como algo inapelável "ao rejeitar qualquer outra concepção da morte e qualquer vida no além": "Ficamos mais pobres de um interesse: o 'após-a-morte' já não nos diz respeito! — um benefício indescritível, apenas ainda muito recente para em toda parte ser visto como tal. E Epicuro triunfa novamente!". — Benéfica ou prejudicial, a crença na morte como aniquilação não deve ser aceita ou rejeitada pelos seus efeitos, mas pelo seu valor de verdade. A questão relevante, do ponto de vista cognitivo, não é saber se acreditar nessa tese é algo *bom* ou *ruim* para quem a alimenta; não é ajuizar se ela nos faz *bem* ou *mal*, mas é determinar se é digna de crédito, ou seja, se é *verdadeira* ou *falsa*. A impaciência de Nietzsche com as promessas e terrores imaginários inculcados pelas religiões, não raro de forma calculada e perversa, é legítima e compreensível. O passo duvidoso, contudo, é o que vem depois: pois ao negar todas as possibilidades de existência de uma vida póstuma; ao rejeitar cabalmente "qualquer outra concepção da morte" a não ser a aniquilação; e ao servir-se, ainda por cima, da autoridade da ciência para tanto, ele viola os limites da experiência humana possível e extrapola o que se pode racionalmente afirmar sobre o assunto. — Como Epicuro antes dele e como tantos que vieram depois, influenciados ou não por seu legado, Nietzsche se alça à condição de um Colombo às avessas na cartografia do após-a-morte. Se os mensageiros religiosos da vida futura exploram a credulidade dos devotos com seus relatos das glórias e tormentos do além, sempre ao abrigo da palavra divina, e abusam dessa credulidade, o autor de O *anticristo*, por seu turno, não faz por menos. Amparado numa pretensa objetividade científica e com ares de pensador à frente do seu tempo ("alguns homens nascem póstumos"), ele assevera que rompeu as bordas do mundo conhecido, tomou o pulso da eternidade e... *nada encontrou por lá*, exceto o abismo do não-ser. O passo, porém, é maior que a perna. Assim como as demais concepções de vida futura, a tese da aniquilação não se presta a qualquer forma de verificação ou falseamento empírico, uma vez que está por definição fora do âmbito da experiência e tampouco é passível de demonstração formal ou prova dedutiva, visto que isso exigiria um tipo ignorado de lógica, distinto daquele em que a lógica humana se moldou. Trata-se, em suma, de uma aposta ou inclinação pessoal, ou seja, da expressão de uma "preferência temperamental", como diria William James: a confissão involuntária de um temperamento bilioso, em pé de guerra com a sua educação religiosa, embora travestida de certeza científica e impessoalidade. — Igualmente capciosa é a declaração de indiferença quanto ao que virá depois. "O após-a-morte já não nos diz respeito", ele exclama — será? Ao menos em seu próprio caso, não é o que Nietzsche claramente deixa transparecer e revela de si. Expulso de forma ostensiva pela porta da frente, o anseio de perenidade retorna, sublimado e veemente, pela janela dos fundos. É o que ele afirma sem escrúpulo de modéstia ao comentar, em *Crepúsculo dos ídolos*, o que sonha alcançar com suas obras: "Criar coisas em que o tempo crave suas garras em vão; buscar uma pequena imortalidade na forma, na substância — jamais fui modesto o bastante para exigir menos de mim. O aforismo, a sen-

tença, nos quais sou o primeiro a ser mestre entre os alemães, são as formas da 'eternidade'". Ou como dirá seu
alter ego Zaratustra, no refrão sete vezes martelado de
"Os sete selos": "Jamais encontrei a mulher da qual desejaria filhos, a não ser esta mulher a quem amo: pois eu
te amo, ó eternidade! *Pois eu te amo, ó eternidade!*". Eis
a velha flama a renascer das cinzas do renegado fogo.
"Desde quando viso a *felicidade*? Eu viso a minha *obra*!"
Em Nietzsche, a febre de uma imortalidade póstuma na
memória das gerações futuras se alimenta do ardor das
esperanças supraterrenas perdidas. E a posteridade triunfa novamente!

123

O factível, o descobrível e o indecidível. — A imortalidade biológica, entendida como a extensão por tempo
indefinido de uma vida humana desde que o meio ou
acidentes de percurso não imponham limites, é um desafio técnico. Pode não ser desejável, mas é algo em princípio factível. O descobrível denota o campo das coisas
passíveis de descoberta. A existência de bactérias, raios
gama e antimatéria, por exemplo, era algo insuspeito
até que a investigação científica trouxe à tona sua realidade. A fronteira do conhecimento apto a ser conquistado não está dada de uma vez por todas, mas se desloca
no tempo. — Existe alguma forma de vida futura após a
morte biológica? Se alguém disser que tem resposta, fal-
taria com a verdade. A questão é: uma resposta verdadeira *existe*? Penso que sim. É plausível supor que o
enigma tenha uma solução verdadeira, mesmo que nunca cheguemos a desvendá-la. A pergunta seguinte é: se-

ria uma expectativa ou hipótese extravagante supor que a expansão da fronteira do mundo apto a ser conhecido permita no futuro chegar a uma solução epistemicamente aceitável do enigma do após-a-morte? Embora se trate, a meu ver, de uma questão em aberto, creio que a abordagem científica, ao menos nos moldes como ela é hoje praticada, é constitutivamente incapaz de avançar nessa direção, e isso por razões intrínsecas ao seu modo de apreensão do real. — O motivo é claro. O mundo é infinitamente complexo; portanto, é impossível pensar sem abstrações. A ciência moderna, fruto da Revolução Científica do século XVII, baseia-se numa forma particular de abstração que se revelou tremendamente poderosa na busca de entendimento e domínio sobre o mundo natural; um modo de apreensão da realidade que parte do princípio de que o mundo *físico* é autossuficiente, ou seja, abriga no interior de si tudo que é necessário e suficiente para entender e explicar o que sucede nele, de maneira que ele pode ser inteiramente descrito e elucidado por meio de uma infinidade de evidências e relações causais que pressupõem a abstração ou subtração de tudo que se relacione ao mental, como consciência, sentido, intenção ou propósito. A objetividade científica esvazia o mundo de qualquer traço ou vestígio de interioridade subjetiva. Do ponto de vista cognitivo, o resultado da investida são mapas, registros e explicações cada vez mais precisas e minuciosas da superfície causal de tudo que acontece. — Os méritos e feitos dessa forma de abstração são por demais conhecidos, mas ela não está isenta de limites. Aplicada ao ser humano, a abordagem científica nos toma como organismos biológicos moldados pelo processo evolutivo e pertencentes à ordem objetiva espaçotemporal, como tudo mais. Que esta seja uma dimensão de enorme relevância da nossa existência, ninguém poderia em sã consciência negar — mas será a única? A questão é: o que se perde ao subtrair a interioridade mental do objeto de estudo quando o objeto é o próprio sujeito, ou seja, nós, seres humanos? Corpo, cérebro, fiação neural. DNA replicante + soma descartável — eis o que somos em essência aos olhos da ciência: cadáveres adiados que procriam. — O reducionismo científico, fruto de uma forma particular de abstração, prejulga a natureza do real ao abstrair e excluir do seu objeto de estudo justamente aquilo que nos define: o universo mental e a experiência interna e subjetiva da vida. Daí que a ideia da morte como aniquilação pareça uma conclusão natural do pensamento científico, quando na verdade trata-se de uma associação espúria. A morte como aniquilação não é um *resultado* da ciência, mas uma decorrência da forma particular de abstração a partir da qual ela se constituiu e na qual se especializou: o compromisso alicerçador com a máxima objetividade como critério de verdade. Se a dimensão física da existência (cérebro incluso) é tudo que há, então a morte do corpo só pode ser o fim definitivo de tudo. A possibilidade é real, porém não sabemos; os surpreendentes relatos das "experiências de quase-morte" (pessoas que estiveram praticamente mortas por alguns instantes mas lograram voltar à vida)* são o que mais se aproxima de algum tipo de evidência empírica sobre o assunto, mas situam-se ainda do lado de cá da ponte (ou abismo). A questão, portanto, permanece indecidível — e talvez para sempre o seja. Se a vida engana, que dirá a morte?

* Como veremos nas seções 216 e 217 da Parte IV.

124

Lógica e verdade. — Devido a um pequeno erro no corte inicial do tecido, comenta Jonathan Swift nas *Viagens de Gulliver*, os alfaiates de Lilipute produziam peças de vestuário inteiramente disformes. É o que alertava Aristóteles, o pai da lógica formal: "Admitido um disparate, o resto segue; nenhuma dificuldade nisso". Se a premissa é manca, o tropeço é (quase sempre) fatal. Daí que raciocínios impecavelmente lógicos podem levar a conclusões falsas, assim como um raciocínio torto pode em tese levar, não obstante, a uma conclusão verdadeira. — Nada na lógica nos obriga a ser lógicos: só o compromisso com a verdade — uma escolha ética — o faz. Reconhecer, todavia, a importância da lógica não implica desconhecer seus limites ou atribuir-lhe um poder que ela não tem. O compromisso com a busca da verdade pode demandar a coragem de ousar e desbravar o novo; pode exigir que nos aventuremos, malgrado o risco, para além da lógica, como quando um chamado, pressentimento ou intuição parecem nos guiar. "A lógica", recorda Guimarães Rosa, "é a prudência convertida em ciência."

125

Duplo empobrecimento. — Duvidar é um dever científico. Existe uma enorme e fundamental distância entre as hipóteses e conjecturas de uma ciência especializada, de um lado, e uma visão de mundo totalizante, pretensamente capaz de reduzir todas as dimensões da vida e da experiência humanas aos seus próprios termos e princípios explicativos, de outro. O apreço pela ciência não se confunde com o apreço por uma cosmovisão calcada nos resultados da ciência. O *cientismo* é a doença infantil da ciência — a crença de que a inteligência humana disciplinada pela lógica e municiada da mais avançada tecnologia de pesquisa é capaz de penetrar e render todos os segredos do universo e mistérios da condição humana. Embora os cientistas dignos desse nome repudiem o cientismo e tenham desde sempre alertado para o fato de que "está fora do âmbito de competência da ciência responder questões ligadas às primeiras e às últimas coisas", como esclarece o biólogo Peter Medawar em *Os limites da ciência*, a propensão a buscar na ciência respostas e soluções que extrapolam o seu domínio parece ter se tornado uma corrente em franca ascensão em nossos dias, especialmente nos círculos em que o reducionismo materialista neodarwiniano é o ideário dominante. Daí os frequentes embates opondo religião, de um lado, e "ciência" (leia-se: a usurpação cientificista da ciência), de outro, em torno de temas como a existência de Deus, a relação entre o cérebro e a mente ou o enigma do após-a-morte. — A cosmovisão calcada em ciência do cientismo enfrenta a sua rival religiosa de igual para igual, ou seja, como uma concorrente parelha e (alegadamente) superior a ela. O desembaraço das religiões em preencher a seu gosto o vácuo da vida póstuma dispensa comentário. O cientismo se propõe a impugnar os mitos, promessas e "delírios" da cosmovisão religiosa, expondo o seu caráter ilusório e fantasioso, mas não se detém aí; ele se projeta em território inimigo e abraça a missão de ocupá-lo a seu modo, promulgando a tese da definitiva aniquilação post mortem como única resposta científica possível à questão. Ao fazer isso, no entanto, o cientismo viola os limites da ciência e se coloca no mesmo terreno da sua rival religiosa, embora com os sinais trocados. O que, afinal, poderia justificar racionalmente a tese da aniquilação? Claramente, não se trata de um caso em que as evidências empíricas possam ser tomadas e interpretadas de forma a corroborar uma posição frente às demais, religiosas ou não — e isso pela simples razão de que, neste caso, as evidências são por definição inexistentes. O recurso a uma suposta simetria e equivalência entre o pré-nascer e o pós-morrer, por seu turno, não passa de um raciocínio analógico baseado na falsa premissa de que o pré-nascer nos seria de algum modo um estado familiar ou mais conhecido do que o pós-morrer, quando na verdade sabemos tão pouco sobre o tempo em que ainda não existíamos quanto sobre o tempo em que teremos deixado de existir. — Cientismo e religião não apenas se merecem, como também se desmerecem. Ambos se arvoram dignos de uma autoridade e detentores de um saber que não possuem. A crítica e rejeição da escatologia cientificista não se baseia em nenhum tipo de crença religiosa, mas na ideia de que é um erro procurar na ciência — e, pior, incorrer na presunção de ter encontrado nela — respostas a inquietações que estão constitutivamente além do seu horizonte legítimo, isto é, que extrapolam o universo das questões que se prestam a um tratamento empírico-dedutivo e cujas respostas estão abertas à possibilidade de refutação lógica ou experimental. À credulidade tosca dos dogmas religiosos corresponde a arrogância epistêmica do cientismo. Os antípodas se tocam: se o enigma do após-a-morte foi em larga medida apropriado e usurpado pelas religiões, o credo cientificista — quase uma nova religião para alguns — responde à altura, tratando de domesticá-lo e trivializá-lo como parte da pura positividade sem mistério do mundo:

o universo como uma série de caixas inseridas umas nas outras, com uma caixa vazia no fim. A consequência é um duplo empobrecimento. Enquanto a religião se compraz na indolência do dogma, o cientismo postula a pseudo-certeza do nada e encara o tema como uma questão superada (quando não, por pueril, embaraçosa) para quem ostenta sólida formação científica. Tudo, enfim, exceto a verdade singela, humana-demasiado-humana: quando o vácuo do após-a-morte nos interroga e assombra, somos todos indigentes.

126

Esperanças supraterrenas. — Os sucessos da ciência, com suas descobertas, gadgets e feitos tecnológicos, e a falência intelectual das religiões institucionais, com seus credos, hierarquias e apelos à autoridade divina, deixaram um vasto deserto em seu rastro. O resultado é a progressiva obliteração da dimensão do mistério na consciência humana e a perda de qualquer senso de profundeza e significado transcendente para a vida: a crise da ecologia psíquica. Duas narcoses — a esclerótica e a esterilizante — impregnam o clima de opinião: o dogmatismo do crédito e o niilismo do descrédito. Se é forçoso, por um lado, preservar um senso de sóbrio realismo e asseio intelectual frente à maré regressiva das formas ocas e caricatas da religião, não é menos necessário, por outro, recuperar o devido senso de assombro e mistério face à onda de raso cientificismo e estupor digital em voga. A ignorância infinita desconcerta o saber finito.

E então? — O após-a-morte me diz respeito. Disse na infância e diz na velhice. Quando exatamente brotou em mim a inquietude perdeu-se na memória; mas desde que me dou por gente — e como quase toda criança, presumo, a seu tempo —, frequento e revisito a questão: o que é feito de quem se foi? o que será de mim? As respostas confortadoras do meu anêmico catolicismo de terço, apostila e catecismo nunca chegaram perto de me convencer. Minhas ilusões eram outras. De início, recordo vivamente, era uma difusa, porém rija, expectativa: passei a alimentar a crença de que um dia, quando chegasse a hora, os adultos me chamariam para uma conversa da maior seriedade e abririam o jogo; explicariam tudo, tim-tim por tim-tim, sem reserva ou recato — tudo que mais importava saber: por que as pessoas nascem e para onde vão quando morrem. Os adultos, eu jurava a mim mesmo, *tinham de saber*, era inconcebível que não soubessem; e quando terminasse a conversa, eu deixaria de ser criança e passaria a ser adulto como eles, guardião de um precioso segredo, como meus pais, professoras e irmãos mais velhos. Quanto isso durou, não sei. Sei que um dia, impaciente da espera, me enchi de coragem e, solene do nobre encargo, como se a mim coubesse a missão de chamá-los à tal conversa, ousei levantar a questão travada na garganta. Porém, nada sabiam. — A criança é pai e mãe do adulto. A fantasia ruiu, mas a busca não. Nada era mais difícil para mim na infância do que aceitar viver na escuridão; resignar-me à total cegueira do que a morte reservava a mim e a todos. Outra quimera, logo enterrada, tomou pé: a crença de que, se não nesta vida, ao menos na morte tudo enfim se explicaria.

O enigma da vida seguida de morte, refletia eu, era uma dessas coisas que só no futuro iriam assentar nexo. Não cogitava em justiça póstuma, paraíso ou inferno — só em saber. Tinha o direito de saber! E confiava comigo: "Ah! meu caro, paciência, é preciso ter cruzado a fronteira; é preciso chegar do outro lado para que as coisas, aí sim, se esclareçam". Durou pouco. A premissa era frágil ao extremo. *E se lado de lá não há?* Com que certeza? Como estar minimamente seguro na crença de que minha frágil consciência sobreviverá ao triste despojo da carne? Pois não é justamente o que está em jogo?! O contrabando da conclusão na premissa: ingênua petição de princípio. Ó *sancta simplicitas!* — Toda filosofia reflete a experiência e a ótica de uma idade da vida. O *Fédon* lido aos trinta não é o *Fédon* lido aos setenta anos; o após-a-morte interrogado na aurora não é o contemplado no crepúsculo da vida. Sim, o pânico de morrer que um dia eu tive; o horror da morte como inexistência abismal, não vou dizer que passou, sofro recaídas, mas seguramente arrefeceu com a passagem dos anos. No gradiente que vai do horror ao alívio, a maturidade trouxe, pelo menos até aqui, uma bem-vinda dose de modulação e serenamento; uma sensação de paz, nos melhores dias, mais próxima de um assimilável pesar que da indiferença. Posso viver com isso. Uma coisa, no entanto, são nossas *reações*, impulsivas ou refletidas, diante da última viagem; e outra, muito distinta, são os *fatos*, isto é, saber o que virá (ou não) depois. — A velhice é neta da infância. Em retrospecto, constato que mudei. Cresceu em mim o respeito pelo desconhecido; a reverência por tudo que vai além do meu palmo de vista, o horizonte da nossa estreita e rasteira razão. Nossas ideias sobre o mundo, não importa quão sofisticadas, são o produto de uma parte finita e contingente do universo, nós mesmos, procurando dar conta de uma realidade mutável e infinitamente complexa: o espaço infindo no tempo inacabável. É difícil acreditar que a abordagem estritamente científica (ao menos nos moldes como hoje praticada) possa dar conta do fenômeno humano e da totalidade do real. Daí que o após-a-morte como o nada absoluto — a pseudocerteza que por longos anos me pareceu de longe a mais realista entre as alternativas — deixou de ter para mim o apelo e o poder de persuasão que um dia teve. Estranho consolo nascido da certeza de que não há certeza. A fresta do mistério é só o que basta para nos sentirmos infinitos. Sendo o vir à vida e descobrir-se vivo a surpresa que é, por que não seria a morte surpresa ainda maior?

128

"O homem é a medida de todas as coisas." — Ante a conhecida fórmula de Protágoras, atrevo-me a contrapor: a ignorância humana é a desmedida de todas as coisas.

PARTE III

EXPECTATIVAS TERRENAS

129

Projeção póstuma. — O prazer e a dor atam-nos ao presente; o anseio de perenidade projeta-nos ao futuro. Se viemos todos à vida pela mesma porta, um dia sairemos dela, por outra porta, sem consulta ou explicação. Morrer é só não ser visto? Como vencer a impermanência? Deixar o mundo não significa abdicar do mundo. O desejo de ser para além de si e projetar-se no tempo não poupa o céu nem a terra: a posteridade terrena não é menos póstera que a supraterrena. À míngua de transcendência, órfã da vida futura, a fome de imortalidade se embrenha e projeta na expectativa do mundo secular por vir. Não a imortalidade em vida, sonho médico; não a imortalidade em outra vida, sonho místico; mas a imortalidade na vida e no apreço dos que virão. O sonho de viver para sempre na memória e no coração dos viventes. A miragem da posteridade póstuma.

O grande deslocamento. — Das quatro manifestações do anseio humano de perenidade — prolongar a vida, esperanças supraterrenas, expectativas terrenas e presente absoluto — duas estão firmemente ancoradas na vida corrente e duas remetem ao que virá depois. *Ancoragem na vida corrente* significa: o fio da consciência e a sensação de ser quem se é não sofrem ruptura ou solução de continuidade, mas se mantêm essencialmente íntegros. Tanto a extensão radical da vida, de um lado, como a busca por momentos eternos, de outro, satisfazem essa condição de continuidade — e isso mesmo em casos-limite como a imortalidigitalização ou a experiência extática que revoluciona para sempre a nossa concepção da vida. Bem distinto, todavia, é o caso das esperanças supraterrenas e das expectativas terrenas. Pois são ambas construções que visam preencher o vácuo do futuro; são ambas, a seu modo, *apostas na posteridade post mortem.* Enquanto uma, de teor religioso, antecipa e sustenta a crença em alguma forma de vida futura, a outra, de traço secular, investe e alimenta a crença na construção de algum tipo de legado — material ou simbólico — capaz de perpetuar a existência do seu criador *neste mundo*, ou seja, para além da sua finitude biológica. — A importância relativa das quatro possibilidades e a distribuição de valor entre elas não são uniformes no tempo. Elas variam não apenas entre pessoas numa dada sociedade — e ao longo do ciclo de vida de cada uma — como entre culturas e épocas históricas. A idade conta. É natural que a orientação de futuro e a preocupação com algum tipo de legado aumentem à medida que os anos corram e o horizonte encurte. No arco narrativo do *Gilgámesh*, por exemplo, o mais antigo registro escrito da literatura mundial, a saga da busca pela imortalidade do rei de Úruk se desloca da extensão radical da vida ("a planta do rejuvenescimento") para o legado póstumo: suas realizações como governante.* Do ponto de vista histórico-cultural, o peso relativo das diferentes manifestações do anseio de perenidade depende crucialmente do apelo e da força da fé religiosa. A crença em alguma forma de vida futura e de justiça póstuma, quando ela é sincera e robusta, fornece aos devotos uma resposta consoladora face ao enigma da morte e naturalmente reforça o vetor das esperanças supraterrenas: se você realmente acredita que a existência terrena, tal como a conhecemos, não passa de preparação ou passagem para uma outra vida ou para a reencarnação, então o centro de gravidade da vida deixa de ser, em larga medida, o mundo terreno e passa a ser o além. Inversamente, quando o vigor e o viço da religião se enfraquecem e quando a crença na vida futura deixa de propiciar consolo e aplacar o ancestral desejo de sobreviver à morte biológica, tende a ganhar momentum o vetor das expectativas terrenas. O pêndulo da fome de imortalidade se reorienta e desloca dos céus para a terra. — O decesso e a morte não se justificam ante a sede de subsistir que preside a toda forma de vida. Perdida e renegada qualquer esperança supraterrena, onde encontrar alento? Como lidar com a brevidade e a estreiteza da vida corrente, nosso magro torrão? A fome de imortalidade não se rende com facilidade. Negue um tipo de alimento, ela buscará outro. Os apetites têm faro. Órfã da crença de que a vida neste mundo serve a um propósito mais elevado; privada da fé na existência de um sentido transcendente para o

---

* Como vimos na seção 54 da Parte I.

drama humano, capaz de justificar e relativizar nossa jornada temporal, a razão secular faz da posteridade terrena — o futuro da humanidade na terra — o lócus privilegiado do sentido e da salvação. Na cultura secularizada mas que mantém vivas a orientação de futuro e a chama das mais altas esperanças (em vez de abandonar-se à idolatria do conforto, saúde e prazeres circunstanciais), o centro de gravidade da existência se move da promessa de *um outro mundo* para os desafios *deste mundo*. O enredo e o palco da redenção migram da aposta religiosa para a história secular. A *virada terrena* traduz-se em dois passos paralelos: de um lado, o investimento na realização de feitos e na criação de obras que tragam benefícios práticos e simbólicos à posteridade; e, de outro, a expectativa de que os feitos e frutos legados irão conferir aos seus genitores o reconhecimento devido e a sobrevivência na memória das gerações futuras: o apreço imortal. "A posteridade está para o filósofo como o outro mundo está para o religioso", na síntese lapidar de Diderot. Ela é o além do aquém.

131

Vida futura sublimada. — Tomás de Aquino enunciou, no século XIII, um princípio de grande alcance: "A mente espontaneamente deseja ser eterna, ser para sempre". As religiões mundiais respondem a esse desejo com a promessa-garantia de uma vida futura após a morte, como se o anseio de perenidade da mente fosse já a prova ou confirmação de que aquilo que ela anseia existe. O desejo de crer, no entanto, por mais veemente, nada nos diz sobre a veracidade da crença. Mas com o descrédito e eventual colapso da cosmovisão religiosa, sob o efeito corrosivo do avanço da ciência e da razão secular, a promessa-garantia de vida futura perde o viço e fica privada de chão. — A questão é: frente a isso, como fica o desejo espontâneo da mente de perenizar-se? A eternidade tem muitos endereços — e não só no outro mundo. O impulso de se projetar no tempo secular é a continuação das esperanças supraterrenas por outros meios. A sublimação da crença numa vida futura em expectativas terrenas abre um vasto portfólio de investimentos: a criação de obras e legados mais duradouros que o bronze; a descoberta de verdades que zombam do tempo; as fundações filantrópicas; o reino da justiça e da liberdade na terra; o trêmulo júbilo na alma do leitor futuro; a perpetuação de um nome e a "nebulosa recompensa da fama póstuma", como diria Kant. A virada terrena descortina uma variante mundificada ou desidratada da eternidade.

132

Da fé no além à fé no aquém redimido: Dante e Bacon. — Separados pela Renascença, pela Reforma protestante e pela Revolução copernicana, Dante e Francis Bacon assinalam os marcos limítrofes de dois períodos de grande envergadura na história do pensamento ocidental: o coroamento da cosmovisão religiosa do medievo cristão-tomista, sintetizada na *Divina comédia* (1314), de um lado, e a aurora da cosmovisão tecnocientífica da modernidade, cujo propósito e missão de longo alcance eram o resgate da condição humana pelo domínio da natureza, de outro. Na distância entre o paraíso do além cristão e a utopia baconiana da *Nova Atlantis* (1626), com suas dragas, brocas e perfuratrizes bem fincadas neste mundo, a tônica dominante do anseio de perenidade deslocou-se das esperanças supraterrenas de beatitude para as expectativas terrenas de progresso, riqueza e bem-estar. — Dante, é verdade, não descurou da importância do legado temporal na existência humana; como ele afirma no parágrafo de abertura do ensaio *De monarchia*, no qual aborda a relação entre o poder secular do Estado e o poder espiritual da Igreja: "Todos os homens nos quais a mais alta natureza estampou o amor da verdade deveriam sentir-se especialmente interessados em trabalhar pela posteridade, a fim de que as gerações futuras possam se enriquecer por meio dos seus esforços, assim como eles próprios foram enriquecidos pelos esforços das gerações passadas". O dever moral do cidadão é contribuir para o bem comum. Ocorre, entretanto, que o ser humano tem uma natureza dual. Ele usufrui, de acordo com Dante, da prerrogativa de pertencer não só ao mundo transitório e corruptível do corpo, onde busca a felicidade em vida (*beatitudinem huius vitae*), mas ao mundo transcendente e imperecível da alma, cuja promessa é a felicidade eterna em outra vida (*beatitudinem vitae eterne*). Daí que a vida terrena seja concebida como preâmbulo ou preparação para uma forma de existência que vai muito além dela; como um estágio probatório no qual a qualidade ética da jornada, segundo a métrica da lei moral cristã, sela o destino da alma — a salvação ou a danação eternas. A primazia das esperanças supraterrenas em relação às preocupações terrenas se reflete de forma inequívoca na temática e orientação da *Divina comédia*, sua obra máxima, como ele deixa claro em carta ao amigo e protetor Cangrande della Scala, senhor de Verona, a quem dedica "O paraíso": "O objeto desta obra deve ser primeiro tomado de acordo com a letra e, depois, alegoricamente. Assim sendo, o objeto do trabalho no seu todo, considerado apenas em sentido literal, é simplesmente 'o estado das almas após a morte', pois o movimento do conjunto da obra se prende e gira em torno disso. Se a obra for tomada de modo alegórico, o tema é 'O homem — na medida em que, de acordo com seus méritos ou deméritos, e no exercício do seu livre-arbítrio, ele se encontra sujeito à recompensa ou punição pela Justiça'". Na cosmovisão de Dante, a ciência está a serviço da teologia. A Terra é o centro imóvel de um cosmos finito, criado e governado por Deus, em que a certeza da justiça futura confere sentido aos percalços, provações e sofrimentos desta vida. Mais que uma simples crença, *a finalidade humana do universo* é como o ar que se respira. Ela é uma experiência de vida. — Assim como Dante, Bacon sustenta o caráter dual da condição humana: corpo e alma. Herdeiro indireto da Reforma luterana, ele jamais renegou a fé cristã e a crença na imortalidade da alma. A ruptura revolucionária é a proposta de uma separação radical entre o conhecimento religioso (*"divinity"*), de um lado, e o conhecimento científico (*"philosophy"*), de outro. Ao passo que o saber teológico tem a "verdade revelada" como fonte e as Escrituras Sagradas do corpus cristão como objeto de estudo, a ciência deve ser inteiramente autônoma; ela não deve nem precisa se curvar a nenhuma outra autoridade a não ser as construções da mente a partir dos relatos dos sentidos como fonte, e a busca da verdade guiada pela lógica e ancorada no método experimental como alvo. Em franca oposição à escolástica medieval — uma "teia laboriosa de saber" que, mesmo depois de séculos, não contribuíra com "um só experimento que tendesse a aliviar e beneficiar a condição do homem" —, a retomada da ciência em novas bases deveria ter o progresso material e a utilidade como valores centrais, visto que "bons pensamentos, embora Deus os receba, são para os homens pouco melhores que bons sonhos, exceto quando postos em ação": "Na filosofia natural, os resultados práticos não são apenas o meio de melhorar o bem-estar humano. São também a garantia da verdade. [...] A ciência também precisa ser conhecida por seus frutos. É pelo testemunho das obras, mais do que pela lógica ou mesmo pela observação, que a verdade é descoberta e estabelecida". Na filosofia baconiana, a finalidade humana do universo deixa de ser vivida como datum, como objeto de reverência e contemplação, e passa a ser encarada como desideratum, ou seja, como objeto de trabalho, ação consequente e conquista. O lócus privilegiado da salvação não é o outro mundo do além cristão, sobre o qual ele praticamente nada nos diz, mas a vida terrena — o mundo da natureza e da história —, tendo como princípio norteador a ambição de "restaurar e exaltar o poder e o domínio do próprio homem, da raça humana, sobre o universo". A contrapartida natural desse deslocamento é que, na era da afirmação da *finalidade humana da história*, o anseio de perenidade desce dos céus para a terra. "A imortalidade", diz Bacon em O *progresso do conhecimento*, "é no fundo a maior aspiração da natureza humana, pois a isso tende a geração e a formação de linhagens e famílias; a isso tendem os edifícios, fundações e monumentos; a isso tende o desejo de memória, fama e celebridade, e de fato a suma de todos os demais desejos humanos." E se dois caminhos — o das *ações* e o das *obras* — se apresentam como aptos a conduzir à imortalidade obti-

186

da pela realização de feitos extraordinários, Bacon sugere a existência de uma clara hierarquia entre eles: "Vê-se, então, até que ponto os monumentos do engenho e do saber são mais duradouros que os monumentos do poder e das mãos. Pois não se conservam os versos de Homero 2500 anos ou mais, sem a perda de uma sílaba ou letra, estando a cair em ruínas ou sendo demolidos, contudo, incontáveis palácios, templos, castelos, cidades? Não é possível ter efígies ou estátuas de Ciro, Alexandre, César, nem dos reis ou altos personagens de épocas muito mais recentes, porque as originais não permanecem e, às cópias, há forçosamente de lhes faltar vida e verdade. Mas as imagens das inteligências e do conhecimento humano ficam nos livros, imunes aos estragos do tempo e capazes de perpétua renovação. Nem sequer é apropriado chamá-las imagens, porque não cessam de engendrar e lançar suas sementes nas mentes de outros, provocando e causando infinitas ações e opiniões nas épocas sucessivas". — Quase três séculos separam *A divina comédia* de *O progresso do conhecimento*, e quatro nos separam do profeta da tecnociência a serviço do progresso. As dimensões de tempo e espaço se nos tornaram infinitas, mas a posteridade encolheu. Fulminada pelo avanço da ciência, a crença na finalidade humana do universo virou relíquia e hoje não é mais que a memória de um voo deleitoso, malabarismo do autoengano, lembrança apagada de um sonho: "o amor que move o sol e as estrelas". Perdida, porém, a fé em outro mundo, que dizer da fé neste mundo? Atropelada por guerras, genocídios e ameaças nucleares; ensombrecida pela catástrofe ambiental que se evidencia e anuncia, será exagero dizer que a crença na finalidade humana da história respira por aparelhos e oscila entre a vida e a morte, como um pesadelo do qual tentamos em vão despertar? A miragem do aquém redimido de Bacon é a sucedânea prosaica da miragem mitopoética do além de Dante. E se o futuro não só de uma, mas de ambas for... desilusão? Céu nulo, terra vil.

133

Anseio faraônico. — Os egípcios antigos, ao que parece, acreditavam que poderiam perpetuar-se pela preservação da lembrança dos seus nomes na posteridade. Foi o que tentou fazer Hatshepsut (egípcio: "a mais importante das nobres damas"), a primeira faraó mulher do Egito. Ao longo de duas décadas de reinado, ela determinou que seu nome fosse gravado em monumentos e templos mortuários espalhados por todo o Vale dos Reis. O plano, todavia, teve vida curta. Pois quando ela morreu e foi sucedida pelo sobrinho e enteado, Tutemés III, seu desafeto, ele prontamente vingou-se dela mandando deletar de todos os locais públicos o nome da madrasta. Ao apagar "Hatshepsut" dos edifícios e pirâmides do Egito, ele como que consumava a morte e a erradicação de Hatshepsut do reino dos vivos.

134

As palavras e as coisas. — Estranha alquimia: o prazer de grafar o meu nome ao lado do nome da pessoa amada. Como se a escrita perenizasse o amor.

135

O ardil de Fídias. — É natural do artista o desejo de ser reconhecido e deixar sua marca. Mas como se fazer lembrar — e por quem? Nos tempos medievais, os melhores arquitetos trabalhavam com absoluto cuidado cada detalhe da obra, não importa quão diminuto ou oculto, pois embora inviso ao olhar humano, ele não passaria despercebido ao olhar de Deus. Bem outra, no entanto, foi a preocupação de Fídias, o grande escultor e arquiteto grego, protegido de Péricles, e um dos principais responsáveis pela reconstrução do Partenon depois das guerras persas. Quando soube que não poderia assinar seu nome no escudo de Atena, deusa das artes, peça em que vinha trabalhando com enorme zelo, o artista cuidou de esculpir sua própria silhueta no broquel da arma. O ardil de Fídias foi registrado pelo filósofo latino Cícero nas *Discussões tusculanas*, um diálogo sobre a morte e o desejo de alcançar a imortalidade pela reputação póstuma. "E os filósofos?", ele questiona, "não inscrevem eles os seus próprios nomes nos livros que escrevem sobre o desprezo da fama?" (O labirinto, no entanto, como assinala Pascal, tem muitas curvas e espelhos: pois "se aqueles que escrevem contra a vaidade almejam a glória de escrever bem, aqueles que leem o que estes escreveram desejam a glória de ter lido isso; e eu, que escrevo este ataque à vaidade, talvez alimente o mesmo desejo: e talvez também os que leem isto".)

136

Lamento náuatle. — Originário do período pré-colombiano e ainda utilizado por algumas comunidades na região central do México, o náuatle era a principal língua falada pelos povos que viviam na Mesoamérica durante o Império Asteca. A literatura náuatle — toda ela transmitida oralmente e da qual pouco sobreviveu até nós — alcançou seu apogeu no século XVI, poucas décadas antes da chegada dos invasores espanhóis. No conjunto de poemas compilados e vertidos para o castelhano, em 1582, como *Cantares mexicanos*, encontramos um fragmento dos "Cantos de Huexotzinco" (nome da região do México de onde provêm): "Esforce-se, meu coração, em querer somente flores de escudo: são as flores do sol. O que fará meu coração? Será em vão que viemos, em vão que passamos pela terra? De igual modo me irei, como as flores perecidas. Nada será de minha fama algum dia? Nada restará do meu nome na terra? Ao menos flores, ao menos cantos! O que fará meu coração? Será em vão que viemos, em vão que passamos pela terra?". Se o nome do poeta — como ele aliás temia — perdeu-se nas dobras do tempo, a urgência dos seus versos ignora os séculos.

137

Adoração póstuma. — A morte iguala o imperador e seu cavalariço. Mas até onde pode chegar a sede de glória e engrandecimento póstumos de uma vontade de poder sem limite? O imperador Carlos V, senhor dos Países Baixos como duque de Borgonha, rei da Espanha, arquiduque da Áustria e sacro imperador romano, foi o mais poderoso governante do seu tempo e o primeiro mandatário a reunir uma coleção de reinos "onde o sol nunca se põe". O poder exercido em vida, porém, não fora o bastante; prestes a morrer, recolhido a um monastério, ele declarou: "Eu não quero desaparecer do mundo sem deixar alguma coisa memorável depois de mim". — Ainda mais longe foi a ambição de Alexandre, o Grande, comandante militar invicto, conquistador da Pérsia e criador de um império que se estendia da Grécia ao Egito e noroeste da Índia. Tomado pelo delírio de grandeza após uma sequência de fabulosos triunfos, o imperador macedônio passou a exigir dos seus súditos que o tratassem e se referissem a ele como um deus, mandando inserir o seu nome como filho de Zeus na genealogia dos deuses gregos e filho de Amon entre os egípcios. E mais: passou (ao que parece) a genuinamente tomar-se como tal. Ao se recuperar de um grave ferimento que havia gerado rumores de sua morte, Alexandre como que ressuscitou aos olhos de todos e de si mesmo. Renegou ser filho de Filipe da Macedônia, seu pai biológico, e deu ordens para que sua velha mãe, Olímpia, viva ainda, fosse prontamente consagrada à imortalidade no panteão dos deuses, temendo que viesse a falecer antes que pudesse fazê-lo. — Teria Alexandre acreditado na própria divindade ou apenas recorrido à crença nela como fonte de poder? Seja como for, é difícil imaginar exemplo mais acabado de *hubris* — o orgulho insolente dos mortais que, segundo a tradição religiosa grega, despertava o ciúme e a cólera divinos. Acreditava Alexandre nos seus deuses?

138

Consciência da finitude aguçada. — "Tudo que já foi é o começo do que virá." Somos elos apenas na inumerável cadeia do ser. A idade e a força do sentimento variam. Um dia, porém, a pergunta se impõe: *cheguei a existir?* O que será de mim na memória dos que ficam, dos que vêm depois de mim? Como enfrentar a sensação de vertigem face ao abismo do não-ser à espreita; o temor de morrer absolutamente, "morrer sem deixar um sulco, um risco, uma sombra, a lembrança de uma sombra em nenhum coração, em nenhum pensamento, em nenhuma epiderme"? — Os caminhos divergem segundo a fantasia e as possibilidades de cada um, mas afinal convergem: o impulso é universal. O que foi real? O que pode ser real? Tornar-se cônscio da própria finitude e da finitude daqueles que mais amamos incita o desejo de ser para além de si. A vizinhança do fim, sempre a se aproximar, recrudesce o anseio de criar e legar.

139

Haikai. — "Agonizante, a cigarra no outono canta mais forte."

140

A voz feminina no Banquete: *Diotima.* — O ano é 416 a.C. Atenas vive o seu — breve em retrospecto — apogeu. Reunidos na mansão do poeta Agatão, os convidados celebram o triunfo da peça do anfitrião no concurso de tragédias realizado na véspera. Encerrado o jantar, um dos convivas se ergue e propõe que, em vez da costumeira diversão ao som de flautistas e dançarinas, seja feito um pequeno certame oratório entre os presentes, regado a vinho, tendo como tema o elogio de Eros, a divindade do amor que presidia àquele festivo simpósio. A proposta foi acolhida e, como relata Platão no *Banquete*, seis discursos foram proferidos antes que Sócrates, o último a falar, tomasse a palavra. Quando chega sua vez, entretanto, Sócrates se declara, com característica ironia, tomado de admiração pelo que ouvira dos demais, mas alega que não se sentia apto a participar do torneio, do qual declinava, uma vez que não era afeito às artes retóricas, com suas frases elaboradas, floreios e verve laudatória, preferindo sempre ater-se à busca da verdade pura e simples. Nem por isso, no entanto, silenciaria. Em lugar de fazer um panegírico de Eros, como os outros, ele se propõe a partilhar com eles a essência do que aprendera na juventude em conversas com Diotima (grego: "honrada pelos deuses"), a sacerdotisa de Mantineia, situada na Arcádia, uma província grega, sua mestra e mentora nas artes e mistérios do amor. Quando faz essa escolha, Sócrates introduz duas novidades: ele rompe com a sequência dos "discursos" ao adotar a forma dialógica do relato de suas conversas com a sábia do Amor, e mais: ele dá voz à única mulher do *Banquete*, uma vez que nenhuma outra fora convidada e que as parentes de Agatão, embora na casa, permaneceram isoladas num quarto adjacente ao salão principal. O diálogo trata do Amor e da imortalidade ao alcance dos mortais, mas a única presença feminina se faz ouvir por meio de homem.

141

O discurso de Diotima: O banquete (1). Pontuadas das perguntas e ponderações de Sócrates, a fala de Diotima no diálogo não é um elogio, mas uma *elucidação de Eros*:

sua natureza, manifestações e razão de ser. O primeiro passo é esclarecer que Eros — o impulso amoroso — não designa propriamente uma divindade, mas algo intermediário entre os humanos e os deuses imortais: um elo ou ponte entre os dois mundos. Concebido no aniversário de Afrodite (a genuína deusa do amor), Eros é o fruto da união entre a Pobreza, sua mãe, e o Engenho, seu pai. Daí a natureza híbrida do impulso que ele personifica: o amor é por natureza carente daquilo que ama e, por isso, pobre (lado materno); ao passo que toda carência humana de bem e de beleza — entendida aqui de forma abrangente e não restrita à paixão erótica apenas — suscita a aspiração e a vontade intensa de saciá-la por meio do engenho, isto é, das astúcias e da faina do amor (lado paterno). Eros inflama o desejo de alcançar e possuir o que é belo e o que é bom, porém não apenas de modo transiente, mas imperecível; ele expressa o desejo por um bem que ultrapassa o ser desejante e a ele sobrevive. É graças a ele, em suma, que se nos franqueia e se abre o caminho da superação da finitude nos limites da condição finita: *a imortalidade ao alcance dos mortais.* "O amor é o anseio de imortalidade", como define Diotima. — As manifestações desse impulso não se atêm aos humanos, mas permeiam toda a cadeia do ser. Dirigindo-se ao seu jovem pupilo, ela indaga: "Sócrates, qual te parece ser a causa desse amor e desse desejo? Ainda não observaste em que estado de braveza ficam os animais no tempo de procriar, os que voam e os que marcham, como que padecendo todos eles dessa loucura amorosa, primeiro quando se unem, depois para criar os filhos, e como até mesmo os mais fracos se atrevem a defendê-los contra os mais fortes e a morrer por eles, e como suportam os horrores da fome e tudo o mais, só para alimentá-los? Com referência aos homens", ela prossegue, "poder-se-ia imaginar que eles assim procedem por meio da reflexão; mas entre os animais, qual poderia ser a causa dessa disposição amorosa? Saberás dizer-me?". E como Sócrates não hesita em admitir-lhe a sua ignorância, ela provoca: "Como! Pretendes vir algum dia a ser grande sabedor da arte de amar, e ignoras esse ponto?". "Foi por isso mesmo", ele se justifica, "que te procurei, Diotima, por ter perfeita consciência de que necessito de mestre. Explica-me a causa desse fato e das outras manifestações do amor." Ao que ela, então, responde: "Aqui também a natureza mortal procura, tanto quanto possível, ser eterna e imortal. Ora, a geração é o único meio para atingir esse fim, como deixar sempre um ser novo no lugar do velho. [...] Não te admires, portanto, que todos os seres se mostrem tão apegados aos seus rebentos, pois é só com vistas à imortalidade que lhes é inerente tamanho zelo e tamanho amor". Com a reprodução sexuada nasce a imortalidade ao alcance da natureza mortal.

142

O discurso de Diotima: O banquete (2). A geração física, contudo, *o parto em beleza corporal*, seria apenas a manifestação primeira e rudimentar de Eros. A segunda modalidade — situada um degrau acima na escada do amor ascendente — é a geração simbólica: *o parto em beleza no espírito.* "Podes ter certeza disso, Sócrates", assegura a sacerdotisa, "pois se te dispusesses a examinar a ambição dos homens, ficarias espantado diante da sua enorme insensatez, caso não refletisses nas minhas palavras e não levasses na devida consideração o instinto amoroso de conquistar alto nome e glória imortal por toda a eternidade. Para isso estão prontos a arrostar os maiores perigos, mais do que pelos próprios filhos, a gastar toda a fortuna, suportar fadigas incríveis, sacrificar a vida." A paixão pela honra e glória imperecíveis, ela explica, é o que impele os heróis (Aquiles, Alceste e Codro são citados) dispostos a sacrificar suas vidas "na certeza de deixarem após si a memória imortal de suas virtudes, que ainda vive entre nós". É a mesma força de Eros que impele os poetas, artistas, inventores, estadistas, legisladores e fundadores de instituições a não poupar esforços e a cultivar seus talentos e engenho na produção de feitos que sobrevivam a eles. "Estou certa de que é só pela imortalidade do mérito e pela fama gloriosa que todos fazem o que fazem, e com tanto maior empenho quanto mais nobres forem, pois não há quem não ame a imortalidade." A diferença entre os dois degraus, ela frisa, entre o procriar biológico da geração física, de um lado, e o criar anímico da geração simbólica, de outro, consiste no fato de que "os indivíduos cuja força fecundante reside apenas no corpo, voltam-se de preferência para as mulheres — é a sua maneira peculiar de amar — a fim de gerar filhos e, por esse modo, assegurar para si próprios, conforme creem, a imortalidade, ventura e renome duradouro"; ao passo que "os fecundos na alma", ou seja, aqueles "cuja força fecundante reside na alma, muito mais ativa que a do corpo", voltam-se de preferência para o que "convém à alma conceber e procriar": as criações da mente e da sensibilidade; as leis e o bom governo (Licurgo e Sólon são lembrados); "a sabedoria e as demais virtudes de que, precisamente, os poetas e os artistas dotados de espírito inventivo são os pais". Ao abordar o segundo degrau e cotejá-lo com o primeiro, Diotima fixa a existência de uma clara hierarquia entre eles visto que, como ela alega, "não há quem não prefira os filhos dessa natureza aos da geração humana, quando olha com virtuosa inveja para Homero, Hesíodo e outros excelentes poetas, e reflete nos produtos que nos legaram e lhes granjearam glória e memória imperecível". (A peculiar coincidência entre os juízos hierarquizantes — "não há quem não prefira"? — de Diotima e Platão é digna de nota.)

143

O discurso de Diotima: O banquete (3). Mas a escada do *amor ascendens* não termina aí. O último degrau no caminho da imortalidade seria um privilégio restrito aos que atingem o mais alto grau de ascensão iniciática: uma forma de ascese mística que possivelmente nem mesmo Sócrates, como ela adianta, logre compreender ou alcançar. Este terceiro degrau não remete, como os anteriores, à produção de um *legado*, mas à *experiência extática* reservada aos sábios que após uma vida de estudo, meditação e autodisciplina obtêm a dádiva do vislumbre do bem e da beleza em si, despojados de suas vestes e feições mortais, e desse modo alçam-se à contemplação de uma realidade suprema, imutável e atemporal — um vislumbre da eternidade que seria, segundo ela, não apenas incomunicável como refratário às tentativas de recobrá-lo na memória quando a iluminação esvanece.* — Em contraste com o *Fédon*, cujo tema central são as esperanças

---

* A experiência mística do presente absoluto como forma de imortalidade será abordada na Parte IV.

supraterrenas, *O banquete* não aventa nenhuma teoria sobre a possibilidade de uma vida futura após a morte. As expressões do anseio de perenidade retratadas no diálogo — a biológica, a simbólica e a visão mística — estão firmemente ancoradas na vida terrena. Em perfeita (e não menos suspeita) sintonia com a filosofia platônica, Diotima hierarquiza os "degraus" no caminho da imortalidade de acordo com o seu grau de espiritualidade ou afastamento dos apelos e seduções do mundo sensível. Porém, as exigências por ela fixadas a fim de alcançar "a plena sabedoria" e "os mais altos e definitivos mistérios do amor" no apogeu da jornada revelam-se de tal ordem que nem mesmo Sócrates, seu devotado aprendiz, estaria apto a satisfazê-las. Mas, se não ele, cabe indagar, *então quem*? E quem terá sido Diotima de Mantineia? Teria ela de fato existido ou seria apenas um personagem fictício, como o Ateniense das *Leis*, filha do gênio mitopoético de Platão? A questão divide os especialistas. Seja qual for a resposta, no entanto, resta-nos o legado — verídico ou a ela atribuído — de sua luminosa contribuição ao simpósio de Agatão. A pulsão erótica, em sentido amplo, é a expressão maior do desassossego do ser finito frente à sua finitude. Fecundar o futuro: procriar e criar. Sobreviver à ausência deixando algo de reconhecido valor — um legado de si — aos que vêm depois. A imortalidade ao alcance dos mortais. "É dar à luz que deseja a nossa natureza."

144

Máxima romana. — Libri aut liberi.*

* Livros ou filhos.

145

Suicidas e virgens. — No poema "Homenagem", Carlos Drummond de Andrade relaciona os nomes de dez autores suicidas na história da literatura: Walter Benjamin, René Crevel, Hart Crane, Vachel Lindsay, Jack London, Cesare Pavese, Raul Pompeia, Sá-Carneiro, Virginia Woolf, Stefan Zweig. São poetas e romancistas que, entre outros, "escolheram o dia, a hora, o gesto, o meio, a dis-solução". No mesmo espírito do poeta mineiro, alguém poderia reunir os nomes de pensadores e escritores que, por um ou outro motivo, morreram virgens. O único problema é que, nesse quesito, não há evidência conclusiva. Surpresas podem surgir (vide Kafka) e o máximo que se pode almejar é o altamente provável. É quase certo, porém, que na lista estariam: Tomás de Aquino, Álvares de Azevedo, Borges, Emily Dickinson, Hobbes, Kant, Kierkegaard, Leopardi, John Stuart Mill, Newton, Pascal, Fernando Pessoa, Antero de Quental, Ruskin, Adam Smith e Simone Weil. Nenhum deles, por tudo que sabemos, conheceu o dia, a hora, o pique, o ato da dis-seminação.

146

Eros e criação. — Do mais simples ao mais complexo organismo vivo, a natureza submete tudo que vive ao jugo de dois imperativos vitais: sobreviver e reproduzir. É o que nos trouxe até aqui. O que vale para a espécie, contudo, não se aplica ao indivíduo. O imperativo da sobrevivência, em ambos os casos, é incontornável: nenhum ser vivo subsiste à privação de água ou alimento. Mas com a reprodução é diferente. Embora do ponto de vista da espécie ela seja obrigatória, para o indivíduo ela não é. Se a sede e a fome prolongadas matam, a falta de sexo não. Reproduzir-se ou deixar de fazê-lo, com ou sem privação sexual, é uma contingência ou destino peculiar a cada membro da espécie. — Com a entrada do animal humano em cena, entretanto, a força do jugo biológico passa a responder, pelo menos em parte, às modulações da vontade consciente; o enredo adquire um novo colorido. O imperativo da sobrevivência pode ser até certo ponto refreado, mas não abolido: mesmo um faquir precisa volta e meia entreter o estômago se quiser manter-se entre os vivos. A pulsão erótica, por sua vez, torna-se passível, ao que parece, de uma ampla margem de escolha: bloqueio, concentração, acúmulo e redirecionamento. Genes ou memes? Perpetuar-se em corpos ou num corpus? — No seu mais alto grau de exigência, a criação simbólica e o pensamento abstrato demandam uma enorme mobilização de energia, foco e dedicação dos que se arriscam e aventuram a tais voos; o que disse Fernando Pessoa de um poeta do seu especial apreço — "Quando Milton escrevia um soneto, fazia-o como se a sua vida dependesse desse único soneto" — pode igualmente ser dito, mutatis mutandis, de outros criadores nos mais diversos campos de expressão e produção cultural. A questão é: o que sustenta a mobilização de foco e energia necessários ao exercício de uma tão profunda e intensa dedicação e imersão criativa? Existe alguma forma de permuta ou rivalidade — algum tipo de "trade-off", como diriam os economistas — entre o impulso criativo, de um lado, e a pulsão erótica, de outro? Antes de Freud e na esteira do *Banquete* de Platão, Nietzsche acreditava que sim: "Fazer música é um outro modo de fazer crianças; a castidade é meramente a economia de um artista. [...] A força que é despendida na criação artística é a mesma que é despendida no ato sexual: existe uma só espécie de força. Um artista trai a si mesmo se ele sucumbe *aqui*, se ele esbanja a si mesmo *aqui*". Igual permuta, acreditava ele, presidiria o fazer filosófico, pelo menos nos seus picos de alta voltagem reflexiva. Ao observar o fato de que a imensa maioria dos grandes filósofos desde a Antiguidade não se casou nem teve filhos, Nietzsche comentou: "No que toca, por fim, à castidade dos filósofos, a fecundidade desse tipo de espírito está evidentemente em outra coisa que não crianças; também em outra parte deve estar a sobrevivência de seu nome, sua pequena imortalidade (ainda mais imodestamente falava-se, entre os filósofos da Antiga Índia: 'para que descendentes, para aquele cuja alma é o mundo')". — Como entender a relação eros e criação? Até que ponto podemos aceitar a tese de um trade-off entre investimento criativo e vida sexual? É razoável imaginar, penso eu, que o trabalho criativo de superlativa intensidade exija um rebalanceamento do campo de forças da psique e um significativo redirecionamento do uso de tempo, foco e dedicação por parte do criador. O equívoco é dar à sublimação da pulsão erótica-sexual um protagonismo absoluto; é supor que ela possa ser tida como a *única e exclusiva* variável da equação. A evidência biográfica sugere que, de fato, em muitos casos, a renúncia de cunho sexual pode ser — e provavelmente é — uma peça crucial na mobilização de energia para a produção artística e filosófica. Mas nem sempre ela se faz necessária — e de Bach (vinte filhos), Byron, Baudelaire e Balzac a Picasso, Simone de Beauvoir, Einstein e Bertrand Russell os contraexemplos abundam. Não há por que absolutizar o sexo ou ficar só nele. *Pensar e criar*, no sentido sério da expressão, impõe escolhas no orçamento da psique e custos na ordem fiscal da mente. Os sacrifícios e renúncias envolvidos, a começar pela escolha de ter ou não filhos, o que é particularmente crítico no caso das mulheres, não se reduzem à vida sexual, quando isso acontece, mas podem abarcar um amplo leque de candidatos potenciais à atenção do criador como, por exemplo, o cuidado da família; a relação com amigos; outros tipos de trabalho e interesse; o zelo pela saúde; a participação política; a defesa de causas nobres ou os prazeres de uma leve e solta mundanalidade. O exemplo de Goethe, cuja experiência recorrente, como ele relata, era a de que "unicamente em absoluta solidão sinto-me apto a trabalhar, e não só a conversação, mas até mesmo a simples presença em casa de pessoas queridas e admiradas desviam totalmente minhas fontes poéticas", representa apenas o ponto extremo de uma exigência que é comum a todos que se aventuram a voos mais ousados do espírito. Nem tudo é possível. A concentração extrema desconhece o esforço, mas implica custos. A fome de posteridade se alimenta de muitas fontes.

147

O affair de Flaubert. — "Quem tem uma obra, a obra o tem", escreveu o filósofo português Agostinho da Silva. O caso de Flaubert é emblemático. Dotado de uma saúde frágil na infância e sujeito a crises nervosas na juventude, ele foi tomado desde cedo pelo sentimento de um destino eternamente solitário. Distante dos familiares com quem ele vivia no interior da França — "eu vivo só, demasiado só, cada vez mais só" —, a leitura e o estudo se tornaram para ele o antídoto do *ennui*; adolescente ainda, adquiriu o hábito de ler e escrever dez horas por dia. Aos 25 anos, entretanto, um raio estremeceu a paz: apaixonou-se por uma mulher onze anos mais velha, Louise Colet, com quem manteve uma fugaz, turbulenta e (por vezes) ardente ligação amorosa. O affair, porém, teve vida breve. Entre os vários motivos do desencontro — Louise era casada e nutria pretensões literárias; eles moravam em cidades distintas; a mãe viúva e doente, com quem ele vivia, era ciumenta e não economizava nas queixas quando o filho se ausentava — há uma razão em particular que merece destaque: a discrepância de valores. O momento que melhor explicitou isso, aos olhos do futuro autor de *Madame Bovary*, foi a conversa que tiveram no seu terceiro rendez-vous, durante um passeio a pé em Mantes no verão de 1846, quando Louise lhe disse que "não trocaria a sua felicidade por toda a glória de Corneille". Embora nada tivesse dito na ocasião, a declaração deixou Flaubert pasmo e fez com que ficasse "estremecido no [seu] âmago". A opinião de Louise, concluiu, tornava patente o abismo e a incompatibilidade entre eles no tocante a projetos de futuro e ao lugar do trabalho literário em suas vidas. "Você de fato ama a arte, mas ela não é a sua religião", tentou explicar-lhe; pois o "amor à forma" não era, para ele, uma simples opção ou algo de que pudesse abrir mão em nome de uma promessa (de resto duvidosa) de felicidade. Era o que dava sentido à existência: uma paixão sem a qual ele teria sucumbido a uma incurável depressão ou "se tornado um grande místico". — O romance com Louise foi o único enlace amoroso de Flaubert, mas com direito a uma recaída — e um falso alarme. Em 1847, após o primeiro rompimento entre eles, Louise abandonou o marido e reatou com Flaubert. Pouco tempo depois, a bomba: ela informou que talvez estivesse grávida. Flaubert ficou transtornado e passou três semanas em estado de aguda ansiedade, aterrorizado com a perspectiva de que um filho o condenasse a uma vida burguesa convencional — "casado, fútil, cotidiano e tributável". Mas o alarme, felizmente para ele, era infundado. Ao saber da novidade, Flaubert expressou à amante o seu alívio: *"Un fils de moi! Oh non, non, non! Que toute ma chair périsse et que je ne transmette à personne l'embêtement et les ignominies de l'existence!"*.* — A obra ou a vida? Em retrospecto, não é difícil constatar que o affair com Louise não passou de um pequeno — e revelador — desvio de rota num destino que parecia selado desde o início. Evidência disso, entre outras, é a carta que Flaubert enviou a um amigo — antes mesmo de conhecer Louise —, na qual descreve o seu projeto e ideal de vida. "A única maneira de evitar a infelicidade é confinar-se à Arte e considerar tudo mais como desprovido de valor", escreveu. "Não desejo riqueza, nem amor, nem a carne [...] à vida prática, dei um irrevogável adeus. De agora em diante, tudo que peço são cinco ou seis horas de paz no meu quarto, uma boa lareira no inverno, e duas velas todas as noites para obter luz." A solidão e o horror de uma vida provinciana e tacanha, como a retratada no confinamento do casal Bovary, levaram Flaubert a buscar na arte e no apuro formal a válvula de escape e o caminho da salvação possível. Em 1880, todavia, prestes a morrer de um tumor no estômago, ele protestou: —

* "Um filho meu! Oh, não, não, não! Que toda a minha carne pereça e que eu não transmita a ninguém o aborrecimento e as ignomínias da existência."

"Aquela puta da Emma Bovary viverá para sempre, e eu aqui morrendo como um cão!".

148

Uma página de Pessoa. — "Navegadores antigos tinham uma frase gloriosa: Navegar é preciso; viver não é preciso. Serve para mim o espírito desta frase, transformada a forma para se casar com o que eu sou. Viver não é necessário; o que é necessário é criar. Não conto gozar a minha vida; nem em gozá-la penso. Só quero torná-la grande, ainda que para isso tenha de ser o meu corpo e a [minha alma] a lenha desse fogo. Só quero torná-la de toda a humanidade; ainda que para isso tenha de a perder como minha. Cada vez mais assim penso. Cada vez mais ponho na essência anímica do meu sangue o propósito impessoal de engrandecer a pátria e contribuir para a evolução da humanidade. É a forma que em mim toma o misticismo da nossa Raça." — Leio as "Palavras do pórtico" e penso na arca de Pessoa, o pequeno baú no qual o poeta depositou o trabalho de uma vida, seu frágil-imortal legado: quem terá ido tão fundo ou mais alto sonhado? Das manifestações do anseio de perenidade, o prolongar a vida e o presente absoluto nunca tiveram para ele maior peso. Radicalmente outra, no entanto, foi a força da aposta na perenidade póstuma: esperanças supraterrenas e expectativas terrenas. Navegante alheio ao cálculo e cautelas de mar costeiro, o autor de *Mensagem* "quis grandeza qual a sorte a não dá". Sua loucura, que outros a tomem e encarnem: "Sem a loucura que é o homem mais que a besta sadia, cadáver adiado que procria?".

149

Sucesso público, fracasso íntimo. — De tudo que é feito, o que fica? O ajudante de guarda-livros Bernardo Soares, alter ego de Fernando Pessoa no *Livro do desassossego*, não pedia muito: "Quem me dera que de mim ficasse uma frase, uma coisa dita de que se dissesse, *Bem-feita!*". A frase — e não só ela — ficou. Mais ousada, contudo, era a ambição de Pestana, o protagonista de "Um homem célebre" de Machado de Assis. Amado e celebrado por todos, Pestana era um compositor popular. Suas polcas, criadas com enorme facilidade e disputadas pelos editores, alegravam os saraus elegantes, faziam bater os corações das donzelas e eram assobiadas nas ruas do Rio. Mas apesar do sucesso, ele vivia angustiado. O verme roedor da sua existência era o descompasso entre o feito e o sonhado: a ambição de compor qualquer coisa grandiosa, algo que desafiasse o tempo e a moda passageira; uma obra à altura dos seus ídolos maiores no panteão da música universal. — A sós na madrugada, ao pé do piano, ele mirava a partitura de uma sonata de Beethoven e refletia: "Por que não faria ele uma só que fosse daquelas páginas imortais?". E não seria por falta de vontade, persistência ou dedicação. Ao pressentir no ouvido interno o embrião de uma melodia, "ele corria ao piano, para aventá-la inteira, traduzi-la, em sons, mas era em vão, a ideia esvaía-se". Outras vezes, olhos absortos no teclado, "deixava os dedos correrem, à ventura, a ver se as fantasias brotavam deles, como dos de Mozart; mas nada, nada, a inspiração não vinha". Alta madrugada, exaurido. "Então, irritado, erguia-se, jurava abandonar a arte, ir plantar café ou puxar carroça; mas daí a dez minutos, ei-lo outra vez, com os olhos em Mozart, a imitá-

-lo ao piano." — As polcas, por sua vez, para deleite do público e agrado dos editores, não paravam de brotar. A angústia, porém, não cedia; crescia pari passu com a fama. Ao medir-se com os feitos dos grandes mestres, ele se via reduzido a nada e isso o fazia "sangrar de remorsos". Sentia náuseas de si mesmo e um desprezo cada vez maior pela música fácil de suas polcas. E então, como quem suplica um trocado, rogava às musas cruéis "uma página que fosse, uma só, mas tal que pudesse ser encadernada entre Bach e Schumann". Tudo por nada: estudo vão, esforço inútil. — O casamento renovou as esperanças. O celibato, chegou a imaginar, era a causa da esterilidade. Uma vez casado, ele viraria a página dos flertes e namoricos, o mundo das polcas dançantes, e engendraria "uma família de obras sérias, profundas, inspiradas e trabalhadas". Passou a trabalhar com redobrado afinco e conseguiu criar finalmente alguma coisa que lhe agradava os ouvidos e não aborrecia o senso crítico. Durou pouco a ilusão. Um dia, como quem não quer nada, sem revelar que a peça era de sua lavra, pôs-se a tocá-la na presença da esposa, Maria, ela própria uma renomada cantora lírica. Todavia, ao som dos primeiros acordes a mulher exclamou: — "Chopin!". E de fato: a peça não passava de um plágio inadvertido, quase um pastiche, de um noturno do mestre polonês garimpado "em algum daqueles becos escuros da memória, velha cidade das traições". Embora superlativamente belo, o rebento tinha outro pai. — Os anos passam, a mulher morre tísica e o verme secreto continua a roer as entranhas de Pestana, sem dar-lhe trégua. Ao enterrar a esposa, ele tinha uma só preocupação: "deixar a música, depois de compor um Réquiem, que faria executar no primeiro aniversário da morte de Maria". Entregou-se à tarefa com abnegada devoção. Aquela seria sua homenagem póstuma à amada companheira. Largou as polcas e os amigos, trancou-se em casa, e passou a dedicar-se integralmente à obra prometida. Tudo em vão. Meses de trabalho deram em nada, exceto tormento e falsos começos. Outra vez derrotado, Pestana engoliu o malogro e "contentou-se da missa rezada e simples, para ele só". — Pressionado por dívidas, viu-se forçado a retomar as polcas. Tempos depois, acometido por uma febre maligna, foi a sua vez. Em poucos dias ele morreria, "bem com os homens e mal consigo mesmo". Coberto de fama, mas consagrado por um prestígio que ele, melhor do que ninguém, sabia ser apenas movediço e passageiro. O "homem célebre" partiu sem que outros soubessem do seu essencial fracasso como criador. Pagou caro a ambição do seu sonho de glória. Não teve filhos.

150

Perfeição intuída. — Vislumbrar a obra perfeita e trabalhar de trás para a frente, com inembotável paciência, sabendo-se fadado a ficar ridiculamente aquém.

151

Devaneios do livro absoluto. — Quanto mais alertas, severos e autoexigentes nos tornamos do ponto de vista ético, maior também se torna a consciência das nossas falhas e da distância que nos separa do ideal. Algo semelhante sucede na estética: quanto mais apurado o senso crítico e quanto mais alto o nível de exigência e aspiração, mais aguçada a percepção do fosso entre a obra sonhada e a realizada. Na diferença entre o *querer fazer*, de um lado, e o *crer que já se fez*, de outro, vai a distância entre o criador genuíno e o poseur medíocre. — A perfeição está em casa na geometria, mas no mundo das letras ela não encontra guarida. O que seria o livro perfeito ou absoluto? Prosa ou poesia? Austero ou exuberante? Meditativo ou fabular? Analítico ou profético? Com toques de humor, sarcasmo e ironia? Em que língua? Irrealizável por princípio, mesmo por quem se diz tocado pelo divino ou possuído pelo demônio, a quimera da perfeição não deixa de exercer sua força gravitacional na mente criadora. Três exemplos tomados ao acaso ilustram isso. — O poeta inglês John Donne, contemporâneo de Shakespeare e Francis Bacon, se propôs a escrever uma obra que, na esteira de Pitágoras e Platão, narrasse em versos decassílabos rimados a jornada espiritual da alma desde sua mais elementar manifestação no mundo natural até a derradeira união com Deus. "Canto o progresso da alma infinita", dizia o primeiro verso. Não seria certamente um livro entre os livros, mas o *livro*. A intenção declarada do autor de *The progress of the soul* era criar uma obra que sobrepujasse as Sagradas Escrituras do cristianismo e fosse superior a todos os livros. Parcialmente escrito, o projeto ficou inconcluso. — Menor não terá sido a ambição do poeta simbolista francês Mallarmé. Jovem ainda, aos 25 anos, ele revela em carta a um amigo que "para mim a Poesia me toma o lugar do amor" e "não seria sem uma real angústia que eu entraria no Desaparecimento supremo, se não tiver terminado minha obra, que é a *Obra*, a Grande Obra, como diziam os alquimistas, nossos ancestrais". A analogia reaparece, quase trinta anos mais tarde, em carta ao poeta Paul Verlaine: "Sempre sonhei e pretendi outra coisa, com uma paciência de alquimista, disposto a sacrificar toda vaidade e toda satisfação, como se queimavam antigamente a mobília e as vigas do telhado para alimentar o forno da Grande Obra. O que almejo? É difícil dizê-lo: simplesmente um livro, em muitos volumes, um livro que seja um livro, arquitetônico e premeditado, e não uma coleção de inspirações fortuitas, ainda que maravilhosas. E irei mais longe: o Livro, convencido de que no fundo só existe um". O projeto da Grande Obra, entretanto, resultou inacabável. Na véspera de sua morte, em 1898, Mallarmé pediu à mulher e à filha que destruíssem boa parte dos seus escritos. — Ao aceitar um convite de alunos para uma palestra sobre ética na Universidade de Cambridge, Inglaterra, em 1930, Wittgenstein introduziu sua fala dizendo: "Não é possível escrever um livro científico cuja temática alcance ser intrinsecamente sublime e de um nível superior às outras temáticas. Posso apenas descrever o meu sentimento a esse respeito mediante a seguinte metáfora: se um homem pudesse escrever um livro de ética que realmente fosse um livro de ética, este livro destruiria, como uma explosão, todos os demais livros do mundo". Não consta que o filósofo se tenha proposto a escrevê-lo em algum momento. "Minha vida", declarou ele em outra ocasião, "consiste em dar-me por satisfeito com algumas coisas." — A miragem da fórmula alquímica do ouro fez avançar a química assim como a procura do caminho para as Índias levou à descoberta da América: a crença ilusória de que conseguiremos realizar o inalcançável é muitas vezes condição para a realização do alcançável. Aproximações são possíveis, mas a procura da perfeição no mundo das letras é como uma expedição ao horizonte ou a tentativa de medir o infinito. Embora possamos de algum modo intuir ou vislumbrar o ideal, é difícil supor que se possa chegar a um mínimo de consenso até mesmo sobre as propriedades e características essenciais do livro absoluto. Mas supondo per absurdum que o Livro chegasse a existir, duas coisas me parecem claras. As obras de maior impacto e autoridade na história da humanidade, a começar pelos textos sagrados das diferentes religiões, têm sido infinitamente interpretadas e reinterpretadas desde que vieram a lume; com o livro absoluto, entretanto, seria diferente: pois ele rechaçaria como fúteis e absurdas, além de tornar prontamente ociosas, quando não ridículas, quaisquer tentativas de dizer melhor o que ele diz. Seria, então, o fim de toda produção literária? Duvido. Se o livro absoluto chegasse um dia a existir, quem o reconheceria como tal? Uma legião de autores imediatamente se sentiria chamada a desbancá-lo.

152

Palavra de Jesus. — "O céu e a terra passarão, mas as minhas palavras jamais passarão" (Mateus, 24:35).

153

O santo católico e o poeta ateu. — Acreditar em si mesmo não é condição suficiente para que os demais creiam, mas é quase sempre condição necessária. A certeza reconfortante do reconhecimento póstumo não é menor no poeta incendiário do que no santo varado de luz. —

"Criado pelos pais no luxo desmedido e na vaidade do mundo", como relata o frade católico medieval Tomás de Celano, seu primeiro biógrafo, o jovem Francisco, filho dileto de um rico comerciante de tecidos, engajou-se na guerra entre Assis, sua cidade natal, e Perugia. Rendido pelas tropas inimigas após uma sangrenta batalha, ele foi capturado, acorrentado e encarcerado por cerca de um ano juntamente com seus parceiros de armas. Mesmo sob o efeito de uma grave doença (ou talvez por causa dela), sua reação aos horrores do cárcere chamou a atenção de todos. Pois enquanto os demais cativos, mergulhados em profundo desalento, queixavam-se com amargor do infortúnio, Francisco exultava na glória do Senhor e fazia troça das correntes e torturas, zombando daquela desgraça. Cansado da incompreensão e da censura dos seus colegas de cela, que já o tratavam como se ele fosse um tolo delirante, o futuro criador das Ordens Franciscanas respondeu em tom profético: "Sabeis por que exulto? É que um outro pensamento me toma. Pois vereis como serei ainda adorado como um santo pelo mundo inteiro". Livre da prisão, Francisco abandonou as armas, renegou a herança paterna e abraçou uma vida de pobreza e mendicância, dedicada ao cuidado dos miseráveis e dos leprosos. "Humilde de presença, mais humilde de sentimento e muito mais humilde no modo de pensar." Francisco de Assis mirava a salvação eterna, mas nem por isso desdenhou a glória póstuma. — Menor não terá sido a expectativa de fama póstera do poeta vanguardista e militante bolchevique Maiakóvski, entusiasta de primeira hora da Revolução Russa de 1917. Saudado de início por todos como "o poeta da Revolução", o projeto literário de Maiakóvski — sintetizado no lema "sem forma revolucionária não há arte revolucionária" — visava aliar a inovação radical da expressão poética a um conteúdo de transformação social: "a arte não é um espelho para refletir o mundo, mas um martelo para forjá-lo". Durou pouco, entretanto, a lua de mel com o recém-fundado Estado soviético. Apesar do seu reconhecido fervor revolucionário, Maiakóvski passou a ser visto pelos burocratas e agentes culturais da cúpula dirigente, adeptos de uma arte didática e obreirista, feita diretamente *pelos* operários em vez de *para* eles, como um escritor hermético e elitista, "incompreensível para as massas" (e nem só para elas, como admitiu Lênin: "Várias vezes tentei ler Maiakóvski e nunca pude ler mais que três versos: sempre durmo"). Em seus últimos anos, a escalada dos embates entre o autor de "A plenos pulmões" e seus críticos do Proletkult arrancou do poeta um desabafo pungente: "Depois que eu morrer, vocês vão ler meus versos com lágrimas de emoção". Sem vislumbrar saída, Maiakóvski suicidou-se com um tiro no peito em 1930, aos 36 anos. Num poema escrito meses antes de matar-se e endereçado aos "camaradas futuros", ele escrevera: "Os versos para mim não deram rublos, nem mobílias de madeiras caras [...] Ao Comitê Central do futuro ofuscante, sobre a malta dos vates velhacos e falsários, apresento em lugar do registro partidário todos os cem tomos dos meus livros militantes". Anos depois, o inimigo declarado de todos os museus ("cemitérios") foi homenageado pelo regime stalinista com um museu que leva o seu nome, instalado no pequeno quarto onde viveu. — Muitos sentem-se chamados, poucos são os escolhidos. Embora possa parecer natural ex post, quem teria previsto o desfecho ex ante? Por duvidosas que pudessem soar quando foram proferidas, as profecias de ambos se cumpriram — e por isso eles são lembrados: Francisco canonizado pela Igreja Católica e Maiakóvski celebrado e domesticado pela máquina de propaganda soviética. Que dizer, porém, dos incontáveis sonhos de reconhecimento póstumo que o moinho do tempo e da indiferença reduziu a pó? Quem lembrará dos Franciscos e dos Maiakóvskis anônimos nas Assises e nas Moscous desconhecidas? Dos candidatos a santo recolhidos aos manicômios e das mensagens aos "camaradas futuros" que nunca chegaram aos destinatários?

154

Com o que sonha Quixote? — A análise disseca e tende ao trágico; o entusiasmo inflama e tende ao cômico; a análise do entusiasmo comove e tende ao tragicômico. A imersão no mundo dos livros de cavalaria inspirou Quixote a uma vida de errância e aventura. Mas quais eram, afinal, os seus sonhos? O amor de Dulcineia, a donzela--porqueira de Toboso, sem dúvida era um deles; um súbito e imprevisto giro da fortuna, visto que "a vida dos cavaleiros andantes está sujeita a mil perigos e desventuras, mas eles também estão sempre na iminência de ser reis e imperadores", era outro. Mas acima de todos estava *o sonho da posteridade* — o anseio de viver para sempre na memória das gerações futuras. Ao preparar--se para enfrentar a batalha de sua vida, um tremendo exército de pagãos furiosos e de inumeráveis tropas que deles se aproxima, "vendo em sua imaginação o que não enxergava nem existia", Quixote proclama: "Este é o dia, Sancho, em que há de se ver o bem que o destino tem me reservado. Este é o dia, repito, em que se há de mostrar como em nenhum outro o valor de meu braço: dia em que empreenderei façanhas que ficarão escritas no livro da fama por todos os séculos futuros". E tempos depois, com maior ênfase, quando os (falsos) amigos houveram por bem "curá-lo de sua loucura"; quando se viu trancafiado numa jaula de madeira atrelada a um carro de bois e seguia, amarrado, incontrito e cativo, "encantado nesta jaula por inveja e fraude de magos perversos", ele bradou detrás das grades contra os que dele se riam: "Sou cavaleiro andante, não desses de cujo nome a fama jamais se lembrou para eternizá-los em sua memória, mas daqueles que, a despeito e apesar da própria inveja, e de todos os magos que a Pérsia engendrou, de todos os brâmanes da Índia e gimnosofistas da Etiópia, haverá de pôr seu nome no templo da imortalidade, para que sirva de exemplo e modelo nos séculos futuros, para que os cavaleiros andantes vejam os passos que devem seguir, se quiserem chegar ao topo da honrosa nobreza das armas". — O real desprovido de sonho é deserto. A vida oprime, o sonho liberta. Os livros enlouqueceram Quixote. O herói ridículo de Cervantes e seu fiel escudeiro chegam ao mais alto da humanidade do fundo de suas quimeras e desvarios. Eles não lutam por ideários, mas pelo ideal. Pelo dom de acreditar no que pode tão somente ser imaginado; pela força da capacidade de sonho que à vida redime e impele a viver. Nada os detém. Suas vidas errantes são um hino à esperança heroica e insana pelo que é ilógico ou absurdo à luz da razão; pela coragem de se deixar levar pela promessa do que mais se deseja; por todas as formas de fantasia e projeto visionário de que a mente é capaz; pela esperança em si, embora desesperada. Em mais de quatro séculos desde que vieram ao mundo, quem teria ousado supor tudo que a posteridade encontrou nas páginas de *Dom Quixote*? Quem ousará prever os tesouros e descobertas que guardam ainda? Se o Cavaleiro da Triste Figura de Cervantes ganha a eternidade, não é pela força das armas. É pela força das letras e dos anseios que o fizeram e nos fazem sonhar.

155

A economia da memória coletiva. — O céu da fama é exíguo. Quem será lembrado, quem será esquecido? Como ganhar o direito de entrada e moradia nas mansões do futuro? O fato bruto é simples. Na competição por um lugar ao sol da posteridade, a quase totalidade das criações do intelecto e da sensibilidade desaparecerá sem deixar vestígio após um intervalo de tempo que varia entre uma sobremesa e uma noite de verão. Exceções, entretanto, existem. E isso basta. Quantos não creem pertencer ao grupo dos eleitos? A ilusão do criador é um dos mais finos estratagemas do autoengano. O prazer de descontar no presente as delícias da fama póstuma está para as expectativas terrenas como o gozo antecipado da vida futura está para as esperanças supraterrenas.

156

Orfandade poética. — O herói atua, o poeta perpetua. Aquiles teve Homero; Sócrates, Platão. Quixote teve Cervantes; Vasco da Gama, Camões. Martín Fierro teve José Hernández; Y-Juca-Pirama, Gonçalves Dias. — Penso nos heróis sem poeta e na mudez dos seus feitos, épicos ou singelos, órfãos do feitiço evocatório de um canto imortal. Serão então menores, indignos da eternidade? Menos merecedores?

157

A fome execranda da fama. — Versátil e inventivo, o desejo de ser para além de si e projetar-se no tempo não se contenta com pouco. Os caminhos do renome póstumo espraiam-se em múltiplas direções: realizações artísticas, projeção política, descobertas científicas, invenções tecnológicas, sucesso empresarial, instituições, filantropia, obras de engenharia, coleções, santidade, dons proféticos, aptidão profissional, bravura militar, feitos atléticos, os "quinze minutos" do pop. O mais tortuoso de todos, no entanto, é a busca da fama por meio da infâmia: *o assalto à posteridade.* — Heróstrato, um obscuro cidadão da arraia-miúda de Éfeso, uma cidade grega no litoral do mar Egeu, ardia da obsessão de fazer-se célebre; o meio era irrelevante, desde que lograsse a meta. O que disse Horácio sobre a tara do ouro — "Por meios honestos se você conseguir, mas por quaisquer meios faça dinheiro" —, ele transferiu para a tara da fama. A data do atentado — 21 de julho de 356 a.C. — pareceria ter sido escolhida a dedo. Na noite do dia em que nasceu Alexandre, o Grande, futuro conquistador de Éfeso, Heróstrato pôs fogo no grandioso templo de Ártemis, a deusa grega da caça e da fertilidade, junto com sua biblioteca, e os reduziu a cinzas. A intenção declarada do crime (não há registro de mortos) não era política ou religiosa. Era o autoengrandecimento: o desejo calculado de tornar-se famoso e projetar seu nome na história. Capturado pelas autoridades locais, ele foi não só torturado e executado como condenado ao que o direito romano chamaria mais tarde de *damnatio memoriae* ("condenação da memória"), ou seja, a erradicação de qualquer traço de lembrança de uma pessoa, como se ela jamais tivesse existido. Mas a tentativa de apagá-lo da memória e proibir, sob pena de morte, qualquer menção — oral ou escrita — ao seu nome não teve o efeito esperado. Apesar da severidade da interdição, o nome do incendiário logo se propagou como fogo na memória coletiva e na literatura. O "complexo de Heróstrato" passou a designar, na psiquiatria moderna, a síndrome de pessoas que, movidas por um agudo senso de inferioridade, assumem o papel de heróis culturais às avessas e buscam notabilizar-se por meio de ações agressivas e destrutivas: a infâmia como passaporte da fama. — Alguns anos mais tarde, no mesmo local do templo destruído por Heróstrato, foi erguido um novo e ainda mais suntuoso templo dedicado a Ártemis, considerado uma das Sete Maravilhas do mundo antigo. Quis o destino, porém, que assim como todas as outras Maravilhas (exceto a Grande Pirâmide de Gizé), o templo reconstruído não sobrevivesse às vicissitudes dos séculos e ao descaso (ou pior) das gerações futuras.

158

Projeções de poder: egípcios. — A morte no exercício do poder não implica a renúncia ao poder. Exemplo notável disso são as práticas funerárias do Antigo Egito. O enigma dos sarcófagos vazios intrigou gerações de egiptólogos. Não obstante a sua evidente função como tumbas mortuárias, o fato surpreendente é que em nenhuma das dez principais pirâmides erguidas no apogeu da Era das Pirâmides — um período de cerca de um século abarcando a terceira e a quarta dinastias — há prova inequívoca de que um faraó estivesse de fato sepultado nela. Embora todas abrigassem câmaras internas ricamente adornadas e protegidas por portas levadiças de pedra deslizantes, em apenas cinco dessas pirâmides havia a presença de um sarcófago; é plausível supor que os sarcófagos das demais tenham sido saqueados e levados por ladrões. Entre os sarcófagos encontrados nessas câmaras, quatro estavam vazios; mas aqui também não se pode descartar a hipótese de que tenham sido objeto de furto. O mesmo, porém, não se pode dizer da Pirâmide de Degraus de Sekhemkhet. Pois embora sua câmara estivesse preservada e o sarcófago se tivesse mantido intato e selado com cimento em sua única tampa de acesso, a abertura da tumba revelou um fato insólito: não havia restos mortais nem nada ali dentro. Como explicar o enigma? O que poderia justificar a construção de vastos e onerosos mausoléus — as maiores estruturas de pedra até hoje erguidas — nos quais o grande protagonista está ausente? — A resposta veio da pesquisa arqueológica das práticas e rituais funerários da Era Arcaica (primeira e segunda dinastias), no período de formação do reino egípcio. Ela revelou a existência de *dois túmulos em localidades distintas para o mesmo faraó*, cada um dotado de igual provisão de alimentos, utensílios e itens de luxo, e sempre na vizinhança dos túmulos anexos de outros dignitários. A localização deu a chave: enquanto um túmulo ficava no Baixo Egito, ao norte, onde se forma o delta do Nilo, o outro situava-se no Alto Egito, ao sul, onde estão as planícies férteis. Essas duas regiões do reino eram tradicionalmente áreas com cultura e atividade política autônomas antes de serem unificadas e submetidas a um poder centralizado, sediado em Mênfis, por volta de 3100 a.C. A unidade, entretanto, foi sempre frágil. A função dos túmulos duais — sem que se soubesse qual era o genuíno e qual o de fachada — era essencialmente política: manter viva entre os súditos do Baixo e do Alto Egito a presença do faraó sepulto, reforçando assim a unidade do reino e evitando o risco de fragmentação, caso uma das regiões se visse diminuída ou desprestigiada pelo poder central. Marcada pelo crescente monumentalismo, a Era das Pirâmides é herdeira de um longo processo evolutivo iniciado na Era Arcaica. Crenças supraterrenas à parte, as pirâmides postiças serviam a um objetivo mundano bem definido: neutralizar as forças centrífugas do reino por meio da projeção simbólica da autoridade do faraó por todo o território. Se o poder central erguia as pirâmides, elas, por sua vez, mantinham-no de pé e firmavam o seu poder.

159

Projeções de poder: ateus embalsamados. — Em trinta séculos de experimentação os antigos egípcios levaram a arte do embalsamento a um patamar de excelência que, segundo os especialistas, só foi novamente recuperado nos últimos duzentos anos. No final do século XVIII, Benjamin Franklin especulava ainda se o corpo de um cadáver poderia ser preservado num tanque com vinho Madeira até que o avanço da medicina permitisse trazê--lo de volta à vida. E quando o filósofo Jeremy Bentham, pai do utilitarismo inglês, decidiu alguns anos mais tarde que seu corpo deveria ficar para sempre exposto após sua morte, em posição sentada, numa redoma de vidro no saguão do University College de Londres, de modo que sua autoridade intelectual se mantivesse viva na mente dos discípulos e futuros pupilos, a arte do embalsamento ainda engatinhava: embora o corpo do filósofo tenha sido mumificado, conforme o seu desejo, a cabeça precisou ser refeita em cera (a original, sem o cérebro, está até hoje numa caixa de madeira guardada na universidade, sendo inspecionada uma vez por ano). — O aperfeiçoamento das técnicas de embalsamento foi uma consequência indireta da Guerra Civil americana. Com a morte de um grande número de soldados jovens longe de suas cidades natais, e na falta de métodos de refrigeração, surgiu nos Estados Unidos um pujante mercado de embalsamadores profissionais que vendiam o serviço de retorno dos corpos preservados para suas famílias; no fim da guerra, o progresso nessa arte tornou-se patente graças a Abraham Lincoln, cujo cortejo funerário exibiu por diversos estados americanos o cadáver embalsamado do ex-presidente assassinado. — Uma coisa, no entanto, é o embalsamento de curto prazo, capaz de preservar o cadáver da decomposição por algumas semanas antes do enterro ou cremação. E outra, muito distinta, é o objetivo de *perpetuar* a existência do corpo relativamente incólume por um tempo indefinido, como na velha tradição egípcia, o que demanda um empenho de recursos e expertise de outra ordem. Curiosamente, as técnicas de mumificação ad aeternum tiveram seu berço e moderno aprimoramento na antiga União Soviética. Quando Lênin morreu, em 1924, seus herdeiros no Kremlin cuidaram do assunto e houveram por bem conferir ao líder da Revolução Russa uma espécie de imortalidade simbólica pela exposição pública do seu corpo embalsamado na praça Vermelha, tendo mobilizado para isso o melhor da ciência soviética. A iniciativa, ao que parece, fez escola. Assim como Lênin, os cadáveres de outros líderes revolucionários comunistas como Stálin, Mao Zedong, Ho Chi Minh e Kim Il-sung foram igualmente mumificados e preparados para exibição perpétua em mausoléus e espaços abertos. O espetáculo dá o que pensar. Como interpretá-lo? Impulso coletivo de imortalidade projetado na eterna presença do grande líder ou instrumento de legitimação do poder de governantes inseguros? Seja o que for, não deixa de causar espanto verificar como, justamente em sociedades que se autoproclamaram ateias e seculares, tenham se constituído rituais de peregrinação e de culto idólatra aos túmulos e corpos embalsamados dos santos e heróis da revolução. Quéops, Tutancâmon e Ramsés II teriam apreciado.

160

A maldição póstuma de Tamerlão. — Tamerlão, o Coxo, o último dos grandes conquistadores na linhagem de Gengis Khan, foi o restaurador do Império Mongol na Eurásia, numa área que se estendia de Moscou a Délhi, na Índia, no final do século XIV. Conhecido por sua implacável sanha imperialista e monstruosa brutalidade — chegou a erguer torres feitas de crânios —, estima-se que tenha causado a morte de cerca de 17 milhões de pessoas em quatro décadas de poder despótico. Embalsamado ao morrer, o caixão de marfim contendo o seu corpo foi depositado num suntuoso mausoléu na cidade de Samarcanda, no Uzbequistão. Na lápide de jade que protegia o túmulo lia-se: "Quando eu ascender dos mortos, o mundo tremerá". A maior surpresa, entretanto, foi o que veio a aparecer depois. Quando o corpo de Tamerlão foi exumado em 1941 por um antropólogo soviético, descobriu-se a existência de uma outra inscrição, em árabe, no interior do caixão: "Quem abrir o meu túmulo soltará um invasor mais terrível que eu". E como se para confirmar a sinistra profecia, o desastre: dois dias depois da exumação a Alemanha nazista deu início à invasão da União Soviética com a operação Barbarossa.

161

Aprés nous, le déluge.* — A frase dita por madame Pompadour ao seu amante, o rei Luís xv da França, após uma grande derrota militar e uma tentativa frustrada de regicídio em 1757, foi como uma premonição da Revolução Francesa e do fim do Antigo Regime. O que é menos conhecido é que ela teve um curioso precedente no mundo antigo. Como relata o historiador e biógrafo romano Suetônio em *Vidas dos doze Césares*, o grande incêndio de Roma durante o reinado de Nero teve como preâmbulo uma provocação ao gênio irascível e piromaníaco do imperador. Ao ouvir casualmente de um desconhecido a frase "Quando eu estiver morto, que a terra seja consumida pelo fogo", Nero prontamente retorquiu: "Não, antes enquanto eu estiver vivo!". — Embora o caráter doloso do incêndio e a responsabilidade do imperador sejam tópicos disputados entre os especialistas, o desastre deu a Nero a tão sonhada oportunidade de pôr em prática os seus dons arquitetônicos e iniciar o maior pro-

---

* Depois de nós, o dilúvio.

grama de obras públicas e remodelação urbana da história de Roma.

162

A imortalidade iluminista: Diderot × Falconet. — Houve um tempo em que a fé religiosa irrigava de esperança a vida comum. Não importa quão limitadas, precárias e dolorosas fossem as nossas trajetórias terrenas, elas não eram destituídas de significado, mas integravam uma realidade que englobava e transcendia a experiência finita e corporal do mundo. O drama humano era parte de um enredo no qual todos os sofrimentos, infortúnios e injustiças encontrariam sentido e seriam por fim redimidos e reparados na eternidade. O iluminismo europeu do século XVIII promoveu uma batalha sem tréguas contra os fundamentos éticos e cognitivos desse credo, especialmente na sua vertente cristã. Ele denunciou o caráter pernicioso da religião organizada como legitimadora de uma ordem social opressiva e fez da desconstrução da crença na vida eterna após a morte uma de suas principais bandeiras. — Perdida, no entanto, a fé na imortalidade da alma e na justiça divina post mortem, o que pôr no lugar? Como encontrar sentido para o drama da existência pessoal e coletiva de modo a dar conta, de alguma forma, do sempre renovado espetáculo de crueldade, estupidez, sofrimento e futilidade da vida mortal? Como salvar-se tendo perdido a fé? Reduzida aos seus termos mais simples e diretos, a resposta iluminista foi: *recriando em novas bases e reconfigurando o feitio da fé.* Privada de luz e oxigênio no mundo celeste, a crença no caráter redentor da posteridade deitou raízes e buscou alento na terra, sua nova morada e habitat. — A inflexão terrena do anseio de imortalidade aparece de maneira cristalina no debate travado por dois expoentes do iluminismo francês: o filósofo Diderot, editor da *Encyclopédie*, e o escultor Falconet, professor da Academia Real de Belas-Artes de Paris. A controvérsia opôs duas visões distintas da relevância do pensamento da posteridade — não apenas o que cada um pode e deve fazer *por ela*, mas também o que a posteridade significa e representa *para cada um* — e nasceu a partir de uma conjectura feita por Falconet numa conversa informal que os dois tiveram em 1765. — Suponha, sugeriu ele, que se possa provar sem risco de dúvida que num certo dia, no futuro não muito distante, um meteoro irá colidir com a Terra e destruí-la totalmente — qual seria o efeito dessa descoberta sobre as nossas condutas e ambições? As respostas refletiram o abismo entre eles. Ao passo que Falconet respondeu que isso *não* o abalaria e de modo algum interferiria na sua produção artística, uma vez que o pensamento da posteridade não tinha maior relevância para ele, bastando-lhe a autoaprovação, o apreço dos críticos e amigos e o endosso de um Rafael imaginário ao seu trabalho, Diderot respondeu de forma radicalmente oposta. Pois a destruição da crença na posteridade, replicou ele, teria um efeito devastador sobre a humanidade e aniquilaria toda inspiração e motivação para criar e realizar algo de valioso no mundo: "sem mais ambição, sem mais monumentos, poetas, historiadores, sem mais guerreiros ou guerras talvez, cada um cultivaria seu jardim e plantaria suas couves". A conversa trouxe à tona a divergência entre eles, mas não terminou ali; ela ensejou uma vasta e densa troca de cartas que se estendeu por mais de um ano e levou Diderot a elaborar seu pensamento sobre o valor da posteridade. Era curioso, refletiu ele, que Falconet alegasse desdenhar o futuro, a ponto de dizer que não daria um centavo para assegurar vida eterna à mais bela de suas obras; logo ele, que se mostrava ávido dos elogios dos seus pares e cuja obra estatuária, ainda por cima, era veículo da fama póstuma de personagens históricos (como o colossal *Cavaleiro de bronze* de São Petersburgo, encomendado por Catarina II em tributo a Pedro, o Grande). Quanto a ele, prosseguiu Diderot, pensava rigorosamente o contrário: "Você não percebe que a antecipação do julgamento da posteridade é o único estímulo, o único apoio, o único consolo dos homens em milhares de situações adversas? [...] Todos os filósofos e homens íntegros que foram vítimas de pessoas estúpidas, de padres atrozes e de tiranos furiosos — que consolo lhes resta na hora da morte? Só este: o de que o engano é passageiro e a posteridade transferirá aos seus inimigos as ignomínias que sofreram. [...] o sentimento da imortalidade e o apreço pela posteridade movem o coração e elevam a alma; são eles as duas sementes das coisas grandiosas". Diderot sentia-se, é certo, chamado a contribuir *para* a posteridade; o ônus e o sacrifício — incluindo prisão e dívidas — incorridos na saga da *Encyclopédie* falam por si. Mas o que lhe interessava em grau ainda maior, como admite, era o que a posteridade podia fazer *por* ele. Nas cartas a Falconet, Diderot não esconde o fato de que ansiava obter, graças ao reconhecimento póstumo, o apreço que lhe era sonegado em vida. O vislumbre da reputação futura, ele escreve, era como um concerto de flautas vindo da noite distante, "e meu coração, mais vaidoso que filosófico, pode ouvir neste exato momento as notas quase imperceptíveis da

longínqua melodia": "A esfera na qual somos admirados, a duração do tempo em que estamos vivos e nos
ouvimos ser elogiados, o número daqueles que nos dão
o nosso merecido elogio, tudo isso é demasiado pouco
para as nossas ambiciosas almas. Nós não nos sentimos
suficientemente recompensados, talvez, pelas genufle-
xões do mundo; queremos ver gente que ainda não nasceu ajoelhada ao lado dos que ora se ajoelham. Somente
essa multidão ilimitada de adoradores é capaz de satisfazer a mente cujos ímpetos vão sempre rumo ao infinito".
Diderot, é claro, não pensa em haurir do mel do reconhecimento póstumo depois de morto; como um materialista filosófico e inimigo aberto da religião, ele não
crê na existência de vida futura após a morte. Mas acredita intensamente na ideia de viver na memória das gerações futuras e gozar das delícias de uma imortalidade
terrena *desde já*: "Deixe-me ser claro, caro amigo. Eu
não estou interessado na posteridade em benefício dos
mortos. Legítima e unanimemente garantidos pelos que
me são contemporâneos, eu me interesso pelos elogios
da posteridade como um prazer presente para os vivos:
um prazer tão real como o elogio que você sabe que alguém neste momento lhe está fazendo mas que você não
consegue ouvir por não estar na sala. De fato, a posteridade seria uma ingrata miserável se me esquecesse inteiramente, tendo em vista a frequência com que me lem-
bro dela. Elogio na mão, pago em dinheiro vivo, é o que
recebemos dos que nos são contemporâneos; elogio pre-
sumido, elogio a crédito, é aquele que ouvimos ao longe,
o elogio da posteridade. Você aceitaria receber somente
a metade do que lhe é devido, meu amigo?". — Um verbete da *Encyclopédie* define e formaliza a reencarnação
iluminista da *immortalité*: "É essa espécie de vida que

nós adquirimos na memória dos homens. [...] Nós ouvimos em nós mesmos o elogio que nossos semelhantes farão sobre nós um dia, e nos imolamos. Sacrificamos nossa vida, cessamos de existir realmente para viver em sua lembrança; se a imortalidade considerada sob esse aspecto é uma quimera, é a quimera das grandes almas". — Curiosamente, e talvez não por acaso, a circunstância pessoal do próprio Diderot ilustra a virada iluminista da fé na posteridade. Suas principais obras, como *O sobrinho de Rameau* e *O sonho de D'Alembert*, impublicáveis sob a censura do Antigo Regime, só puderam vir a público postumamente. E é graças a elas, em larga medida, que ele é hoje ainda lembrado. "A gente não pensa, não fala com força senão do fundo de seu túmulo: é ali que cumpre colocar-se, é dali que cumpre endereçar-se aos homens."

163

Esquecimento cobrado. — "A fama é a sede da juventude", declara o alter ego de Byron em *Childe Harold*. É o que admite Hume em sua autobiografia ao revelar como, nos seus verdes anos, autor novato, ele "ardia pela fama literária". Assim como o ardor sexual, o furor de se distinguir não raro adquire especial contundência na longa intoxicação da juventude, o estado febril da razão. Ilustração pitoresca — e por fim paradoxal — dessa realidade aparece nas memórias do cronista e dramaturgo recifense radicado no Rio de Janeiro, Nelson Rodrigues. — *Ser ou não ser lembrado?* "Até o meio de minha carreira", confessa o autor de *A menina sem estrela*, "tive a obsessão da posteridade." A simples menção ou lembrança de que, depois da fama obtida com as primeiras peças, ele poderia um dia cair no esquecimento ou, pior, descobrir--se "esquecido antes de morrer", bastava para deixá-lo não só transtornado como, conforme ele diz, "em pânico". Mas como evitar o fantasma da velhice numa "solidão de indigente", destino comum a tantos artistas e homens públicos um dia aclamados? O momento ideal de morrer, chegou a fabular, fora talvez o seu ápice: a noite de estreia do seu primeiro triunfo na dramaturgia, em plena apoteose, sob o turbilhão dos aplausos e bravos! da plateia. "Se eu morresse naquele momento ninguém jamais me esqueceria, jamais; era a posteridade tranquila e o morto seria o gênio absoluto." O devaneio, recorda, fincou pé: "passei uma semana, dez dias, quinze dias, com aquilo na cabeça... se tivesse morrido na estreia de *Vestido de noiva* ou no dia seguinte". Foi quando subitamente um lampejo libertador abriu asas e agitou-lhe o cérebro. "Um dia", ele conta, "acordei com uma furiosa coragem. Pouco depois, estava diante do espelho, fazendo a barba; e pensava: 'Dane-se a posteridade. Não faz mal que eu seja esquecido'. Mais um pouco e digo para mim mesmo: 'Quero ser esquecido'. Naquele momento, eu percebia, com implacável lucidez, que essa disposição era vital. Tinha que receber o fracasso com desesperada alegria suicida." Eufórico, passou a repetir o bordão — "Quero ser esquecido para sempre!" — nas entrevistas que concedia. Uma edição recente das memórias de Nelson Rodrigues estampa o parágrafo do apelo ao esquecimento (presente no texto de *A menina*) na capa do livro, ao pé do título. — O arco rodriguiano vai da obsessão da posteridade à volúpia do olvido. Como, porém, se fazer esquecer? Existem, é certo, diversas formas: calar-se, sair de cena, sumir no mundo. Mas afirmar o desejo de ser esquecido — e ainda por cima de modo insistente e peremptório — seguramente não é uma delas. A memória é um animal arisco. Podemos nos esforçar para *lembrar* algo (uma data de aniversário ou promessa feita, por exemplo) ou, ainda, cobrar de outros que lembrem. Mas o esforço declarado de *esquecer* — ou a cobrança disso — esbarra em incontornável contradição. Pois o fato é que ao lembrar de esquecer — ou cobrar o esquecimento — estamos ao mesmo tempo reavivando a memória justamente daquilo que se almeja obliterar: o ato nega o efeito pretendido. O brado rodriguiano — "Quero ser esquecido para sempre!" — pertence a essa classe. Como um holofote projetado sobre o que se alega desejar condenar ao esquecimento, ele se desmente. Anunciar aos quatro ventos o desejo de ser esquecido é como o jogo de cena de um parassuicídio — mal encobre a intenção de chamar a atenção sobre si. A autodramatização do dramaturgo, personagem de si mesmo, não para em pé.

164

Falácia suicida. — Vir ao mundo nunca é um ato de escolha; deixá-lo, entretanto, pode ser. O que move um suicida? Na areia movediça das motivações humanas, o enredo de um suicídio *consumado* está quase sempre aberto a múltiplas interpretações (psíquicas e neurológicas) e mesmo quem o comete pode estar longe de compreender as causas do seu ato. Nem por isso, todavia, as razões *alegadas* por aqueles que decidem tirar a própria vida perdem a relevância; elas seguramente têm o seu papel na elucidação do gesto. — A intenção de matar-se, como revelam os estudos sobre o que dizem e escrevem os suicidas nas cartas e bilhetes que deixam, bifurca-se em duas modalidades centrais. O *suicídio-escape* serve como porta de fuga frente a uma existência que se tornou intolerável em razão da dor, do sofrimento ou do desespero — o intuito aqui é evadir-se do mal maior, atual ou prospectivo. O *suicídio instrumental*, por sua vez, é aquele no qual o gesto visa alcançar algum efeito ou resultado póstumo no mundo. O objetivo pode ser a promoção de uma causa, como o fim de uma guerra ou a deposição de um tirano, mas pode ser também, como é frequente, efetuar algum acerto de contas, como punir parentes ou vingar-se deles, provar um amor ou salvar a própria honra na memória dos vivos. — Que as pessoas busquem por diferentes caminhos — e com os recursos ao seu alcance — projetar sua presença e influência no mundo é algo legítimo e humanamente compreensível. O problema surge quando a forma de procurar satisfazer esse anseio decorre de um raciocínio falho. Um padrão recorrente do "pensamento suicida" é a falácia decorrente da confusão entre "a pessoa como ela se vê e sente a si mesma", de um lado, e "a pessoa como ela é vista e considerada pelos demais", de outro. O silogismo segue um roteiro característico. O suicida pensa: 1) as pessoas que se matam recebem atenção; 2) eu vou me matar; logo 3) receberei assim toda a atenção que me foi negada em vida. O que ele deixa de levar em conta, contudo, é o fato de que o "eu" faminto de atenção alheia não é o "eu" que colherá a sonhada atenção, uma vez que, depois de morto, ele não estará mais à mesa dos vivos para aplacar a fome. A não ser, é claro, que ele creia ter assento reservado em algum camarote da eternidade a fim de desfrutar dos efeitos do seu gesto ou que o gozo antecipado da atenção alheia compense, para ele, o ônus da perda. Mas como estar minimamente seguro da atenção alheia ex ante? E se a expectativa se frustrar? O suicídio é um salto no desconhecido: a única certeza é a morte.

165

Diários cruzados. — Em 17 de julho de 1957, recém-formada em literatura inglesa, a poeta e romancista americana Sylvia Plath terminou a leitura de *As ondas* de Virginia Woolf e anotou em seu diário: "Eu preciso ir além dela. Nada de filhos até conseguir. [...] Minha vida, eu sinto, não será vivida até que haja livros e histórias que a revivam perpetuamente no tempo". — Porém, a autora do romance que acendeu o ânimo emulatório de Plath tinha dúvidas. Que fantasias alimentam o anseio de perpetuar-se na memória das gerações futuras? O que exatamente se almeja com isso, questionou Woolf em seu diário no dia 3 de dezembro de 1918: "a superstição estranha, que assombra o meio literário, quanto ao valor de ser lembrado pela posteridade".

166

Maturidade poética. — "E como ficou chato ser moderno. Agora serei eterno."

167

O choque do poeta endividado. — "Quando esperas a glória, vem o oficial de justiça."

168

A crivagem do tempo. — Poder e beleza são jogos de soma zero: distribua-os de modo rigorosamente igualitário e eles deixam de ser o que são. Se o poder estivesse perfeitamente distribuído entre todos os cidadãos de um país, ele deixaria de ser poder: ninguém teria como dar ordens e se fazer obedecer por alguém; se todas as atrizes do mundo fossem igualmente belas, nenhuma se destacaria ou primaria por sua beleza. Com a luta pela posteridade não é diferente, mas com um agravante. "O paraíso da fama", observa Miguel de Unamuno, "não é muito espaçoso, e quanto maior o número dos que ingressam nele, menor a porção de cada um." A posteridade é um jogo de soma zero. A diferença, entretanto, é que não se trata apenas de uma disputa entre os vivos, o que não seria pouco, mas de uma arena na qual competem e pugnam pela sobrevivência os vivos e os mortos. — O crivo do tempo é cruel. "A tradição de todas as gerações mortas", dizia Marx, "oprime como um pesadelo o cérebro dos vivos." Quem ficará — e o quê? Para todos os que nos precederam, a posteridade somos nós: os mortos dependem do interesse e contam com a fidelidade dos vivos. O problema é que o mesmo que se diz sobre dois corpos não ocuparem o mesmo lugar no espaço vale para o renome e o reconhecimento póstumos. Grandes nomes fazem sombra uns aos outros e se acotovelam. "A competição entre os mortos", assinala Fernando Pessoa no (inacabado) *Heróstrato*, "é mais terrível do que a concorrência entre os vivos, pois os mortos são em maior número." Se os mortos competem entre si, os vivos, além de competirem entre si, competem com os mortos. Mas a quantidade numérica, penso eu, não é a principal vantagem dos mortos no embate com os vivos. A crivagem do tempo, é verdade, está sujeita a erros, omissões e reviravoltas; nem por isso, contudo, ela deixa de peneirar e de agir como curadora do que chega até nós. O escrete dos melhores de todos os tempos em suas áreas de atuação está para os postulantes vivos à posteridade como o brilho intenso de sóis longínquos para o piscar incerto de vagalumes ao anoitecer. "A autoridade dos mortos não aflige, e é definitiva."

169

Armadilhas da fama póstuma. — O tempo decanta o passado. As reviravoltas na história da filosofia são instrutivas. Quem lê hoje em dia ou sequer ouviu falar de filósofos que viveram entre os séculos XVII e XX como Robert Filmer, Conyers Middleton, Herbert Spencer, Giovanni Gentile ou Nicolai Hartmann? O crivo do tempo fez sua parte. Tornaram-se ilustres desconhecidos — objeto de curiosidade, se tanto, de antiquários e scholars em história das ideias. E, no entanto, foram todos sumidades e nomes de formidável reputação no seu tempo; foram todos seguramente mais lidos e conhecidos do público *enquanto viviam* do que os seus quase exatos contemporâneos, respectivamente: Hobbes, Hume, Nietzsche, Pareto e Peirce. De tudo que foi publicado e festejado pelo público e/ou pela crítica nas últimas décadas, o que será lido e debatido — e o que será objeto de curiosidade antiquária, se tanto — dentro de cem anos? Na biosfera da memória coletiva, a ressurreição é um milagre recorrente e atestável: nomes consagrados soçobram no quase total esquecimento ao passo que outros, mortos e enterrados, renascem das cinzas.

170

Imortalidade secularizada. — Os deuses não se regalam com pouco. No mundo arcaico, o desejo de angariar o favor divino alimentava a prática do sacrifício ritual de animais e humanos, incluindo por vezes crianças: o sucesso na caça, a vinda das chuvas, a vitória na guerra e a salvaguarda das almas no outro mundo após a morte exigiam a construção de templos, a oferta de prendas e a imolação de pessoas tendo em vista o objetivo maior de cair nas graças dos deuses. Na sociedade moderna, é claro, os relatos dessas práticas provocam justificado horror e repulsa. Os deuses, se existem, já não se deixam influenciar na imaginação humana pela oferta de sangue e suborno mortal. — Nem por isso, entretanto, a preocupação com a projeção e o destino póstumos deixaram de existir e demandar sacrifícios. A diferença é que a posteridade tem novo endereço. Como observou Adam Smith na *Teoria dos sentimentos morais*, "os homens voluntariamente renunciaram à vida [*thrown away life*] para adquirir após a morte uma fama que já não poderiam desfrutar; sua imaginação, nesse ínterim, antecipava a fama que lhes seria concedida em tempos futuros". Em seu novo feitio, o sacrifício não requer o derramar de sangue, mas é feito em moeda sonante, fruto (quiçá) de muito empenho, talento e abnegação (ou herança). O objetivo não é aliciar os deuses volúveis, mas conquistar um lugar de honra na mente dos semelhantes e cair nas graças das gerações futuras. — Feroz no mercado, eficaz na filantropia. Em contraste com os mortais comuns, os super-ricos e poderosos dispõem de recursos de sobra para expressar o seu anseio de sobreviver à morte biológica e a ele dar vazão. A partir de certo ponto no ciclo de vida, elã competitivo exaurido, a questão do legado tende a ocupar uma posição central no seu rol de preocupações, quando não vira um *full-time job*. Da racionalidade calculista do "altruísmo efetivo" à tentativa de apaziguar a consciência e "limpar o nome" por meio do apoio a causas que garantam a indulgência da posteridade, as motivações variam de caso a caso. O traço comum a todos, no entanto, com raras exceções, é a força do vínculo pessoal: a ênfase na presença do *nome* na instituição ou causa abraçada. — Um exemplo colhido ao acaso, entre tantos, ilustra o ponto. O filósofo russo radicado na Inglaterra, Isaiah Berlin, relata as negociações que levaram à criação do Wolfson College na Universidade de Oxford em 1966. A Fundação Ford, norte-americana, havia já se comprometido a doar metade do valor necessário, mas com a condição de que Berlin encontrasse um doador privado, no Reino Unido, que se dispusesse a cobrir a outra metade. Depois de algumas tentativas frustradas, Berlin abordou Isaac Wolfson, magnata escocês do setor de varejo e encomendas postais, que se mostrou interessado e sugeriu que o filósofo fosse conversar com o filho, Leonard, a fim de detalhar os termos de uma eventual doação. A conversa transcorreu com a objetividade típica do mundo dos negócios e logo ficou claro que a soma pedida, embora vultosa, não seria empecilho. Leonard, porém, fixou uma única condição para selar o acordo: a nova instituição deveria chamar-se não mais Iffley (nome do bairro em Oxford onde estava localizada), mas *Wolfson* College. Sem titubeio, o filósofo não só acatou a proposta como fez questão de reforçar: "Se você quer o seu nome imortalizado, um college fará isso melhor que um hospital; o Wolfson College realmente será imortal". — O que é um nome? Penso na vasta família de benfeitores — nem todos de currículo ilibado — que buscou perenizar-se (ou remediar sua reputação) em fundações, museus, escolas, hospitais, bibliotecas, centros de pesquisa, prêmios, cátedras, galerias e coleções de arte. Exceções, é claro, existem, como as doações anônimas atestam. Mas o impulso do filantropo de projetar sua vida e seus valores para além de si não é, na maioria dos casos, essencialmente distinto do que move um criador simbólico. Rousseau provavelmente sabia do que estava falando quando provocou: "Onde o filósofo que não enganaria propositalmente a humanidade em nome da glória? Onde aquele que, no segredo do seu coração, não se propõe a outro objetivo que não o de alcançar a distinção?". O evidente exagero retórico, contudo, não elimina a verdade residual. Quantos artistas, pensadores e até mesmo cientistas, eu me pergunto, teriam se empenhado em fazer o trabalho de suas vidas, sem poupar esforços e sacrifícios, caso existisse uma lei que os obrigasse a publicar seus feitos sob a mais severa e inviolável condição de anonimato? Ou se fosse necessário escolher, sem evasiva, entre a destruição da obra, de um lado, e a total obliteração do nome e da memória de si, de outro? O terreno é altamente propício ao autoengano. As racionalizações proliferam, as fórmulas mudam e as fantasias se renovam; mas o enigma — o ancestral impulso — não se rende: "ainda para os sábios o desejo de glória é o último de que desistem", como recorda o historiador romano Tácito. O peculiar prazer de ter um nome — *o próprio nome* — reiterado, lembrado e reverenciado na eternidade.

171

Fábulas de controle. — O poder de um super-rico de controlar o uso e o destino dos seus ativos financeiros após a morte pode ser tão frágil como o poder de um pensador de controlar a interpretação e as consequências (se alguma) das suas ideias depois que ele se for. Ou mesmo antes. Projeções de quê?

172

A vocação hierarquizante. — As expectativas terrenas abrem um vasto leque de possibilidades. Chama atenção, entretanto, a insistência com que filósofos e escritores das mais diferentes épocas, culturas e filiações buscam estabelecer uma hierarquia fixando a pretensa superioridade do mundo das letras — ideias e obras literárias — em relação a outras formas de manifestação do anseio de perenidade. Na esteira de Platão e Francis Bacon,* entre outros, Schopenhauer faz um maldisfarçado elogio em causa própria ou *apologia pro vita sua* ao comparar a permanência dos legados escritos, de um lado, e

* Como as seções 142 e 132 acima detalham.

demais realizações humanas, de outro: "Dois caminhos conduzem à fama alcançada pela realização de feitos extraordinários: *ações* e *obras*. Um grande coração é a qualificação especial para o caminho das *ações* e uma grande mente para o das *obras*. Cada um dos caminhos tem suas vantagens e deficiências, e a principal diferença entre eles é que as ações passam enquanto as obras permanecem. Das ações permanece somente a memória que se torna cada vez mais tíbia, distorcida e insignificante, e que deve gradualmente desaparecer, a não ser que a história a retome e transmita à posteridade em estado petrificado. As obras, por outro lado, são em si mesmas imortais e, especialmente as escritas, podem atravessar os tempos. A mais nobre ação possui uma influência apenas temporária, ao passo que a obra de um gênio vive e tem um efeito benéfico e edificante por todo o tempo. De Alexandre, o Grande, apenas o nome e a memória vivem, ao passo que Platão e Aristóteles, Homero e Horácio ainda existem em si mesmos, ainda vivem e exercem um efeito imediato". Outra não fora, de fato, a (nada modesta) expectativa de Horácio ao concluir o livro 3 das *Odes*: "Ergui um monumento mais duradouro que o bronze, mais elevado que as pirâmides dos reis. Nem a chuva cortante nem o vento devastador; nem a sequência inumerável dos anos nem a passagem das eras conseguirão destruí-lo. Não morrerei de todo, pois de Libitina [deusa romana dos funerais] grande parte de mim escapará". — É natural que cada forma de vida defenda e exalte o seu modo peculiar de pleitear um lugar ao sol da posteridade — filósofos e poetas não são diferentes. Mas faz sentido conferir ao mundo das letras uma posição de absoluta preeminência em relação a todas as demais realizações e expressões do anseio de perenidade? Penso que não. Os argumentos centrais são dois. A tese da hierarquia *subestima* de forma injustificável o valor e o impacto perene de outras criações e realizações do espírito no mundo das artes, da ciência, das instituições e da vida prática. No campo da medicina, para dar um exemplo, descobertas como as de Pasteur, Fleming, Sabin e Carlos Chagas, entre outros, não apenas salvaram incontáveis vidas humanas como seguramente rivalizam com qualquer obra escrita enquanto legado às gerações futuras. Mesmo no âmbito restrito da filosofia, não deixa de ser sugestivo que conquistas decisivas no campo da ética sejam devidas a líderes e desbravadores que, como Sócrates, Jesus Cristo e Buda, jamais escreveram uma linha; o seu exemplo de vida, coragem e entrega é maior do que qualquer registro de suas ações e pensamentos. Existirá aposta mais bela e generosa na posteridade do que o amor que um pai e uma mãe dedicam à criação dos filhos? É pouco menos que escandalosa, portanto, a parcialidade com que filósofos e poetas teimam em advogar em causa própria e incorrer no mais ingênuo autoelogio — "o que permanece, fundam-no os poetas" — em detrimento de outras formas de atuação. — Ao mesmo tempo, a tese da hierarquia *superestima* a capacidade das obras escritas de "atravessar os tempos" e exercer seu "efeito benéfico e edificante" pela eternidade, como que incólumes às garras do tempo. Não importa quem seja — escolha o autor clássico de sua predileção: existe uma verdadeira indústria de intérpretes e estudiosos dedicados a explicar "o que ele realmente quis dizer". O destino — ou a desgraça — dos maiores pensadores é ser infinitamente torturado e reinterpretado segundo os vieses e as preocupações dos leitores e especialistas. O que disse Kant de um dos seus primeiros intérpretes — "Que Deus nos proteja de nossos amigos, pois dos nossos inimigos podemos tentar nos proteger nós mesmos" — foi o que disse Marx ao se inteirar do que se entendia por marxismo na França — "*Ce qu'il y a de certain c'est que moi, je ne suis pas marxiste*" —* ou Bertrand Russell dos seus colegas acadêmicos: "Estou espantado por constatar quão pouco os outros filósofos me compreendem". E se esse era o caso com seus amigos e simpatizantes enquanto eles viviam, que dirá do que viria depois que morressem? Robespierre leitor de Rousseau; Hitler leitor de Nietzsche; Lênin leitor de Hegel; Thatcher leitora de Adam Smith. *Quem usa quem?* "A fama", resume um poeta, "é a quintessência dos mal-entendidos que se juntam a um nome." Se o esquecimento apaga, a máscara caricata desfigura. Espontâneo ou malévolo, o mal-entendido infindo é o preço da imortalidade. — Quanto ao "monumento" de Horácio, por sua vez, as garras do tempo deixaram suas marcas. Dois abalos sucessivos estremeceram a integridade do edifício: se o referencial de mitologia romana, ao qual continuamente recorre o poeta, ruiu sob o efeito do triunfo cristão, a própria língua em que ele foi criado e erguido tornou-se uma língua morta. Ao contrário do que esperava o poeta, "nem a chuva cortante nem o vento devastador" pouparam seu legado.

173

Imortalidade livresca. — "Os livros não são coisas completamente mortas, mas contêm em si uma potência de

---

* "O que há de certo é que eu próprio não sou marxista."

vida capaz de torná-los tão ativos como as almas daqueles que são seus progenitores. Mais que isso: eles preservam, como em pipeta, o mais puro efeito e condensação daquele intelecto vivo que os gerou." É difícil imaginar que alguém tenha ido mais longe do que John Milton na caracterização do livro como veículo de projeção e perenização de uma consciência individual. Mas é preciso qualificar o otimismo implícito nessa crença. O que diz o poeta sobre o livro é o que diria o pintor sobre a tela, o arquiteto sobre o croqui, o cineasta sobre a película ou o músico sobre a partitura. As criações do espírito humano sobrevivem aos seus criadores e facultam uma espécie de encontro e intercâmbio entre consciências separadas no tempo e no espaço, como uma "conversa com os mortos". E a palavra escrita em especial — a "mágica portátil" dos livros — parece prestar-se como nenhuma outra forma de expressão, talvez, à fantasia de que ela é alguma coisa dotada de vida própria, como o inseto que sai do casulo e ganha os ares do mundo ou como a chama que segue ardendo e emitindo luz mesmo quando a fonte que deu origem ao fogo virou cinzas. — A questão, todavia, é: *quão viva é, de fato, a palavra escrita?* As ilusões e armadilhas do encantamento com o saber e a sensibilidade congelados em escrituras foram agudamente identificadas por Sócrates, como relata Platão no diálogo *Fedro*: "Sabes, Fedro, esta é a singularidade do escrever, que o torna verdadeiramente análogo ao pintar. As obras de um pintor mostram-se a nós como se estivessem vivas; mas se as questionamos, elas mantêm o mais altivo silêncio. É o mesmo com as palavras escritas: parecem falar conosco como se fossem inteligentes, mas se lhes perguntamos qualquer coisa com respeito ao que dizem, por desejarmos ser instruídos, elas continuam para sempre a nos dizer exatamente a mesma coisa. E uma vez que algo foi escrito, a composição, seja qual for, espalha-se por toda parte, caindo em mãos não só dos que a compreendem mas também dos que não têm relação alguma com ela; não sabe como dirigir-se às pessoas certas e não se dirigir às erradas. E quando é maltratada ou injustamente ultrajada, precisa sempre que seu pai lhe venha em socorro, sendo incapaz de defender-se ou cuidar de si mesma". — Um livro é um cubo de papel. A lição de sobriedade socrática aponta os limites da crença na imortalidade livresca. Nenhuma escrita vive por si. As palavras pertencem metade a quem escreve, metade a quem lê. Um livro é como um espelho: se um ateu libertino nele se mira é improvável que um beato olhe de volta. É o visto o que vê: o lido o que lê. E no intercâmbio de alma para alma que é a leitura, a última palavra não é dada por quem escreve, mas por quem a recebe e assimila. O texto semeia, a leitura insemina. A ironia, contudo, é que não fossem o talento literário e o compromisso de Platão com o registro do saber fixado em texto, as palavras vivas de Sócrates jamais teriam chegado até nós.

174

Balanço sombrio. — "Queimei os meus navios; deixei tudo, tudo, por essas coisas de letras", anotou o jornalista e escritor carioca Lima Barreto em seu diário íntimo. "Não quero ser deputado, não quero ser senador, não quero ser mais nada, senão literato." Nenhuma ambição material, nenhum caso de amor duradouro. E, por fim, em 20 de abril de 1914, a terrível constatação: "Desgraçado nascimento tive eu! Cheio de aptidões, de boas qualidades, de grandes e poderosos defeitos, vou morrer sem nada ter feito. Seria uma grande vida, se tivesse feito grandes obras; mas nem isso fiz". — Leio o sombrio autoveredicto do autor de *Triste fim de Policarpo Quaresma* e me pergunto: se ele tivesse sido um escritor complacente; se estivesse satisfeito (do alto dos seus trinta e poucos anos de idade!) por haver produzido "grandes obras", teria ele se tornado o grande escritor que foi? Quem julga e decide o mérito relativo das obras? Grandes ou diminutas em relação a quê? E como nasce, cresce e se fixa a crença de que "grandes obras" — e elas somente — redimem o existir?

175

Hay futuro si hay verdad. — O filósofo e padre jesuíta Francisco de Roux presidiu a Comissão da Verdade criada em 2017 na Colômbia a fim de investigar, esclarecer e reparar os crimes e as violações dos direitos humanos cometidos em décadas de conflito armado entre o Estado colombiano e grupos guerrilheiros. Entrevistado pelo jornal espanhol *El País* em 8 de maio de 2022, após a conclusão dos trabalhos da Comissão, Roux, questionado sobre os riscos inerentes ao cargo — "Como afastar o medo de morrer assassinado?" —, respondeu: "Estou convencido, ainda que não possa provar cientificamente, que a existência humana não termina com a morte. O que isso quer dizer? Não o sabemos. Os homens e as mulheres que foram sérios no amor e se entregaram gratuitamente por nós, como fizeram Jesus ou Buda, não terminam com a morte. A vida humana dura muito pouco:

cem, setenta, oitenta anos... se vão assim. Isso me dá uma grande tranquilidade". Existem vidas que incitam a viver.

176

Ciúmes póstumos. — Ninguém escolhe ser quem é. Nascido e criado no seio de uma família patriarcal mineira no início do século xx, meu pai Justo era um marido ciumento. Recordo vivamente. Quando minha mãe, aos quarenta e poucos anos, infeliz com a vida de confinamento no lar, tomou coragem e decidiu ser psicanalisada, ele tentou fortemente dissuadi-la e reagiu: "O seu psicanalista sou eu!". A tempestade conjugal desabou e por pouco não levou a uma separação, coisa complicada na época. Mas ela conseguiu o que queria: não apenas fez psicanálise como tornou-se, anos depois, psicanalista. O traço patriarcal, todavia, persistiu até o fim da sua vida — *e para além dela.* Internado em estado grave numa uti aos 73 anos, sabendo que provavelmente estava prestes a morrer, as últimas palavras do meu pai (como gostava de lembrar minha mãe) foram: "*Não vai aprontar sem mim, Yone!*". Às vezes me pergunto, pensando na frase, se ela não conteria uma pitada de *humour*, um toque de ironia, quase como oblíqua incitação. Uma coisa, porém, é certa. O apelo, como no caso da psicanálise, frustrou-se espetacularmente. (Podia, é claro, ser pior: a tradição hinduísta do *sutee*, vigente por muitos séculos na Antiga Índia, obrigava as viúvas ao sacrifício da vida na pira funeral após a morte dos maridos; entre outras explicações possíveis dessa prática, isso aparentemente servia para dissuadir as esposas de envenenar ou apressar a morte dos cônjuges.)

Avareza póstuma. — Fim de temporada no interior de Minas. A viagem de carro de Tiradentes a São Paulo é longa. Quem dirigia o táxi era uma motorista local, velha conhecida, com quem costumava bater longos papos nas curvas da estrada. Lá pelas tantas, como quem não quer nada, levantei a lebre: "Me diga com sinceridade, Neuza, se por acaso você morresse antes do seu marido, você ia sentir ciúmes ou ficar zangada caso ele arranjasse outra pessoa?". Ela não hesitou: "De jeito nenhum! Se eu tiver que ir antes dele, não ia ficar nem um pouco brava se ele encontrasse alguém, ficava até feliz por ele. Zero ciúme!". Porém, como a resposta me soou algo superficial, fácil demais, resolvi cutucar: "Mas nem uma pontinha, nadinha mesmo?". A picada surtiu efeito. Ela fez uma pausa, pensou no que ia dizer, e emendou: "Bom, ciúme *dele* eu não ia ter; mas tem uma coisa que me deixaria brava, louca da vida mesmo. *Na minha casa e na minha cama, não!* Se quiserem ficar juntos, pois bem, que fiquem... mas noutro lugar! Eu não ralei no táxi todos esses anos para depois entregar assim, de bandeja, para a primeira que aparece". — A avareza póstuma é prima-irmã dos ciúmes póstumos. Ambos refletem o desejo de influenciar o mundo dos vivos depois da vida e ambos nascem do apego ao que supomos ser nosso, ou seja, do sentimento de posse: o desejo de ser-pelo--possuir para além de si. — Não era incomum, em sociedades pré-modernas, a prática de enterrar os defuntos de maior poder, status e riqueza juntamente com suas posses, como joias, roupas, mobiliário, moedas e alimentos — itens que lhes poderiam ser úteis na jornada até o outro mundo. O extremo zelo com que pessoas dotadas de grande fortuna, embora não só elas, procuram definir os termos de uso e controlar o destino póstumo dos seus bens temporais pertence a esse mundo. É o apego à *temporalia*: o desejo de possuir projetado no tempo. A questão é: uma pessoa morta estará melhor (ou pior) se o seu cônjuge lhe permanecer fiel (ou não), como era o seu desejo? Ou se o seu testamento for rigorosamente cumprido (ou não), não importa quão excêntrico ou caprichoso? Pode alguém ser beneficiado ou prejudicado depois de morto? Faz sentido colocar a consideração pela vontade de alguém que já se foi — alguém que não é mais sujeito de nenhum desejo, por tudo que sabemos — acima da consideração pelos que estão vivos e podem ter outros desejos?

178

A crítica das expectativas terrenas: Emerson e Unamuno. — As esperanças supraterrenas e as expectativas terrenas são manifestações do anseio de perenidade. Deixemos de lado, provisoriamente, o valor de verdade de cada uma e aceitemos de bom grado o que prometem, ignorando a sua maior ou menor probabilidade de realização. O que as diferencia? As esperanças supraterrenas, em suas múltiplas versões, prometem uma *existência futura*: a vida tal como nos é dado conhecê-la não é tudo que há, mas passagem para outra forma de vida. As expectativas terrenas, por sua vez, não contemplam a retomada ou reconexão da vida no além (ou reencarnação); elas prometem a *posteridade*: a perenidade material ou simbólica obtida por meio de obras e legados — projeções de nós mesmos — que se mantêm vivos na memória dos que virão. A diferença, portanto, é profunda. Enquanto uma acena com a esperança de uma existência póstuma plena e integral, a outra limita-se ao prenúncio de uma sobrevivência espectral dos rastros e emanações que deixamos em nossa jornada terrena. Daí que, para os que creem na existência futura, as promessas da posteridade, por mais tangíveis ou ambiciosas, não passem de arremedos do artigo genuíno. Entre a imortalidade espúria dos que se agarram às sombras por estarem ensombrecidos, de um lado, e a imortalidade legítima dos tocados e iluminados pela fé, de outro, como hesitar? "Evocar a posteridade é chorar sobre o próprio túmulo." — O filósofo transcendentalista americano Emerson, autor de "Immortality", ilustra com clareza essa posição. Embora reconheça não ser capaz de "provar nossa fé por meio de silogismos", isso não o impede de afirmar sua crença inabalável na existência de uma vida futura após a morte: "Eu sou um crente melhor na imortalidade, e todas as almas sérias são crentes melhores, do que podemos fundamentar. [...] A evidência fulgurante da imortalidade é a nossa insatisfação com qualquer outra solução". A contrapartida dessa crença é a dúvida quanto ao mérito de preocupar-se com a reputação póstuma. "Devo eu enredar a minha curta vida com o vão desejo de perpetuar sua memória quando já estiver morto e sepultado neste torpe planeta?", ele se questiona nos seus *Diários*: "Entregarei, então, os meus dias e noites a uma corrosiva solicitude visando alcançar uma reputação, uma fama, em meio a essas criaturas de barro, devoradas por vermes e devoradoras de vermes, estes meninos do universo, estas crianças da imortalidade como são obrigatoriamente todos enquanto vivem na terra?". — Posição análoga é defendida pelo filósofo e escritor espanhol Unamuno, adepto de uma ardente fé católica, em *Del sentimiento trágico de la vida*. Se, por um lado, ele afirma sua crença inarredável na "imortalidade da sua consciência pessoal e concreta" (embora admitindo não ter como provar isso racionalmente), ao mesmo tempo se recusa, por outro, a "exagerar o valor desta pobre vida transitória". "Apenas os fracos", ele insiste, "se resignam à morte definitiva e substituem o desejo da imortalidade pessoal com algum outro." Daí que, em sua visão, as expectativas terrenas e "a luta para sobreviver de algum modo na memória dos outros" sejam tão somente um "simulacro da imortalidade": "Toda essa conversa de que uma pessoa sobrevive nos seus filhos, ou em suas obras, ou na consciência universal, não passa de uma vaga elucubração, capaz de satisfazer apenas aos que padecem de estupidez afetiva e que, de resto, podem ser pessoas de certa distinção cerebral". O desejo primordial dos mortais é a eternidade real: "a substância e não a sombra da imortalidade"; a sobrevivência de corpo e alma, e não os arremedos dessa pulsão vital. Para ele, a posteridade está para a vida eterna como o archote para o sol. — As críticas de Emerson e Unamuno às expectativas terrenas, é inegável, guardam um quê de verdade. Na transição do medievo cristão para o iluminismo europeu, no hiato entre o mundo de Dante e o de Francis Bacon, o pêndulo do anseio de perenidade deslocou-se da crença em outra vida após a morte para a aposta na posteridade. A fantasia de sobrevivência na memória das gerações futuras fez as vezes de sucedânea secularizada ou versão derivativa — e um tanto anêmica — da sua irmã mais velha, como quem despe um santo para vestir outro. Se a escolha nos fosse oferecida e se pudéssemos ter a garantia de que cada uma entrega de fato o que promete, é difícil imaginar que a opção da bem-aventurança eterna fosse preterida. O problema, é claro, é que essa garantia *não* existe, e isso faz com que a crítica das expectativas terrenas tenha pés de barro. Pois quando introduzimos a questão do valor de verdade e avaliamos a probabilidade de entrega das promessas de cada uma, os termos da equação se invertem. Enquanto as esperanças supraterrenas, de um lado, sob o efeito corrosivo do avanço da ciência e da razão secular, tornaram-se quimeras cada vez mais rarefeitas no horizonte e deixaram de ser uma opção crível para quem se recusa a fazer da fé subjetiva um critério de verdade, as expectativas terrenas, de outro, estão ancoradas em realidades tangíveis e abertas à aferição pública. — As expectativas terrenas, é fato, costumam enganar, como as armadilhas da fama póstuma ilustram; quem nelas se fia não raro será traído. A crivagem do tempo é implacável. O desejo de ser alguém que deixa sua marca na história e na memória coletiva pode ser — e provavelmente será — ilusório para a quase totalidade dos que sonham com isso. Mas quando ele se realiza de forma plena, revela-se uma força de rara potência. Não é irrealista supor, como assevera Machado de Assis, que "um dia, quando não houver império britânico nem república norte-americana, haverá Shakespeare; quando não se falar inglês, falar-se-á Shakespeare. Que valerão então todas as discórdias? O mesmo que as dos gregos, que nos deixaram Homero e os trágicos" (*ave rara*: palavras prenhes de entusiasmo vindas do mais cético dos escritores em qualquer língua). Uma porta, larga e celestial, se fecha; outra, mais sóbria e pedestre, se oferece: a estreita passagem entre o terror da morte como o nada absoluto, de um lado, e o autoengano do pseudoalém, de outro.

Que é feito de quem foi? Que será de quem é? As expectativas terrenas sabem o que são; as esperanças supraterrenas ignoram o que podem ser. Emerson e Unamuno trabalharam incansavelmente na produção de um legado. As gerações futuras agradecem.

179

O horror de viver em vão. — Ser descontente é ser humano. O existir ciente de si e a presciência da morte cobram respostas. A força e a abrangência do anseio de perenizar-se em obras, feitos ou legados dão o que pensar. Penso no meu caso. Mesmo na infância, as esperanças supraterrenas nunca me seduziram ou se apoderaram da minha imaginação; embora não descarte inteiramente a possibilidade de uma vida futura (mantenho aberta e arejada uma janelinha para o além), o fato é que nunca contei — e não conto — com ela. Bem outro, no entanto, foi o apelo das expectativas terrenas. Desde muito cedo na vida, certamente a partir do início da adolescência no ensino médio, a fantasia de criar alguma coisa de valor reconhecido que pudesse sobreviver para além do meu tempo de vida capturou a minha imaginação. Em contraste com as esperanças supraterrenas, que sempre me foram alheias, a análise das expectativas terrenas me coloca na inusitada situação de ser ao mesmo tempo sujeito e objeto de estudo, como um espeleólogo da psique que adentra pé ante pé suas grutas e cavernas interiores. A metáfora, creio, é pertinente: como filho de uma psicanalista, pude cedo ainda dar-me conta de como são escorregadias e sujeitas ao autoengano as nossas tentativas de trilhar as sendas do autoconhecimento e explorar o subsolo da mente a fim de nos explicarmos aos outros — e a nós mesmos. A vida em sociedade nos faz atores. Quem não tenta parecer melhor do que é, inclusive (ou especialmente) para si mesmo? — Ciente dos riscos e munido do distanciamento que só a marcha dos anos faculta, arrisco algumas incursões. É sempre coisa difícil, quando não impossível, saber ao certo como surge e se fixa em alguém a fantasia-esperança de viver de algum modo na memória da posteridade. Por que algumas pessoas, tenazes como aranhas tecendo suas teias, escolhem dedicar a vida a miragens e projetos que não raro implicam custos elevados de amor e contato humano, conforto e segurança material, além de boa dose de felicidade mundana? E como foi comigo? O macroambiente, a constelação familiar e as experiências pessoais não vêm ao caso. O fato capital é que por volta dos dezesseis anos, no entroncamento de uma tardia puberdade e sob o influxo de um curso de filosofia no ensino médio em que nos foi cobrada a leitura de *Os irmãos Karamázov* de Dostoiévski, sofri uma transformação que se revelou definitiva em minha vida: adquiri o gosto — quase o vício — do estudo e firmou-se em mim a convicção-raiz de que precisava conquistar meu valor como pessoa pelo trabalho. Mas não, é claro, qualquer tipo de trabalho; o único caminho capaz de cumprir a meta era a criação de obras que me dessem entrada e direito de cidadania no mundo do pensamento e das letras. De modo um tanto oblíquo e obscuro de início, mas sempre como um baixo contínuo a pautar meus passos e escolhas, deixaram de me interessar carreira, sucesso no mercado, competição por poder e riqueza, celebridade na mídia. Somente o estudo e o trabalho literário, tivesse ele ou não algum reconhecimento externo, se me afiguravam capazes de suportar o ônus de justificar minha existência para mim mesmo. Precisava, é claro, ganhar a vida, e por isso me fiz economista e professor. Mas o caminho estava dado. Passei a amar a leitura e a escrita como tantos devotos anônimos amaram sua Igreja. Qualquer outro tipo de trabalho me parecia uma perda ou desperdício de vida, como um violoncelo mudo na penumbra guardando em segredo universos. — O que nos leva a seguir adiante? Procuro tomar distância a fim de entender e fixar com maior nitidez o sentimento da minha própria experiência. Uma fantasia é uma espécie de devaneio com a realidade no meio. A realidade é a condição finita da vida: a morte inexorável e irrecorrível, a sombra retroativa do fim; o devaneio é o sonho desperto de se imaginar capaz de vencê-la ou driblá-la por meio das acrobacias da fé ou das criações do espírito. "A posteridade está para o filósofo como o outro mundo está para o religioso." Ao reler com os olhos de hoje o que disse Diderot, suspeito que talvez ele tenha ido mais longe do que era a sua intenção. A *posteridade* e o *outro mundo* são fantasias compensatórias irmãs: respostas ao horror de viver em vão, morrer de corpo e alma, apagar-se do mundo como se nunca tivesse existido, ossos e cinzas, sem nada além. Um consolo é bom na exata medida em que consola. Mas isso não o torna algo distinto do que é — *consolo*. A perda é real. E, no entanto, por mais absurdo, vaidoso ou contraditório que se revele, persiste algo de obstinadamente teimoso e refratário à razão no desejo de ser para além de si. O animal humano tem fome de imortalidade, mas não encontra senão arremedos. O que pode a fria razão, o analítico distanciamento, frente a um impulso imperioso, imune a qualquer argumento? O apetite não cede.

180

A estranha mania de ter fé na vida. — Desde quando viver e criar mendigam trocados de lógica ou esmolas da metafísica? Quando o simples existir cobra razões e elaboradas justificativas é porque o impulso de vida já está muito doente — sintoma de abatimento vital. É como, em sã consciência, enfraquecido, por vezes me vejo. — Quando um condenado à morte ganha mais um dia antes da execução da pena, isso equivale a toda uma vida. É como, em sã consciência, aliviado e agradecido por mais um dia, por vezes me sinto. — A vida e a criação não carecem de motivos estranhos a elas mesmas. A natureza ignora a categoria moral do *desperdício* — a sombra opressiva do que foi (ou não) à luz do que podia ter sido. A vida é uma dádiva independente de qualquer estado futuro — neste ou em outro mundo.

181

Discrepância. — Sim, cheguei a uma certa idade: os setenta anos se avizinham. Não sei o dia e a hora, mas sei que existem. Quando penso em mim, todavia, é como se duas almas que em mim coabitam vivessem em mundos distintos: a *externa*, que é como os outros, talvez, me veem, embora saiba ser eu mesmo no espelho da consciência; e a *interna*, que é como me sinto ser ao viver, conviver e agir no mundo. Enquanto a alma que olha de fora para dentro, septuagenária reversa, sabe-se finita, vulnerável e assiste ao cadaverizar do que sou, a que olha de dentro para fora sente-se imune à passagem dos anos, inviolável e detentora da graça de um eterno rejuvenescer.

Como se um jovem inquilino prestes ao despejo habitasse uma velha casa em ruínas, o tempo não afeta o meu âmago como afeta o meu corpo. O que sei sobre mim não é o que sinto sobre mim. Estarei só?

PARTE IV

O PRESENTE ABSOLUTO

182

O presente absoluto. — "Eterno é tudo aquilo que vive uma fração de segundo mas com tamanha intensidade que se petrifica e nenhuma força o resgata."

183

Nascer de novo. — A revelação da eternidade, porém não na miragem de uma vida futura, dúbio e movediço consolo, mas no reencanto do ser total: o presente eternizado. O pulso do infinito no ser finito como algo vivido, não superfície do acreditar: "completo estar-vivo no sem-fim de possíveis acoplados". A crisálida da imortalidade no zênite da vida. Reengano?

184

Afinidades e contrastes. — Como transcender à condição mortal? As quatro respostas possíveis — conjuntamente exaustivas embora não excludentes entre si — pertencem a duas classes distintas. Enquanto o desejo de prolongar a vida e a ambição de sobreviver na memória dos vivos, de um lado, são anseios terrenos que não pressupõem nada que extrapole a realidade prosaica da vida biológica e da história, as esperanças supraterrenas e as experiências extáticas do presente absoluto, de outro, remetem a um plano situado para além do mundo empírico e da vida comum: realidades — se assim podemos chamá-las — que extrapolam a existência tal como nos é dado comumente apreendê-la e que apontam para outras dimensões do ser. O presente absoluto — entendido aqui como a experiência de momentos em que o tempo parece cessar e o sentimento da existência se intensifica, plenifica e eterniza graças a estados mentais que nos facultam contato com instâncias normalmente inacessíveis do mundo em que nos cabe existir — tem um grau de parentesco com a crença religiosa numa vida futura após a morte. Nos dois casos prevalece a recusa em tomar o mundo apreensível pelos sentidos (ou fenomênico) como a totalidade do que é real. — A afinidade, porém, é apenas parcial. Ao contrário das esperanças supraterrenas, o presente absoluto não requer o amparo de um credo nem depende de doutrina formalizada, como é o caso da fé religiosa. Pois trata-se, antes, não de alguma coisa em que se crê ou deixa de crer, mas de *experiência de vida*: momentos de maior ou menor brevidade — "eternidades de segundos", no dizer de um poeta —, geralmente súbitos e imprevistos, porém dotados de superlativa autoridade e força de iluminação para aqueles que os vivenciam. A família do presente absoluto não se restringe à vertente mística — quando não raro se torna catalisadora da adesão às religiões formais —, mas incorpora um amplo leque de variantes no campo das relações amorosas; da criação e da fruição artísticas; do contato com a natureza; dos estados alterados de consciência e das experiências de quase-morte. Embora raras na vida de quem as vivencia, e ainda que restritas, ao que parece, a um conjunto relativamente reduzido de pessoas na população, as experiências de presente absoluto não são menos reais por isso.

185

Átomos e segundos. — Se um punhado de átomos abriga energia capaz de reduzir uma cidade a cinzas, por que um punhado de segundos não abrigaria a eternidade? O infinito não é menor no subatômico do que no supergaláctico. O todo e o mínimo se encontram no sem-fim.

186

A aura extática: Dostoiévski. — O universo da experiência não é menos complexo ou misterioso que o universo ao redor. O que uma pequena descarga elétrica, provocada por uma lesão pontual no cérebro, não é capaz de produzir na mente de quem a sofre? A epilepsia sempre fora vista, desde os tempos imemoriais, como uma "doença sagrada", fruto de feitiçaria ou punição divina, antes que o pai da medicina baseada em evidên-

cias, o médico grego Hipócrates, passasse a diagnosticá-
-la e tratá-la, a partir do século v a.C., como uma pato-
logia natural: "em nada mais divina que qualquer outra,
mas possuindo a mesma natureza que as demais doenças
e uma causa similar". Um dos fatos mais intrigantes da
epilepsia é o fenômeno da "aura" que precede, em certos
casos, a crise convulsiva. A *aura epiléptica* é um episódio
de curta duração — trinta segundos a dois minutos —
que se caracteriza por alterações no âmbito das percep-
ções sensoriais e por oscilações de maior ou menor intensidade no estado de ânimo, seja no sentido da euforia
(confiança, contentamento, plenitude) ou da disforia (medo, terror, ansiedade). — Vítima de convulsões epilépti-
cas recorrentes desde a infância, Dostoiévski oferece um
relato inigualável da aura pré-convulsiva no romance O
idiota. Embora a descrição se reporte nominalmente ao
protagonista da obra — o príncipe Míchkin —, os estudiosos do escritor russo são unânimes em vê-la como um
retrato autobiográfico da experiência do autor. Nos momentos imediatamente anteriores ao ataque sofrido pelo
príncipe, conta o narrador do romance, "o seu cérebro
pareceu inflamar-se por instantes e todas as suas forças
vitais retesaram-se ao mesmo tempo com um ímpeto incomum. A sensação de vida, de autoconsciência quase
decuplicou nesses instantes que tiveram a duração de um
relâmpago. A mente e o coração foram iluminados por
uma luz extraordinária; todas as inquietações, todas as
suas dúvidas, todas as aflições pareceram apaziguadas
de uma vez e redundaram em alguma paz superior, plena de uma alegria serena, harmoniosa e de esperança,
plena de saber e das causas últimas das coisas. Mas esses
momentos, esses lampejos ainda eram apenas um pressentimento daquele segundo definitivo (nunca mais que

um segundo) após o qual começava o próprio ataque". Como um relâmpago revelador do "cúmulo da harmonia e da beleza", a aura extática se traduz na "sensação inaudita e até então inesperada de plenitude, de medida, de conciliação e de fusão extasiada e suplicante com a mais suprema síntese da vida". — Até aqui o registro da aura. Mas como dar crédito a um momento tão fugaz de transcendência e harmonia consigo e com o mundo? Como afiançar a veracidade de uma experiência-limite em que, sem precisar recorrer a nenhum tipo de credo ou negar a realidade da morte; sem agarrar-se a Deus ou apelar a nada parecido com a imortalidade da alma, o tempo parecia cessar e ele sentia-se capaz de apreender uma existência na eternidade, para além do finito e da mudança? É o que indaga Dostoiévski, por meio do príncipe Míchkin: "Refletindo mais tarde sobre esse instante, já em estado sadio, ele dizia frequentemente de si para si: que todos esses raios e relâmpagos de suprema autossensação e autoconsciência e, portanto, da 'suprema existência' não passam de uma doença, de perturbação do estado normal e, sendo assim, nada têm de suprema existência, devendo, ao contrário, ser incluídos na mais baixa existência". Mas seria, então, simplesmente isso? Nada além de um surto abjeto ou alucinação febril? A dúvida, ele pondera, tinha sua razão: "E, não obstante, ainda assim ele acabou chegando a uma conclusão extremamente paradoxal: *Qual é o problema de ser isso uma doença? Qual é o problema se essa sensação é anormal?*". Pois o fato, prossegue, é que fosse como fosse, por anormal ou doentia, a experiência em si restava inarredável; e diante da força com que ela se impunha ao seu espírito, "ele não podia nem duvidar, e aliás não podia nem admitir dúvidas", uma vez que nada no mundo conseguiria abalar a certeza "de que isso era realmente 'beleza e súplica', de que isso era realmente 'a suprema síntese da vida'": "É que não foram algumas visões que naquele momento lhe apareceram em sonho, como provocadas por haxixe, por ópio ou vinho, que humilham a razão e deformam a alma, visões anormais e inexistentes. Sobre isso ele podia julgar com bom senso ao término do estado doentio. Esses instantes eram, justamente, só uma intensificação extraordinária da autoconsciência — caso fosse necessário exprimir esse estado por uma palavra —, da autoconsciência e da autossensação do imediato no mais alto grau". E, por fim, arremata: "Se naquele segundo, isto é, no mais derradeiro momento de consciência perante o ataque ele arranjasse tempo para dizer com clareza e consciência a si mesmo: *Sim, por esse instante pode-se dar a vida toda!*, então, é claro, esse momento em si valia a vida toda". — O relato ficcionalizado de *O idiota* encontra apoio no testemunho de Nikolai Strakhov, amigo e primeiro biógrafo de Dostoiévski. Em sua biografia do autor de *Memórias do subsolo*, ele registra os detalhes de uma conversa que os dois tiveram em 1863 (seis anos antes da publicação de *O idiota*). Certo dia, ele conta, ao recebê-lo numa visita ao seu apartamento em Petersburgo na véspera do feriado cristão da Páscoa, o escritor caminhava de um lado a outro da sala em estado de profunda agitação, e o que ele dizia "estava repleto de contentamento e exaltação"; até que subitamente ele estancou em meio a uma frase, como quem buscasse palavras, e logo em seguida soltou um grito estranho e agudo, perdeu a consciência e caiu no chão. "Fiódor Mikhailovich falou-me diversas vezes dos momentos de exaltação que precedem uma crise", rememora Strakhov, antes de relatar o que pudera ouvir uma vez diretamente dele. "Por breves momentos", disse-lhe o romancista, "eu sinto uma felicidade impensável em estado normal, algo impossível de ser imaginado por quem jamais viveu e passou por isso. Nesses instantes, estou em perfeita harmonia comigo e com todo o universo; a sensação é tão poderosa e tão deliciosa que por poucos segundos de uma felicidade assim alguém entregaria dez anos de vida ou, talvez, até mesmo a sua vida inteira." — O tema da vida humana como valor supremo perpassa *O idiota* como uma linha mestra e se manifesta, entre outras coisas, no horror de Míchkin à violência judicial e à "profanação da alma" implícitas na morte programada de um preso (culpado ou inocente) condenado à pena capital. Ao mesmo tempo, entretanto, o romance se empenha em mostrar como alguém que se revela incapaz de zelar por algo valioso externo a si mesmo, a ponto de aceitar abrir mão de sua vida por isso, não passa de um ser covarde e encontra-se moralmente atrofiado. Em que circunstâncias — em nome do quê — justificar-se-ia o sacrifício voluntário da vida? O leque de opções é amplo, ainda que qualquer resposta dada em abstrato e ao abrigo do hipotético implique um grau de suspeição. Há quem o faça pelos filhos ou como prova de amor; há quem o faça pela honra ou glória póstumas; há quem o faça em nome da pátria, da liberdade ou da fé. Dostoiévski introduz o presente absoluto: "Eu daria toda a minha vida por este único momento".

187

Segundos siderais. — "O ato sexual é no tempo o que o tigre é no espaço." O tempo uniforme e domesticado dos relógios e folhinhas não faz jus à experiência humana do tempo: o tempo medido não mede o tempo vivido. Exemplo contundente disso transparece num episódio da vida de Maomé, o profeta fundador do islamismo e unificador dos povos árabes no século VII d.C. Pastor e comerciante natural de Meca, capital da Arábia (atual Arábia Saudita), nada nas suas primeiras quatro décadas de vida prosaica faria prever o seu futuro. Subitamente, porém, sua existência pacata transfigurou-se. Ao se retirar por alguns dias, como costumava fazer, a fim de meditar e orar nas cavernas do monte Hira, nas cercanias de Meca, Maomé recebeu uma iluminação transformadora: a palavra divina se lhe revelou por intermédio de versos recitados pelo anjo Gabriel. Escolhido por Deus como o último profeta na linhagem judaico-cristã de Adão, Noé, Abraão, Moisés e Jesus, Maomé foi tocado por uma inusitada ambição de liderança, não menos política do que religiosa, e dedicou o resto de sua vida à missão profética. — Mas o transe inaugural de 610 nas cavernas de Hira foi somente o ponto de inflexão a partir do qual o profeta passou a receber novas revelações e mensagens divinas. Uma visita em sonho do anjo Gabriel ao quarto de Maomé em Meca, por volta de 621, deu ensejo à legenda da Jornada Noturna no calendário islâmico: o *Isra'* (árabe: "caminhar ou viajar à noite") e o *Mi'raj* (árabe: "ascensão"). Eis o ocorrido: ao entrar nos aposentos do profeta adormecido, o anjo inadvertidamente esbarra com uma das asas num jarro cheio de água; Maomé viaja então nas asas de Buraq (um animal alado) à mesquita de Jerusalém, depois sobe aos céus, onde conferencia com os anjos, profetas e Alá, e por fim sobrevoa o Geena infernal — e tudo isso a tempo de conseguir voltar aos seus aposentos em Meca e impedir que o jarro entornasse. O que não comporta um átimo de segundo? A Jornada Noturna deixou um legado duradouro na vida dos fiéis. Pois foi graças a ela que o profeta obteve o endosso de Alá à proposta de reduzir — de cinquenta para cinco — o número de orações diárias obrigatórias requeridas dos devotos: uma apreciável redução de custos na economia da salvação do islamismo. Tempo salvo.

188

Segundos abissais. — O tempo viaja a velocidades distintas segundo o nosso estado de ânimo: os bons momentos voam; as horas cinza se arrastam e parecem não ter fim. Em retrospecto, no entanto, o quadro se inverte. As fases da vida ricas em experiências novas e vibrantes se alongam na memória, ao passo que os intervalos insípidos e vazios tendem a encolher e se apagar da lembrança. A experiência da plasticidade do tempo subjetivo é por demais conhecida, quase um lugar-comum, mas nem por isso menos real ou verdadeira. No rol das discrepâncias entre o tempo dos relógios, de um lado, e o tempo da consciência, de outro, uma das mais intrigantes é a dilatação da dimensão temporal em situações-limite envolvendo acidentes graves, pânico ou risco iminente de vida (real ou imaginado). — O minucioso relato em primeira pessoa do neurofisiologista australiano John Eccles no livro *O eu e seu cérebro*, escrito em coautoria com o filósofo da ciência Karl Popper, ilustra a realidade do fenômeno: "A minha própria experiência disso ocorreu uma só vez de forma intensa. Foi por ocasião de uma emergência aguda, quando pensei que seria morto num cruzamento na Suíça. Nós fazíamos uma conversão à esquerda a fim de entrar na estrada principal e nada surgia à nossa vista; o sol baixo, contudo, ofuscava a visão e muitas árvores cobriam a estrada. Descendo aquela estrada escura vinha um caminhão grená precipitando-se a 130 quilômetros por hora. Minha esposa e eu não o vimos até que ele irrompeu da escuridão e fez-se visível. Como era já demasiado tarde para parar, tudo que podíamos fazer era tentar acelerar a fim de escapar, mas apenas lentamente, uma vez que o carro acabara de arrancar! Enquanto via o caminhão se aproximar cada vez mais, o tempo parecia durar para sempre. Eu podia vê-lo e pensar que agora já passei por ele, não vai nos atingir diretamente, podemos livrar a frente do carro. Mas ele chegava cada vez mais próximo e então pensei que atingiria somente a parte traseira, seríamos arremessados longe, possivelmente esmagados. Milagrosamente, por fim, dei-me conta de que a traseira do carro não fora atingida e que o caminhão seguira, porém tudo em câmera lenta. Foi a experiência mais inacreditável de que o tempo quase havia parado nessa emergência, e minha mulher também a teve. E então seguimos viagem, sem ousar olhar para trás. O motorista pareceu não ter nos visto, e nem sequer tentou frear. Fizemos tudo por nós mesmos. Ali estava a mente autoconsciente executando numa emergência a notável ação de dirigir e acelerar de modo a chegar do outro lado". — O pânico é o medo extremo em momento muito agudo. Aos olhos de um observador externo, o episódio narrado por Eccles transcorreu num só instante, quase um piscar de olhos; outra, no entanto, foi a experiência do neurocientista. Pois do ponto de vista da sua percepção interna do tempo, o desenrolar do evento expandiu-se dramaticamente, e os poucos segundos do seu quase acidente se fizeram presentes no campo da consciência como num filme em câmera lenta, em que a mente se torna apta a discernir e apreender inúmeros quadros sucessivos, um por vez, num lapso de tempo em que normalmente registraria um único instantâneo. O foco agudamente concentrado da atenção expandiu o campo da consciência e alargou a percepção de um brevíssimo momento, assim como um microscópio torna visíveis miudezas que de outro modo escapariam ao olho nu e faculta a percepção delas. Nos relatos de experiência de quase-morte* é recorrente o desenrolar de uma intensa e abrangente recapitulação em átimos de segundo das imagens de toda uma trajetória de vida. Segundos guardam mundos.

189

Licença poética. — "*Stop*. A vida parou, ou foi o automóvel?"

190

O jugo do tempo. — Li não sei onde, teimou na memória: "O tempo é uma coisa antinatural que não deseja mais que acabar". Mas como conceber tal coisa? Um acabar do tempo que não é somente o fim dos tempos, desenlace do processo histórico, tampouco o fim do tempo humano, o tempo de que somos reféns e herdeiros. Mas o fim do tempo ele mesmo, apartado de qualquer vestígio de cons-

* Como será detalhado nas seções 216 e 217 abaixo.

ciência no universo. Do tempo para além do sol, das órbitas e das galáxias mais distantes — o tempo em si.

191

O presente absoluto animal. — Os animais se protegem e defendem da morte como podem, isso é fato. Mas terão eles alguma noção de que, como tudo que nasce, estão fadados a morrer? O poeta argentino Jorge Luis Borges acredita que não. E vai além: como vivem no presente sensível-imediato, e como não se lembram de um tempo em que não existiam nem anteveem um tempo em que deixarão de existir, isso lhes garante uma condição de imortalidade: "todas as demais criaturas, exceto os seres humanos, são imortais, pois ignoram a morte". Que os animais não humanos careçam de uma percepção consciente aguçada de passado e futuro e que, por esse motivo, vivam alheios à consciência antecipada da morte são teses plausíveis. Mas que dizer do passo seguinte? Faz sentido partir dessas premissas e concluir que graças a isso eles são — ao contrário de nós, humanos — *imortais?* — Penso que não. Embora o raciocínio borgiano tenha sua lógica e não seja desprovido de apelo, ele pressupõe um ponto de vista limitado e essencialmente subjetivista da imortalidade. A questão é: faz sentido falar em imortalidade (ou no seu contrário) na ausência da consciência antecipada da morte? A resposta depende do que se entende por imortalidade. Ser imortal é ser eterno. Mas a eternidade tem duas acepções muito distintas. Por um lado, o eterno é o *atemporal*, ou seja, o que está fora do tempo. Mas, por outro, o eterno é *o que dura para sempre* — o que não tem fim. Tome o primeiro caminho e a conclusão borgiana soará verossímil: na medida em que a vida deles transcorre sob a égide de um foco absoluto no presente sensível-imediato, como se existissem fora do tempo, alheios a qualquer noção de passado e futuro, os animais não humanos podem ser vistos como entes atemporais. Privados da consciência do tempo, como Adão e Eva antes da expulsão do paraíso no mito judaico-cristão, a morte não existe *para eles*; e, nesse sentido específico, eles são a seu modo imortais; pois assim como a consciência da nudez faz surgir a vergonha, de igual modo a consciência antecipada da morte é que inauguraria a condição mortal. O modo atemporal de ser característico da vida animal não humana firma-se, assim, como o esteio de uma certa imortalidade, calcada na inocência do devir. — Ocorre, entretanto, que a condição mortal, ao contrário da vergonha, não se reduz a um estado de consciência. Pois além da sua dimensão subjetiva, fruto da percepção ampliada do tempo, ela tem uma realidade objetiva que independe de qualquer estado de consciência, e isso mesmo que porventura deixemos de acreditar nela. Daí que a conclusão borgiana não se sustente. Pois o fato é que, quando se trata da imortalidade, a acepção relevante não é a da atemporalidade — a inocência do devir alheia a passado e futuro —, mas a da duração eterna, isto é, da vida que se pereniza no tempo infindo. Conferir aos animais uma condição imortal significa atribuir à morte uma realidade puramente subjetiva, o que (infelizmente, talvez) não é o caso. O *anseio* de imortalidade, é certo, pressupõe a presciência da morte — esta, sim, prerrogativa humana, por tudo que sabemos. O passo em falso de Borges é o que vem a seguir. *Ignorar-se mortal não torna imortal.*

Ascetas e hedonistas. — Como viver? Qual o lugar dos prazeres proporcionados pelos sentidos que nos ligam ao mundo — os prazeres do corpo filtrados e coloridos pela imaginação — na melhor vida? O hedonismo e o ascetismo definem duas formas de vida no campo da ética pessoal e ocupam posições antípodas no eixo do mundo sensível. Enquanto o hedonista, de um lado, prioriza a busca e a fruição dos prazeres que a vida oferece, embalado na crença de que *o bem é bom*, o asceta, de outro, adota uma postura oposta. Ele rechaça e busca neutralizar o apelo — a seu ver ilusório — dos prazeres com que a vida nos acena, tendo em vista um ideal de salvação ou elevação espiritual: *vencer o jugo do bom é o bem.* — Como se expressa o anseio de perenidade em cada uma dessas formas de vida? A prática do ascetismo reflete, em suas diversas vertentes, uma clara e acentuada orientação de futuro. A negação das pulsões terrenas obedece a dois propósitos definidos. Ela visa a conquista e a preservação da paz e da tranquilidade de espírito em meio aos sofrimentos, ilusões e percalços da vida mortal ("do prazer advém o pesar, do prazer advém o medo; aquele que se livra do prazer não sente pesar nem dor", como se lê no Dhammapada, o livro dos saberes budistas) e, ao mesmo tempo, ela é o treino e a preparação da alma para uma existência venturosa no após-a-
-morte: a bem-aventurança eterna nos credos monoteístas, como cristianismo e islamismo, ou a superação virtuosa do ciclo de reencarnações a que estão condenados os mortais comuns nas tradições religiosas orientais como hinduísmo, budismo e jainismo. A tranquilidade da alma que se erige imune às pulsões terrenas e a con-

secução das esperanças supraterrenas são as recompensas da vida pautada pela renúncia ascética. — A família hedônica não é menos diversa que a asceta. A ela pertencem não só o refinado epicurista e o agente maximizador dos manuais de economia (mestre na arbitragem entre prazeres presentes e prospectivos) como o internauta narcotizado das redes sociais e o junkie baladeiro afeito a sexo, drogas e rock 'n' roll. Em todos os casos, porém, prevalece uma clara e acentuada preferência pelo presente, ou seja, pelo desfrute do que a vida oferece, não importa o que venha (ou não) depois dela. O hedonista ama o prazer. Se a outra vida dos religiosos é incerta (para dizer o mínimo) e se a posteridade dos heróis culturais é um arremedo duvidoso, em nome do que renunciar ao que o mundo tem de bom e aprazível? O aqui e agora é o centro de gravidade da ética hedonista. Uma variante, pode-se dizer, do presente absoluto, mas com uma diferença crucial. Trata-se da sua versão desidratada, terra a terra, subtraída de altas esperanças; um presente absoluto, pode-se dizer, dos prazeres curtos e que mal lança alvos para além de cada dia. Sem toque de transcendência ou timbre da eternidade.

193

O epitáfio de Sardanápalo. — O rei Sardanápalo foi um dos últimos soberanos do Império Mesopotâmico da Assíria, o mais poderoso do seu tempo, no século VII a.C. Entre os moralistas clássicos do mundo greco-romano, o seu nome tornou-se sinônimo de voluptuosidade e luxúria. Aristóteles, por exemplo, na introdução da *Ética a Nicômaco*, ao criticar a noção de que a plenitude e a felicidade humanas consistem no desfrute dos prazeres mundanos ("uma vida adequada a bestas"), nomeia e singulariza o imperador assírio como o epítome do hedonismo crasso. Sardanápalo, no entanto, não se eximiu de defender a sua visão da melhor vida. E o fez não só enquanto circulava entre os vivos. Na lápide do seu túmulo em Nínive (capital da Assíria) ordenou que fossem gravados os dizeres: "Fui um rei, e enquanto pude ver a luz do sol não me privei de comer, de beber e de render homenagem às delícias do amor, consciente de que a vida dos homens é deveras curta e sujeita a mudanças e infortúnios, e que outros irão colher o benefício das posses que deixar depois de mim. Eis a razão por que jamais permiti que um dia sequer se passasse sem viver a meu modo". Mudam-se os tempos, mudam-se os horizontes. Seria exagero dizer que a filosofia de vida do imperador assírio, tida como vulgar e desprezível aos olhos dos moralistas clássicos e autoridades religiosas de todos os naipes, estaria perfeitamente em casa no século XXI?

194

A falência da posteridade: uma conjectura. — As expressões do anseio de perenidade não são incompatíveis entre si; a adesão a uma não exclui a possibilidade de investir nas demais. Uma pessoa pode, por exemplo, desdobrar-se em cuidados visando prolongar a vida (quiçá indefinidamente) e, ao mesmo tempo, cultivar a crença sincera em alguma forma de vida futura após a morte. Em diferentes épocas e culturas, no entanto, não é difícil constatar o predomínio de uma ou outra manifestação particular do anseio de perenidade em detrimento das alternativas.

Com o advento do mundo moderno — e redobrada força após a Revolução Científica do século XVII e o iluminismo europeu —,* a tônica dominante do sonho de imortalidade migrou das esperanças supraterrenas — como nas civilizações pré-modernas e no medievo cristão — rumo às expectativas terrenas: a ambição de perpetuar-se na memória das gerações futuras. A *virada terrena* fez do curso da história o palco privilegiado da salvação e conferiu à fé no aquém redimido o protagonismo sonegado ao além celestial (ou reencarnação). — Suponha, no entanto, que as expectativas terrenas e o apelo da posteridade *secular* sofram no tempo um processo de desgaste e progressivo esgarçamento análogo ao ocorrido com as esperanças supraterrenas e o apelo da posteridade religiosa. Suponha que, assim como o solo da fé na finalidade humana do universo foi progressivamente minado pela secularização da cultura, algo semelhante aconteça com a crença na finalidade humana da *história*; e que, assim como a força da promessa-garantia de uma outra vida após a morte foi solapada pelo avanço da ciência e da razão secular, de igual modo os alicerces da ambição de ser um bom ancestral e deixar um legado que beneficie as gerações futuras sejam abalados e comprometidos em suas bases pela percepção (verdadeira ou falsa) de que a humanidade meteu-se num beco sem saída terminal, ou seja, pela noção de que a história perdeu definitivamente o rumo, se é que o teve algum dia, e de que o futuro tornou-se o túnel do horror e nada pode nos oferecer exceto o espetáculo de uma espiral descendente de catástrofes, fanatismos e estupor digital, o desastre em câmera lenta do Antropoceno, como um filme de Lars von Trier. E supo-

* Como procurei mostrar nas seções 46 da Parte II e 132 e 162 da Parte III.

nha, ainda, que como resultado disso, frente à pletora dos desastres de engenharia social, conflitos armados e descontrole ambiental (ocorridos e anunciados) servidos pela mídia em tempo real, passe a prevalecer a convicção de que o tempo de fazer alguma coisa passou e de que nada nos resta a fazer em vida que seja minimamente capaz de prevenir ou adiar o pior. O que decorreria dessa contingência? Quais as consequências prováveis de um triunfo do desespero na imaginação coletiva e da falência da força gravitacional da posteridade *secular*, na esteira da religiosa? — Um cenário hipotético não se confunde com um prognóstico. Seria claramente prematuro dar à conjectura da falência da posteridade um caráter ou pretensão preditivos, ainda que por vezes o espectro da sua concretização pareça se desenhar com perturbadora nitidez no horizonte. Supondo, todavia, essa hipótese, não seria irrealista imaginar que ela produziria uma profunda reconfiguração no campo de forças do anseio de perenidade. Se o mundo por vir é um deserto lunar e uma causa perdida, por que investir em legado ou descendentes? Ao virtual colapso das esperanças supraterrenas e das expectativas terrenas, ambas ancoradas na ideia de uma posteridade relevante, corresponderia um ciclo de investimento ascendente tendo como alvo, de um lado, a extensão radical da vida (como no transumanismo californiano, por exemplo*) e, paralelamente, o aumento da procura por experiências extáticas de presente absoluto, com ênfase nos estados alterados de consciência obtidos por meio do recurso ao arsenal médico-farmacológico disponível. Outras consequências prováveis seriam: a queda acentuada na taxa

---

* Vide seção 54 da Parte I.

de fecundidade causada pelo declínio do ânimo de procriar; e o recrudescimento de uma versão degradada do
presente absoluto — uma espécie de "presente absoluto
da vacuidade" — marcada por um hedonismo narcísico
de voltagem variável, mascarado pela interconectividade
rasante das redes sociais e por um sobreviver insípido
em condição indolor de narcose digital. Se viver sem traço de memória ou noção de futuro nos condenaria a en-
carar cada instante isolado como se nunca tivéssemos
chegado a nascer ou existir, a vida desprovida de qualquer horizonte ou anseio prospectivo de realização pessoal ou coletiva não fica atrás.

195

Variações do niilismo. — "Zeus deposto, o torvelinho é
rei", resume um epigrama do dramaturgo grego Aristófanes, contemporâneo de Sócrates, no século v a.C. Des-
feitas as últimas esperanças metafísicas e perdido qualquer senso de profundidade ou de propósito ulterior da
vida, *o que resta?* Da mais anódina — "viver, divertir-se
e exibir-se em rede a caminho dos 100 mil seguidores" —
à mais teatral e angustiada — "perdi a ilusão extrema de
eterno me acreditar", como lamentou o poeta italiano
Leopardi antes de suicidar-se —, as respostas e reações
concebíveis são muitas. Lugar de honra no elenco da de-
sórbita niilista está reservado ao culto aguerrido dos
prazeres sensíveis e ao afã de frenesi a qualquer preço
como alvos primordiais da vida. O hedonismo egocên-
trico de um marquês de Sade, levado às raias da loucura,
figura aqui como um caso-limite e pode ser visto, talvez,
como uma espécie de remate lógico da perda do senti-

mento de empatia e da falência da posteridade — terrena e supraterrena — na imaginação humana. — Preso na Bastilha por quase uma década no período que antecede a Revolução Francesa, Sade transformou a sua frustração existencial e rebeldia metafísica no hedonismo brutal e delirante dos aristocratas libertinos que povoam os seus romances: seres desprovidos de qualquer vínculo humano e que adotam como única regra de conduta a preferência por tudo que excita e conduz ao gozo, sem a menor consideração por todo o mal que sua primazia pode trazer aos demais; "seres de uma profunda e reconhecida criminalidade", como os retrata o duque de Blangis em *Os 120 dias de Sodoma*, "que não têm deus além da sua lubricidade, leis além de sua depravação [...] e aos olhos de quem a vida de todas as mulheres à face da terra é tão insignificante como o esmagar de uma mosca". Mais que o prazer da crueldade — e não é à toa que do seu nome deriva o termo "sadismo" —, o hedonismo sem peias que percorre como um leitmotiv toda a obra de Sade representa a redução ao absurdo de uma forma de vida marcada pelo sentimento de absoluta solidão decorrente de uma cosmovisão órfã de qualquer consolo ou conforto metafísicos. "*Os 120 dias de Sodoma*", observa um analista do livro, "nos dizem que o universo está em lento e contínuo declínio, que tortura e destrói a totalidade dos seres a quem deu vida." A desumanização sem limites e friamente calculada da fantasia sádica assinala o termo lógico do inconformismo e da rebeldia em face da dissolução niilista e do seu corolário: o horror à vida. — Acreditava o marquês de Sade na filosofia de vida que seus heróis personificam? A saga do sumiço do manuscrito daquela que seja talvez sua obra-prima revela que não. Escrito de forma meticulosamente clandestina em dois rolos de papel de seda enquanto ele estava preso, *Os 120 dias de Sodoma* foram furtados — e dados por perdidos — após o saque que se seguiu à queda da Bastilha, em 14 de julho de 1789. Inconformado com a perda, Sade, agora em liberdade, queixou-se em carta a um amigo: "A Bastilha foi atacada e tomada e meus manuscritos, seiscentos livros que possuía, mobiliário no valor de duas mil libras, quadros preciosos, tudo foi lacerado, queimado, levado, pilhado: uma limpeza geral, nem uma palha deixaram. [...] Meus manuscritos, por cuja perda derramo lágrimas de sangue! Podem encontrar-se outras camas, mesas, cômodas, mas não se encontram outra vez as ideias perdidas. Não, meu amigo, não, não serei nunca capaz de expressar-lhe o meu desespero por sua perda, para mim irreparável". No devido tempo, é claro, os dois rolos dos *120 dias* foram localizados e resgatados por um livreiro alemão, em 1900, e assim o livro chegou até nós. Mas a reação de Sade ao infortúnio é sintomática. Por que tamanho desconsolo? Se a obra tivesse sido escrita, como conviria a um niilista *pur sang*, com o único e exclusivo propósito de ocupá-lo e distraí-lo enquanto amargava o cárcere, por que ele se desesperaria e verteria "lágrimas de sangue" ao dar-se conta (erroneamente) de que o manuscrito se perdera para sempre? Obviamente, a perda afetava outras pessoas, possíveis leitores, além dele — o futuro não lhe era indiferente, não obstante o bravatear de implacável e cruel descaso por-tudo-e-por-todos dos seus personagens. O ódio, ao contrário da indiferença, é a contraface do amor. E o marquês, olhos postos na posteridade, talvez não odiasse tanto a vida senão porque a amava muito. Singular tableau: o autoproclamado corsário do prazer aos prantos pelo extravio do seu tenro bebê literário. Difícil não recordar aqui da observação certeira de Kierkegaard: "Se a filosofia, entre outros descaminhos, viesse a manter a noção de que talvez pudesse ocorrer a um homem agir de acordo com os seus ensinamentos, poder-se-ia tirar daí uma peculiar comédia".

196

O beijo imortal de Fausto. — Ao lado do amor à vida, o desejo sexual figura como a mais ativa, imperiosa e intensa pulsão da condição mortal: a natureza é senhora. O que não promete a paixão erótica quando o sangue arde nas veias? Tiranizada por eros, a fantasia é joguete à mercê da felicidade prometida: vertigem de olhos onde os tigres bebem sonhos. Da crônica policial à canção popular e do folhetim eletrônico à alta literatura, o apetite do público de todas as idades, culturas e condições sociais pelas manifestações extremas — não raro insanas e criminosas — desse impulso dão testemunho da sua força e apelo, mesmo para quem nunca foi sequestrado por ele. "Nem a um deus é facultado amar e manter-se sábio." — O dramaturgo inglês Christopher Marlowe, contemporâneo e rival de Shakespeare, deu ao mito medieval de Fausto — o médico erudito que vendeu a alma ao demônio em troca de bens e poderes mundanos — sua feição moderna. No quinto e último ato de *Doutor Fausto*, o herói da tragédia invoca o poder de Mefistófeles (um mensageiro de Lúcifer, o diabo cristão, com quem firmara o pacto de entregar a alma em troca do privilégio de ter todos os desejos atendidos) a fim de satisfazer ao insistente clamor dos amigos, também eles "doutores", que desejavam mirar e admirar por si mesmos a lendária Helena da *Ilíada*, a mulher cuja inigualável beleza despertara a paixão de Páris e, raptada por ele, deflagrou a Guerra de Troia. Mas quando Helena foi ressuscitada por Mefistófeles e ressurgiu em carne e osso para o assombro de todos, o inevitável acontece: Fausto fica louco por ela e se descobre embruxado pelo rosto que ao mar lançou mil fragatas [*the face that launch'd a thousand ships*]. Tomado por cego arrebatamento, ele roga: "*Doce Helena, torna-me imortal com um beijo*". Porém, quando o beijo acontece, os lábios da amada não entregam a eternidade, mas sugam-lhe a alma. "Devolva minha alma!", ele implora, mas o enlace sela seu destino. Ao buscar o paraíso nos braços de Helena, o clímax da beleza e promessa de plenitude mortal, Fausto inadvertidamente consuma sua rendição ao demônio e vê-se enfim condenado ao inferno e à danação eterna. "Deleites violentos têm fins violentos; morrem no meio do seu triunfo, como o fogo e a pólvora que se consomem logo que se beijam", como alertará o frei Lourenço no *Romeu e Julieta* de Shakespeare. Fausto, é claro, nunca pensou em filhos com sua amada, mas a natureza pensou por ele, quer dizer, *através dele*. A miragem de presente absoluto de um só beijo custou-lhe a alma. E o gosto amargo: é fuligem, o prazer?

197

O ardil da natureza. — Indivíduo perecível, espécie perene. Quando mãos se entrelaçam, lábios se tocam e pupilas se mesclam, há um novo ser espreitando nascer. O que nos sobrevive é o amor.

A luz inaugural. — Como terá sido, para cada pessoa, vir ao mundo — "ver com o pasmo essencial que tem uma criança ao nascer"? É revelador que a expressão "dar à luz" abarque duas acepções distintas. Se por um lado ela significa, para quem presencia o nascimento, o aflorar à luz do dia de um novo ser; por outro ela denota, para quem nasce, o abrir-se à luz: o primeiro contato com a experiência visual de um universo de formas, cores e movimentos — a visão inaugural da luz. Quando a mãe dá o filho à luz, ao filho é dada a percepção da luz. — Pode uma pessoa cega de nascença, ao obter a visão, reconhecer sem instrução adicional as formas e propriedades visuais das coisas? As evidências acumuladas em casos de cura da cegueira congênita, graças ao avanço das técnicas cirúrgicas, mostram que não. Um exemplo bem documentado, entre outros, é o de um menino de oito anos, cego de nascença, submetido a uma operação de catarata. Quando os órgãos cicatrizaram e a bandagem pôde ser removida, os médicos acenaram com as mãos diante dos seus olhos — agora fisicamente perfeitos — e perguntaram a ele o que via. "Não sei", disse timidamente o menino. "Estão se mexendo, não vê?", insistiram; mas outra vez ele respondeu: "Não sei". Os olhos não seguiam o movimento das mãos, e tudo que ele divisava eram variações de um brilho difuso na sua frente. Mas quando o deixaram tocar a mão que acenava, ele exultou e disse: "Sim, está se mexendo". Podia senti-la mover-se e até mesmo "ouvi-la mexendo", mas precisava ainda de um longo aprendizado para *vê-la* mexer-se. Em outros casos, envolvendo pacientes cegos que conseguiram obter a visão na meia-idade, as dificuldades de aprendizado e adaptação pós-operatórios se arrastaram por anos a fio, gerando crises de desorientação e, em episódios extremos, levando-os à conclusão de que teriam preferido permanecer cegos no mundo que lhes era familiar — o mundo do tato, audição e olfato — a ter que viver em estado de perplexidade e insegurança no mundo novo, por vezes indecifrável, que agora podiam divisar. — A luz em si, como o tempo, tem uma propriedade singular: ela não é passível de ser vista. Embora somente sua presença torne visível o que se pode ver, tudo que vemos são os *efeitos* da luz que incide sobre as coisas, nunca ela mesma (daí, incidentalmente, a espessa escuridão dos espaços siderais). A luz externa, sem dúvida, é indispensável à visão — de outro modo seria fácil enxergar na escuridão. Mas os relatos do processo de construção de uma experiência visual estruturada feitos por cegos que passam a ver deixam clara a existência de uma via de mão dupla em nossos encontros com a luz. A boa luminosidade e um aparelho óptico íntegro não bastam para garantir uma experiência visual satisfatória. A percepção visual a que desde cedo estamos familiarizados não é algo inteiramente passivo. Ela é fruto de um trabalho de integração da luz da natureza, de origem externa, com a luz da mente, interna ao sujeito; um enlace que se firma, calibra e aprimora gradualmente no processo de formação do cérebro infantil, desde o exato momento em que os nossos olhos primeiro se abrem à luz com o pasmo inaugural dos recém-iluminados. O selo do real não é menos interno que externo. Dos inumeráveis prismas que o viver comporta, quantos nem sequer presumimos?

Capricho evolutivo. — Os sentidos que nos ligam ao mundo, como espiões do cérebro, são altamente seletivos naquilo que captam e transmitem ao nosso sistema nervoso: os cães ouvem apitos e as abelhas detectam nuances de luz (como os raios ultravioleta) que escapam inteiramente da grade sensorial humana. A distinção familiar entre calor e luz — assim como entre massa e energia, segundo a fórmula de Einstein — não reflete uma realidade objetiva, mas é fruto da constituição dos nossos sentidos. O cérebro e o aparelho perceptivo que nos guiam e orientam na jornada da vida resultam de um longo, sinuoso e incremental processo evolutivo em que o critério de sucesso não é epistêmico — a produção de conhecimento verdadeiro sobre o mundo e sobre nós mesmos —, mas biológico: a sobrevivência e a produção de uma prole viável. Daí que os resultados da pesquisa científica, a começar da física, se afastem radicalmente da nossa experiência sensorial espontânea e do senso comum, ao mesmo tempo que nos ensinam a olhar de fora e a nos distanciarmos de nós mesmos. O calor não está no fogo; o doce não está na fruta; o vermelho não está no sangue: a ilusão é fruto do modo como necessidades biológicas determinaram a evolução dos sentidos que herdamos dos nossos ancestrais no mundo natural. Se em vez da espécie primata em que calhamos vir ao mundo tivéssemos nascido enguias, besouros ou morcegos, a realidade das coisas nos pareceria bem outra. O que tomamos de bom grado como *o real* é tão somente o que o capricho de um longo processo evolutivo fez de nós. E o que vale para a nossa condição epistêmica natural não deixa de valer também, embora em outro patamar, para a mais avançada ciência munida de telescópios, centrífugas e aceleradores nucleares. Essa, ao menos, é a conclusão madura de Einstein: "Uma coisa aprendi durante a minha longa vida: toda a nossa ciência, quando aferida em face da realidade, é primitiva e infantil — e, não obstante, é a coisa mais preciosa que possuímos".

200

As portas da percepção. — "Se as portas da percepção se desvelassem", especulou o poeta romântico e gravurista inglês William Blake, "cada coisa apareceria ao homem como é: infinita. Pois o homem se enclausurou a tal ponto que apenas consegue enxergar através das estreitas frestas de sua gruta." O mundo é infinitamente complexo e a mente humana se nos afigura como o maior mistério do universo, ao menos para nós mesmos. O verso de Blake, é verdade, alude a uma iluminação *mística* nos moldes do conhecido mito platônico da caverna: a clausura autoimposta que nos condena a tomar as sombras e refrações do mundo como se fossem o próprio mundo, ou seja, a realidade infinita fora da gruta. — Suponha, entretanto, que o desvelar das portas da percepção se dê de outro modo, em registro *naturalista*: não pela via platônica, mas por meio de uma mutação que reduza drasticamente a brutal seletividade natural dos nossos sentidos. O que resultaria de uma súbita expansão do escopo acompanhada por um aumento expressivo de sensibilidade do nosso aparelho perceptivo? O efeito, é plausível supor, seria tudo menos a revelação sonhada por Blake. O cerne do argumento está em lembrar que existe uma adequação profunda e finamente ajustada, fruto do processo evolutivo, entre a constituição do nosso aparelho perceptivo, de um lado, e a capacidade do cérebro de processar, coordenar e utilizar as impressões sensoriais recebidas, de outro. A ruptura desse ajuste, causada por um radical aumento do fluxo sensório, produziria um curto-circuito cerebral: uma inassimilável sobrecarga de informações seguida de um estado de confusão e perplexidade — uma espécie de loucura psicótica — do qual apenas lentamente conseguiríamos, talvez, nos recuperar. Imagine o que significaria, por exemplo, ter de ouvir as ondas senoidais que cruzam em (misericordioso) silêncio os ares mas que nossos aparelhos celulares são capazes de captar e traduzir em sons audíveis; ou, ainda, se a nossa sensibilidade tátil dos efeitos gravitacionais da matéria (como quando um grão de areia cai sobre a pele) fosse alçada ao mesmo grau de acuidade e fineza sensitiva (10^{30} vezes maior!) com que os olhos detectam a energia eletromagnética da luz (o que, de resto, reduziria a equação $E = mc^2$ a uma platitude). Os sentidos que nos conectam ao mundo também nos protegem dele. Se as paredes da gruta desabassem, a profusão de informações que os órgãos sensíveis despejariam no cérebro seria intratável e a sobrecarga de estímulos teria como resultado o caos mental. — Interpretada em registro naturalista, portanto, a conjectura não se sustenta. Porém, seria injusto parar aí. Pois o sentido da intuição blakiana pode ser resgatado e racionalmente justificado, desde que ao seu enunciado seja acrescido um adendo: se as portas da percepção se desvelassem e se, *ao mesmo tempo*, as capacidades do cérebro se expandissem pari passu, de modo a dar conta da tarefa de lidar com o torrencial aumento de influxo sensório, então tudo se nos revelaria tal como é: *infinito*. Nossa experiência do mundo sensível não permaneceria mais restrita à esfera dos fenômenos de média escala aos quais os nossos sentidos estão afeitos (como as coisas sólidas e tangíveis da vida comum, medidas em quilos, litros e metros), mas passaria a incorporar *todo* o espectro da realidade objetiva laboriosamente desvelada pela ciência moderna, do infinitesimal subatômico à vastidão supergaláctica. Um universo em que, rigorosamente, *tudo está ligado a tudo* e *nada é igual a nada*; um universo no qual o infinito está encoberto pela penúria dos nossos sentidos. O que isso representaria na vida prática não ouso imaginar; uma coisa, porém, é certa: o presente absoluto dispensaria o testemunho de profetas, xamãs, místicos e visionários para se tornar a certeza sensível dos mortais comuns.

201

Misteriousança. — Por que existe algo e não apenas o nada? E o nada, *sendo nada*, existe?* "Não *como* o mundo é, é o místico, é ele *ser*", na fórmula do primeiro Wittgenstein. O mistério do ser total como sinônimo pudico do absoluto.

202

Portas devassadas. — A ideia de alterar estados de consciência por meio da manipulação da química cerebral pode soar recente, mas a ambição e a prática vêm de lon-

* Vide seção 14 da Parte I.

ge. A farmacopeia psiquiátrica do animal humano remonta ao passado imemorial. A mais antiga língua escrita de que há registro — o sumério praticado no sul da Mesopotâmia no terceiro milênio a.C. — continha um ideograma específico para denotar a papoula da qual se extrai o ópio como "a planta da alegria". Do *soma* hindu ao *teonanácatl* asteca; do *yãkoana* ianomâmi ao *ayahuasca* dos ritos ameríndios milenares; do *kykeon* dos Mistérios de Elêusis na antiguidade greco-romana ao *iboga* dos ritos Bwiti na África equatorial, não existe cultura na face da terra que tenha deixado de recorrer ao uso de substâncias visando alterar os conteúdos da mente. Não importa a latitude, etnia ou época histórica: cada tribo guarda o seu segredo. — O extenso clã das substâncias psicoativas pode ser dividido em cinco grandes classes ou famílias: os *narcóticos*, que aliviam dores e promovem euforia (como ópio, morfina e heroína); os *hipnóticos*, indutores de sono e estupor (barbitúricos, hidrato de cloral e benzodiazepínicos); os *estimulantes*, que excitam e elevam a energia física e mental (cocaína, anfetamina, tabaco e cafeína); os *inebriantes*, indutores de euforia e redutores da inibição (álcool, éter e clorofórmio); e os *alucinógenos*, que provocam alterações sensoriais e suscitam experiências mentais inusuais (LSD, psilocibina e mescalina). — O que buscam os usuários dessas substâncias? A procura por drogas psicoativas não se restringe a uma só fonte, mas responde a um amplo rol de motivações, nem sempre excludentes entre si: terapêutica, recreativa, exploratória, ritual, escapista ou (quando ligada ao vício da dependência) compulsiva. No espaço interno da vida mental, não menos que na sondagem do espaço geográfico ou sideral, a humanidade *testa limites*. De todas as combinações possíveis entre, de um lado, as grandes famílias de psicoativos e, de outro, as diferentes motivações de uso, existe um par em particular dotado de especial relevo e interesse do ponto de vista do presente absoluto: o encontro entre a demanda de natureza exploratória — o desejo de sondar as fronteiras da mente e transcender à nossa condição epistêmica ordinária — e as promessas e possibilidades abertas pelo uso de drogas alucinógenas ou *psicodélicas*, como passaram a ser conhecidas, desde meados dos anos 1950, pela junção dos termos gregos *psyche* ("mente, alma, sopro vital") e *delos* ("claro, manifesto, evidente"). — Basta menos de um miligrama, a milésima parte do grama. O que uma simples pitada de moléculas encontradas naturalmente em certas espécies de cogumelos (psilocibina) e cactos (mescalina), ou derivadas de um fungo do centeio (LSD), não é capaz de provocar no modus operandi dos sentidos e da consciência de quem as ingere? A neurofisiologia presta-se à observação e mensuração acurada, graças ao avanço das técnicas de visualização do funcionamento do cérebro em tempo real; mas isso pouco ou nada nos diz acerca da experiência interna e do que vai pela mente do sujeito. Os efeitos da droga, é certo, variam de pessoa a pessoa e dependem não só do temperamento, formação, idade e expectativas de cada uma, mas do ambiente em que ela é consumida. Da mais iluminada à mais tenebrosa jornada, e da epifania mística ao (raro) surto psicótico, os relatos dos psiconautas se ramificam numa teia labiríntica de roteiros, trilhas e impressões de viagem. Em todos os casos, porém, a experiência de contato com territórios insuspeitos e usualmente vedados do mundo mental revela-se uma ocorrência de singular contundência, quando não transformadora e inesquecível. Exemplo disso, entre outros, são os resultados obtidos em programas de cuidados paliativos com pacientes terminais de câncer que vêm sendo conduzidos, sob supervisão médica, em três hospitais universitários americanos desde 2010. Após uma única sessão sob o efeito de psilocibina (o LSD foi descartado devido aos estereótipos herdados da "exuberância irracional" dos anos 1960, o que poderia expor o experimento a críticas hostis), cerca de 80% dos pacientes tiveram reduções clinicamente significativas em medidas padronizadas de ansiedade e depressão, gerando um efeito que se manteve por ao menos seis meses após a sessão e que superou as terapias psiquiátricas alternativas. — O que teria levado a esse resultado? A interioridade de uma jornada psicodélica é única para cada pessoa, mas com base nos relatos dos que se voluntariaram a participar dos testes é possível identificar algumas convergências. O padrão básico reflete uma redução da angústia existencial da morte graças a uma diminuição do apego ao ego. Nas palavras de um dos pesquisadores, "os indivíduos transcendem a sua identificação primária com seu corpo e experienciam estados libertos do eu [*ego-free states*]", reemergindo das sessões com uma nova visão da vida e uma profunda aceitação da própria finitude. "Muitos dos pacientes de câncer que entrevistei", diz outro pesquisador, "descreveram a experiência de dar à luz ou de nascer de novo; muitos descreveram também um encontro com o seu câncer (ou com seu medo dele) cujo efeito foi reduzir o poder que ele tinha sobre eles." Sob o impacto de uma experiência vigorosa de libertação da tirania do eu no âmbito da própria subjetividade e da transcendência do ser pessoal, "muitos relataram ter perdido completamente o medo da morte". Os relatos dos participantes — colhidos tanto ao longo das sessões ("é de fato tão simples... quem saberia que um homem pode dar à luz... ó Deus, tudo agora faz sentido, tão simples e belo") como em entrevistas depois do seu término — registram algo do teor e da tônica das vivências: "Eu fiz um tour pelos meus pulmões... respirava profundamente a fim de facilitar a visualização... adentrei meus pulmões e vi duas manchas, nada de mais... eu me sentia sendo avisado, sem palavras, de que não devia me preocupar com o câncer, algo irrisório no esquema das coisas, nada além de uma imperfeição da nossa humanidade, e que a questão mais importante, o verdadeiro trabalho à nossa frente... de novo, o amor. [...] A partir daí, o amor foi a única consideração... ele era, ele é, o único propósito. O amor parecia emanar de um único ponto de luz... e vibrava... eu podia sentir o meu corpo físico tentando vibrar em uníssono com o universo... mas, era frustrante, sentia-me como alguém que não sabe dançar... mas o universo aceitava isso. A pura alegria... a bênção... o nirvana... era indescritível. Sabia que nenhum prazer terreno jamais chega perto desse sentimento". — Os depoimentos dados por adultos *saudáveis* que participaram de testes análogos com a psilocibina (sempre respeitando o método duplo-cego) vão, em geral, pela mesma linha: "E então apareceu esta luz, era a pura luz do amor e do divino, e ela estava comigo, e nenhuma palavra era necessária. Eu estava em presença do puro amor divino absoluto e me dissolvia nele, nessa explosão de energia". Ou, ainda, nas palavras de um psicoterapeuta americano de meia-idade, especializado em transtornos de pânico e ansiedade: "Sentia que mistérios iam sendo desvendados e, apesar disso, tudo parecia familiar, como se estivesse sendo lembrado de coisas que já sabia. Tinha a impressão de estar sendo iniciado em dimensões da existência que a maior parte das pessoas nunca chega a saber que existem, um nítido senso, inclusive, de que a morte é uma coisa ilusória, uma porta através da qual entramos em outro plano da existência, de que brotamos de uma eternidade à qual retornaremos". — Delírio tóxico ou revelação? Consciência expandida ou aviltada? Da *sinceridade* dos testemunhos, penso eu, seria injusto e equivocado duvidar; os relatos em primeira pessoa guardam, na maior parte, claras semelhanças e não visam convencer ou converter ninguém, mas somente transmitir alguma coisa vivida, como quem conta um sonho noturno ou uma viagem exótica a terceiros. Que dizer, porém, da *veracidade*? A autenticidade do que se diz, é certo, não fixa o valor de verdade — a validade cognitiva — do que foi dito. E seria ingênuo, para dizer o mínimo, tomá-los de forma acrítica. É difícil imaginar que testemunhos como os reproduzidos acima possam ser aceitos, especialmente por aqueles que nunca viveram nada remotamente parecido, como "revelações" ou como a expressão de realidades objetivas, passíveis de sustentação empírica e racional, embora vedadas à consciência em seu estado normal. Nada disso, entretanto, anula a força da experiência ou a torna menos real: os efeitos produzidos são, em inúmeros casos, duradouros e trazem transformações palpáveis de personalidade, visão de mundo e vida prática. Não raro, a experiência tem sido descrita não meses, mas anos depois, como a mais impactante e memorável de uma vida. E se as américas e oceanias ignoradas do nosso mundo mental guardam segredos sobre o mundo familiar ao redor — o mundo em que nos coube nascer, existir e inquirir? Os estados de consciência catalisados por substâncias alucinógenas são reais. O simples fato

de que existem, ouso crer, lança uma dúvida legítima sobre as pretensões da ciência e do senso comum como ár-
bitros únicos, irrecorríveis e irredutíveis do real.

203

Fino afino. — Basta um tico: algumas gotas de sangue a
mais no cérebro, e pronto: tudo acabado. A teia da vida
se rompe ao menor ensejo. Ou por outra: alguns alcaloi-
des lisérgicos a mais no cérebro, e pronto: tudo transfi-
gurado. A explicação luz-rompe das nuvens e das mais
vagas circunstâncias, como no amor. A irrupção *de* sentidos pela desobstrução *dos* sentidos. Luz e assombro.
Como nascer de novo. Microcausas, macroefeitos. Obra
de fino ajuste.

204

Silly trip. — Buscava o sublime, tropeçou no cômico — o
ponto exato onde o bizarro e o banal se cruzam na estrada batida. Madrugada afora no bar com amigos, cabeça
bem mexida, caminhou resoluto até o lavabo. Enquanto
mijava de pé no mictório, um simples letreiro foi o esto-
pim da súbita revelação. Nos dizeres da placa diante dele,
a senha do nexo primordial — a compreensão definitiva
da natureza mítica das coisas. Mas todos os outros, simples mortais, liam apenas: APÓS O USO, DÊ DESCARGA.

O momento adâmico de Huxley. — Durante mais de 5 mil anos, o peiote e outros cactos contendo a substância mescalina foram usados por povos nativos do México e do sul dos Estados Unidos como droga sacramental e medicinal, antes de serem violentamente proibidos e reprimidos pela Igreja Católica após a conquista espanhola. A molécula da mescalina foi isolada e identificada por um químico alemão em 1897 e passou a ser sintetizada e produzida em laboratório a partir do início do século xx, sendo a princípio utilizada como droga terapêutica no estudo e no tratamento de psicoses e esquizofrenia (no fim da Segunda Guerra Mundial, a marinha norte-americana realizou uma pesquisa para testar o potencial da mescalina como "agente revelador da verdade" na condução de interrogatórios). — No começo dos anos 1950, o renomado escritor inglês Aldous Huxley, cujo romance *Admirável mundo novo* fora publicado em 1932, leu um artigo científico do psiquiatra Humphry Osmond (criador do termo "psicodélico") que descrevia os efeitos da mescalina na consciência e escreveu ao autor manifestando interesse em iniciar uma colaboração e experimentar a droga sob sua supervisão. O médico hesitou, dado que não lhe aprazia, como disse a um amigo, "a possibilidade, mesmo remota, de vir a ter um pequeno mas desonroso nicho na história da literatura como o homem que enlouqueceu Aldous Huxley", mas acabou cedendo. Em 3 de maio de 1953, a esperada ocasião se fez: quando Osmond foi à Califórnia para o Congresso da Associação Americana de Psiquiatria, os dois se reuniram na casa de Huxley e assim nasceu a jornada exploratória que ensejaria, no ano seguinte,

As portas da percepção — "sem dúvida a mais extraordinária e significativa experiência deste lado da Visão Beatífica", como farolou o autor em carta ao editor do livro poucos dias após a viagem. — Como pôr em palavras o êxtase de um rapto metafísico? Sob o efeito de algumas moléculas de mescalina dissolvidas no cérebro, Huxley viu — ou imaginou ter visto por instantes — *a luz inaugural do ser.* "Tomei a pílula às onze da manhã." De início, nada além de um leve atordoamento da visão; "uma hora e meia depois", entretanto, "estava sentado no meu escritório mirando intensamente um pequeno vaso de vidro" quando o inusitado aconteceu: as flores no vaso se lhe afiguraram como "o milagre, momento a momento, da existência nua", algo semelhante "ao que Adão teria visto na manhã da sua criação [...] flores cintilantes de sua própria luz interna, como que estremecendo frente à pressão com que eram investidas de significado". Os objetos do cotidiano luziam uma energia pulsante e pareciam dotados de "uma transiência que era entrementes a vida eterna, um perpétuo perecer que era ao mesmo tempo puro Ser, como aglomerados únicos e minúsculos de particularidades, mas nos quais se podia ver, por um inexprimível mas autoevidente paradoxo, a fonte divina de toda a existência". No estado em que se descobria, "palavras como 'graça' e 'transfiguração' vinham à mente". Ele não possuía mais um "eu", somente um "não-eu", ao passo que a sensação de duração dera lugar a um presente eterno. Como os grandes artistas visionários e expoentes das tradições místicas, o recurso à mescalina deu a Huxley a sensação de acesso a um mundo oculto sob a fina película da vida ordinária; uma dimensão do real vedada à consciência prosaica das coisas, forjada na faina do processo evolutivo, e por isso confinada ao mar costeiro do útil e do aprazível. — Condições extremas podem desvelar segredos. Há quem sustente que os psicodélicos estão para a investigação da mente assim como o telescópio para a astronomia ou o microscópio para a biologia. A analogia, contudo, é equivocada. *Primeiro*, porque os efeitos dos alucinógenos são idiossincráticos ao extremo, inclusive para uma mesma pessoa em momentos e ambientes distintos, ao passo que cada indivíduo reage de forma única, em boa medida condicionado por suas expectativas e formação. Como observou um dos primeiros resenhistas de *As portas*, o livro contém "99% de Aldous Huxley e meio grama de mescalina". Mais que tomar parte apenas, o olhar determina o que vê. E *segundo* porque, assim como no caso dos sonhos noturnos ou da fruição da música, é impossível aferir empiricamente o que vai pela mente do psiconauta; o acesso aos correlatos neurais da jornada nada nos diz sobre a vivência introspectiva do sujeito e a relação que isso possa ter com a realidade do mundo externo a ele. Ao refletir sobre sua experiência, Huxley concluiu que a mescalina não lhe facultara nada semelhante a uma iluminação divina ou visão beatífica, mas um "estado de graça gratuita" (em oposição à "graça santificante" de uma comunicação direta com o ser divino). Mas ele não para aí. "O outro mundo ao qual a mescalina me deu admissão", alega, "não era o mundo das visões; ele existia lá fora, naquilo que podia ver com meus olhos abertos. A grande mudança se dava no âmbito do fato objetivo; o que ocorria com o meu universo subjetivo era relativamente sem importância." "*Existia lá fora*", ele afirma — mas como estar certo? A alegação extrapola os limites do que se pode legitimamente saber. Desvelar das essências ou desvario tóxico? Nossas certezas subjetivas, por mais inapeláveis, não fazem as vezes de critério de verdade. Onde o cientista vê anomalia neural, o místico descortina a revelação divina; onde o cético detecta pensamento desejoso, o metafísico vislumbra o infinito nas dobras do finito — quem, se algum, o juiz da contenda? O visto espelha quem vê.

206

O inexprimível. — Quem alcançaria pôr em palavras o aroma de jasmim? Como traduzir em vocábulos a "Sonata ao luar"? Qual o sintagma da dor de uma perda ou da volúpia de olhos onde afloram ventanias? Com que sons e grunhidos tirar de uma cavidade faríngea as brumas da memória e as agonias do desejo? Como dar voz a um brusco silêncio numa página em branco? "Nossas vivências mais próprias", escreveu Nietzsche, "não são nada tagarelas." Comunicar-se não podem, mesmo se quisessem, pois faltam-lhes a gramática e a palavra. — E que dizer então do êxtase místico, artístico ou amoroso? Da beleza luminosa do incompreensível? Como a vista sem ponto e o não-ser aos olhos do ser, o presente absoluto esbarra nas grades e nos limites da linguagem. O inefável é sua marca registrada.

207

Sono e êxtase: al-Ghazali. — Somos herdeiros e reféns do tempo: animais cuja principal morada não está no mundo sensível — o presente tangível e imediato dos sentidos —, mas no passado ou no futuro, abstrações. Somos criaturas da imaginação, como seres que respondem à "influência de coisas invisíveis e seres ocultos" e "sentem continuamente a necessidade daquilo que não existe", no dizer de Paul Valéry. Existem, no entanto, intervalos dessa condição. Um deles é o *sono*: o anular periódico da consciência e do jugo do tempo — "dormir é ser igual, no homem, ao despertar do animal" —, como que pelas graças de um bálsamo do qual reemergimos renovados após breves férias de nós mesmos. Outra possibilidade, menos comum, é o presente absoluto do *êxtase* (grego *ekstasis*: "fora de si"). Mas como entender o êxtase? "Estar 'fora de si'", explica o escritor tcheco Milan Kundera, "não significa que se está fora do momento presente à maneira de um sonhador que se evade em direção ao passado ou em direção ao futuro. Exatamente o contrário: o êxtase é a identificação absoluta com o instante presente, o esquecimento total de passado e futuro. Se apagamos o futuro assim como o passado, o momento presente está no espaço vazio, fora da vida e de sua cronologia, fora do tempo, independente dele. É por isso que se pode compará-lo à eternidade, que é, ela também, a negação do tempo." No amor, na arte e no transe místico, a experiência do êxtase responde, ainda que por um fugidio momento, ao anseio de perenidade do animal humano. — O parentesco entre o sono e o êxtase aparece nas reflexões do imã e polímata islâmico do século XI, al-Ghazali, sobre as práticas da tradição mística muçulmana sufista. Ao debruçar-se como um estudioso sobre "a ciência dos sufis", ele deu-se conta da distância entre o que podia aprender por meio de livros e conversas e aquilo que nenhum estudo ou palavra alcança, mas somente a experiência viva do "transporte, êxtase e transformação da alma". "Quão enorme", ilustra o imã, "é a diferença entre conhecer as definições de saúde e saciedade, suas causas e condições, e estar realmente saudável e saciado; quão distinto é saber no que consiste o estado de embriaguez, como algo produzido por um vapor do estômago, e estar efetivamente bêbado." Eis a razão por que, como ele afirma, "quem não possui experiência alguma de transporte nada sabe da natureza do êxtase profético exceto o nome"; acreditar no contrário seria como supor que bastaria conhecer o aparelho digestivo para ter uma boa digestão. Mas como vencer — ou ao menos atenuar — a incredulidade dos que nunca viveram o transporte do êxtase? "Entretanto Deus", ele explica, "trouxe a experiência mística para próximo dos homens ao dar-lhes um estado semelhante a ela em suas principais características. Esse estado é o sono. Se você fosse dizer a alguém desprovido da experiência do sono que existem pessoas que desmaiam por horas, parecendo estar mortas, e que em sonhos percebem ainda coisas ocultas, ele negaria isso e daria suas razões. E, não obstante, seus argumentos seriam refutados pela experiência real." No sono como no êxtase sufista, tempo e espaço parecem nulificar-se. Quem poderia acreditar em algo assim sem tê-lo vivido? Tente explicar o sono a alguém que nunca dormiu. Se "o cristianismo é o platonismo para o povo", como sugeriu Nietzsche, não seria exagero dizer que, para al-Ghazali, o sono e o sonho são o sufismo ao alcance das massas.

208

O êxtase místico: Teresa d'Ávila. — O impulso é abrangente, universal talvez: suportamos mal a individualidade finita em que nos cumpre existir no mundo. A superação das barreiras entre o indivíduo e o absoluto — o sentimento de profunda união com o fluxo da vida e a totalidade do ser — é a meta suprema do arrebatamento místico. O êxtase místico é um estado de consciência que prescinde da mediação do intelecto e dos sentidos; ele dá a quem o vivencia (ou por ele é tomado) a sensação imediata e intuitiva de uma fusão com o absoluto aliada à aguda percepção interna desse estado. Refratária à expressão linguística e dotada de um caráter estritamente pessoal, a iluminação mística é parte inextricável da história das grandes religiões mundiais — budismo, cristianismo, hinduísmo, islamismo e judaísmo —, embora não raro mantendo uma relação tensa e conflituosa com os guardiões da ortodoxia nos diferentes credos. A fronteira é tênue. O místico sacramentado das religiões oficiais quase sempre andou a um passo apenas da imputação de heresia, possessão ou insanidade enquanto esteve entre os vivos. — Na tradição cristã ocidental, a maré alta do misticismo coincidiu com o final da Idade Média, quando o domínio da escolástica tomista deu lugar a uma ênfase renovada na experiência direta e imediata da fé por meio da união da alma com Deus. Enquanto a escolástica — formal e discursiva — acreditava que o intelecto humano, ao conciliar a razão e a fé, abria passagem ao divino, o movimento místico abandona a mediação do intelecto e o projeto de harmonizar a fé com os ditames da razão. A ênfase recai agora no abandono dos laços terrenos, inclusive os familiares, e na adoção de uma disciplina ascética com forte inclinação emotiva como único e verdadeiro caminho da graça. Ao contrário dos escolásticos, para os quais a visão beatífica teria de esperar até a vida futura após a morte, os místicos medievais esposam a crença de que o *summum bonum* da plena comunhão com o ser divino pode ser saboreado, ainda que por breves instantes, *nesta vida*. — Figura de proa na virada mística do baixo medievo cristão foi Teresa d'Ávila, a visionária monja fundadora, em 1562, da Ordem das Carmelitas Descalças (uma dissidência da congregação oficial que, segundo ela, estaria corrompida por falsos valores e pelo apego às coisas mundanas, como roupas finas, consumo de carne e laços de família). Iluminada por uma visão inaugural ocorrida em 1555, Teresa se declara no *Livro da vida*, sua autobiografia, portadora de uma verdade vedada aos devotos comuns. "Que soberania tem uma alma que o Senhor faz chegar até aqui, pois vê tudo sem estar enredada! Como está longe do tempo em que esteve enredada! Como está espantada de sua cegueira! Como está penalizada daqueles que estão nela, especialmente se for gente de oração a quem Deus já presenteia! Quereria gritar para mostrar como estão enganados." Do alto do seu enlevo, ela compara a experiência mística ao *desfrutar em vida* da glória celeste: "A comunicação instantânea de Deus à alma é um tão grande segredo e tão sublime benefício, e tal é a delícia que a alma sente, que eu não sei com o que compará-la, além de dizer que aprouve ao Senhor, naquele momento, manifestar à alma a glória que há no Céu. [...] Mas, como disse na oração de união anterior, essa transformação da alma totalmente em Deus dura pouco. Mas isso que dura nenhuma potência se sente nem sabe o que se passa ali. Não deve ser possível entender enquanto vivemos na terra. Ao menos não o quer Deus, pois não devemos ser capazes disso. Isso eu vi por mim mesma". — Se o êxtase de Teresa d'Ávila foi seu "porto de luz" — "o encontro do Reino dos Céus e da Vida Eterna na terra" —, ele também a remeteu outra vez ao lodaçal da intriga. Quando os arroubos da monja, anotados por escrito, tornaram-se (inadvertidamente) públicos, ela não só foi ridicularizada por autoridades do clero como por pouco não se viu enredada nas malhas da Inquisição. E mais: a dúvida passou a assombrar sua alma. Como saber se aquelas visões provinham da infinita bondade de Deus ou das astúcias do demônio? Em resposta, ela formulou um elaborado método de autenticação da sacralidade dos seus raptos extáticos, com ênfase na sua conformidade com as Escrituras e nos frutos visíveis da experiência, ou seja, os seus resultados duradouros demonstrados pela realização de obras e por uma revigorada energia e disposição espiritual. No rol desses frutos, o desapego à vida: "Fiquei também com pouco medo da morte, de quem eu sempre tive muito medo; agora me parece uma coisa facílima para quem serve a Deus, porque num momento a alma se vê livre desse cárcere e em descanso". Solidão monástica, pés descalços — morrer em vida para se alçar à eternidade. O presente absoluto do êxtase místico como o gozo antecipado e a garantia das mais altas esperanças supraterrenas.

209

O êxtase místico: Simone Weil. — Quem é quem é? Aos cinco anos de idade, em 1914, ela abriu mão da sua cota de açúcar e chocolate, racionados durante a Grande Guerra, a fim de enviá-los aos soldados no front; aos dez anos juntou-se aos trabalhadores em passeata em frente ao prédio onde morava e declarou-se "*bolcheviste*". Jovem ainda, decidiu que evitaria os namoros e as ligações amorosas para se dedicar integralmente à missão de melhorar as condições de vida dos desvalidos. Nascida e criada no seio de uma família burguesa judia, trabalhou por um ano como operária numa fábrica de carros; pacifista convicta, alistou-se e serviu como voluntária na Guerra Civil Espanhola. Se para os colegas de faculdade ela era "o imperativo categórico de saia", para Albert Camus ela foi "o único grande espírito do nosso tempo"; se T.S. Eliot a viu como "o maior santo do século xx", para o general De Gaulle, chefe da Resistência francesa no exílio, tratava-se de uma "insana" desprovida de senso de realidade (o seu plano de retornar clandestina à França ocupada, como espiã, foi sumariamente recusado). — "A atenção", escreveu Simone Weil, "é a mais rara e a mais pura forma de generosidade." Em sua curta porém intensa vida, marcada pela tragédia do fanatismo que varreu a Alemanha e devastou o mundo, ela jamais transigiu no seu pacto de solidariedade política e social com os humilhados e ofendidos. Em abril de 1938, no entanto, uma experiência mística mudou para sempre a sua vida e visão de mundo. O local da epifania foi a abadia beneditina de Solesmes, no noroeste da França. Weil estava de licença médica do trabalho, com fortes dores de cabeça e uma suspeita de tumor no cérebro. No feriado de Páscoa, ela visitou a abadia com a mãe para assistir a um concerto de cantos gregorianos feito pelo coral da igreja. Em carta de 15 de maio de 1942 ao seu amigo e confidente padre Perrin, ela conta o que vivenciou naquela manhã: "Estava com enxaqueca forte e cada nota parecia ferir-me como um golpe; um esforço extremo para me manter atenta permitiu-me transcender este corpo miserável, deixá-lo sofrendo por si mesmo apinhado em seu canto, e sentir a mais pura e perfeita alegria na inimaginável beleza dos cantos e de suas palavras. Essa experiência me permitiu, por analogia, compreender melhor a possibilidade de amar o amor divino em meio à aflição. É evidente que no decurso desses ofícios o pensamento da Paixão de Cristo entrou de uma vez por todas no meu ser". Ao batismo inaugural nas águas do êxtase místico seguiram-se outras experiências semelhantes, por vezes em meio à prática da oração matinal: "Em certos momentos, as primeiras palavras [do pai-nosso, rezado em grego] arrancam meus pensamentos do meu corpo e os transportam para um lugar fora do espaço, onde não há nem perspectiva nem ponto de vista. O infinito das vastas extensões da percepção comum é substituído por um infinito elevado ao segundo e, por vezes, terceiro grau. E, ao mesmo tempo, preenchendo cada parte desse infinito multiplicado, há um silêncio, um silêncio que não é ausência de som, mas sim objeto de uma sensação positiva, mais positiva do que a do som. Os ruídos, se houver, só chegam a mim depois de atravessar esse silêncio". A força e a vivacidade da experiência, ela refletiu, não davam margem a dúvidas ou ceticismo. Para além dos limites da razão e do saber científico que ela tanto prezava e cultivava, uma outra verdade, até então ignorada, se deixava entrever em meio às desgraças do mundo, como se do âmago da dor e do desespero brotasse a luz de uma outra dimensão do real à sua espera. Moldura cristã à parte, Platão sorriria.

210

Enantiodromia. — O amor ascende. No *Banquete* de Platão, a sacerdotisa Diotima apresenta as três formas de imortalidade ao alcance dos mortais: a biológica, obtida por meio da reprodução sexual; a espiritual, fruto da criação de uma obra ou legado; e a mística, alcançada pela experiência extática da visão da Forma das Formas: o belo e o bem em si.* Na escada platônica do *amor ascendens*, o terceiro e último degrau no caminho da imortalidade coroa o movimento do mundo mutável-sensível ao mundo eterno-inteligível e seria um privilégio restrito aos que atingem o mais alto grau de ascese espiritual; uma forma de experiência mística que talvez nem mesmo Sócrates, como ela adianta, logre compreender ou alcançar. — O pesar ascende. Um poema da tradição hebraica retrata o movimento ascensional da alma na escada do infortúnio e da dor: "Quando estamos nos degraus mais baixos da escada do pesar, nós choramos. Quando chegamos à metade dela, nós emudecemos. Mas quando alcançamos o topo da escada do pesar, nós convertemos a tristeza em canto". A súbita e surpreendente mutação de um estado psíquico extremo no seu oposto — designada pelo termo da psicologia junguiana *enantiodromia* (grego *enantios*: "oposto, contrário" + *dromos*: "pista, ponte, transição") — abre passagem ao êxtase místico do presente absoluto. É o que antecipa o poeta: "*I will go down to the sepulcher to see if morning breaks!*".**

211

O êxtase romântico e seu avesso. — O que torna uma vida mais real? Nenhuma existência é uniforme no tempo.

---

* Como detalhado nas seções 112 (Teoria das Formas) e 141 (escada de Eros).
** "Descerei ao sepulcro para ver se rompe a manhã!"

Há fases ou passagens da vida em que nos sentimos mais reais para nós mesmos; momentos em que a duração e o tempo se aprofundam e o sentimento da existência se plenifica intensamente. No ideal da tradição religiosa hinduísta, o auge da plenitude se dá pela autodisciplina conducente ao absoluto ausentar-se de si: a supressão da consciência e da vontade individuais visando a perfeita união do ser com o cosmos eterno e infinito. Ao transcender todos os seus desejos e memórias; ao libertar-se de toda esperança e temor, o indivíduo supera o ciclo do sofrimento e do perpétuo nascer, morrer e renascer a que se vê condenado para realizar *em vida* a sua essência imortal. "Quando todos os nós do coração são desatados", professa a Katha Upanisad, "então o mortal se torna imortal; este é o ensinamento. Quando todos os desejos que se prendem ao coração são destruídos, então o mortal se torna imortal e alcança o Bramã [a absorção no espírito divino e absoluto] nesta vida." — Radicalmente outra, no eixo do ideal de plenitude, é a concepção do romantismo europeu do século xix. O recolhimento apaziguado dá lugar à entrega apaixonada; o desate dos nós do coração e o ausentar-se de si dão lugar à busca da intensificação do sentimento da existência por meio de uma sempre renovada abertura a estados de exaltação e de arrebatamento. *Sturm und Drang*: tempestade e ímpeto. Viver é agir, sonhar e amar sem medo. Nascido no bojo da "dupla revolução" (francesa e industrial) setecentista, em oposição à orientação racionalista, analítica e utilitarista da *Aufklärung*, o movimento romântico trouxe o *culto da experiência* — entendido aqui como a superlativa valorização das sensações, vivências e emoções que por seu brilho e contundência dão realidade a uma vida — para o centro das aspirações humanas. "Não é o fruto da experiência, mas a própria experiência, que constitui o objetivo", como sintetizou o crítico literário inglês Walter Parter em 1873, num ensaio que Oscar Wilde dizia ser "meu livro de ouro": "Recebemos apenas certo número de pulsações de uma vida variada e dramática. Como poderemos ver nelas tudo o que existe para ser visto pelos sentidos mais apurados? Como poderemos passar mais rapidamente de um ponto a outro, e estar sempre presentes no foco onde o maior número de forças vitais se unem em sua energia mais pura? Arder sempre com essa chama firme e preciosa, manter esse êxtase, isso se chama sucesso na vida. O fracasso é formar hábitos". — O culto da experiência da práxis romântica instaura a ambição de viver como quem almeja "todos os dias ser o maior dos homens"; o desejo de encontrar poesia e mistério no que a rotina e o cotidiano reduzem a banal e insignificante; o desafio de tornar nossa vida digna da contemplação da nossa hora mais crítica e elevada, mesmo nos menores detalhes. "Sonhos! sempre sonhos! e quanto mais ambiciosa e fina é a alma, tanto mais os sonhos a afastam do possível", como dirá Baudelaire. "Cada homem traz em si sua dose de ópio natural, constantemente segregada e renovada. E, do nascimento à morte, quantas horas podemos contar preenchidas pelo verdadeiro prazer, pela ação feliz e resoluta?" — No plano da criação artística, a tônica dominante do movimento romântico foi a rejeição do regramento e da normatividade clássicos, que reduziam o artista à condição de um artífice ou mestre de um ofício, como Haydn ou Rafael, em nome da valorização da expressividade do criador, ou seja, a obra de arte como veículo de uma subjetividade única e de uma sensibilidade ímpar, não raro dilacerada, febril e incompreendida, como Schumann ou Caspar David Friedrich. Se a obra clássica vale por seus atributos e pelo que é em si mesma, como aproximação de um ideal de beleza partilhado, sem importar os motivos ou propósitos pessoais do artista, a obra romântica se projeta como uma extensão da imaginação do seu criador, como expressão da *sua* atitude perante a vida e por ele *ser quem é*. Com a entrada em cena do romantismo, redefine-se o vocabulário estético e o que se passa a entender por termos como "gênio", "paixão", "imaginação" e "criatividade"; ganham destaque as figuras dos heróis rebeldes, exóticos e marginais; surgem as novelas de vampiro e ficção científica (entre as quais o *Frankenstein* é emblemática); e cresce o apetite do público por tudo que é novo e sensacional. — O que há de *vida* na vida? Como vencer a condição mortal? "Somente o buscar aguerrido é infinito", responde Beethoven na trilha do *Fausto* de Goethe. A sensibilidade romântica confere ao anseio de perenidade um novo significado e uma nova feição. "Quanto mais poético, tanto mais verdadeiro" — *isso é viver*. A realidade de uma vida está na proporção direta da frequência e intensidade dos "sentimentos inebriantes" e instantes sublimes que a pontuam. O arrebatamento amoroso e o êxtase da criação e da fruição estéticas se afiguram como o *loci* privilegiado da aspiração de eternidade — é o presente absoluto possível numa época em que as crenças religiosas se veem privadas de solo frente à marcha da secularização da cultura. E como a insuficiência do mundo e a realidade da vida nunca serão capazes de saciar os desejos e comportar-se à altura dos sonhos e arroubos da imaginação romântica, exceto por raros e fugazes instantes, o resultado da "fé na embriaguez" termina sendo, em grande parte dos casos, uma vida atormentada, marcada pela presença de sentimentos como nostalgia de experiências que não voltam; frustração ("tenho a sensação de que estaria sempre bem lá onde não estou"); rancor diante de um mundo frio, calculista e hostil ("o pagamento à vista como o único vínculo entre os homens"); e desconsolo — uma combinação de afetos negativos e um tanto mórbidos que os franceses passaram a retratar como *ennui* ("fastio, fadiga, desolação") e *spleen* ("melancolia, desgosto") e que os alemães batizaram de *Weltschmerz* ("as dores e o cansaço do mundo"). Termos de pedigree romântico que denotam justamente o avesso do êxtase cultivado pelo romantismo.

212

Ideal romântico. — O que dá valor? Uma vida terá sido tanto mais bela e digna de ser vivida quanto mais intensas, variadas e frequentes as emoções, comoções e êxtases vivenciados.

213

Arte e eternidade. — O vislumbre da mortalidade dá senso de urgência ao desejo de criar. O jovem Nietzsche viu a morte de perto. Como auxiliar de enfermagem na Guerra Franco-Prussiana, ele não só presenciou o desespero e a agonia dos soldados feridos em batalha como caiu gravemente enfermo. Mas assim que retornou à vida civil e conseguiu recuperar a saúde, ele se pôs a trabalhar febrilmente no que seria o seu primeiro — e posteriormente renegado — livro: *O nascimento da tragédia no espírito da música*, publicado em 1872, quando tinha 27 anos. A obra revelava ao público um autor destemido, erudito e ambicioso ao extremo, mas teve péssima acolhida nos meios acadêmicos alemães, incluindo seus antigos mentores, e decretou o fim da sua breve carreira universitária (apenas dois alunos se matricularam no seu curso de filologia na Universidade de Basileia após a publicação do livro). — Houve, porém, exceções. Ao comentar a obra recém-publicada numa carta de agradecimento ao jovem autor que lhe enviara um exemplar meses antes, o compositor e pianista húngaro Franz Liszt contou do seu entusiasmo e escreveu: "Erguendo-se e flamejando nele [*O nascimento da tragédia*] está um espírito poderoso que me tocou profundamente". Disse ainda que nunca tinha visto uma definição mais verídica da ambição da arte — "o cumprimento e o coroamento da existência tendendo à permanência" — e completou citando uma passagem do livro que lhe causara especial admiração: "Um povo — ou, para todos os efeitos, um ser humano — só tem valor na medida em que é capaz de imprimir o selo da eternidade em suas experiências; pois ao fazer isso, ele perde, por assim dizer, sua mundanidade, e revela sua convicção interior e inconsciente de que o tempo é relativo e que o verdadeiro sentido da vida é metafísico". — Se a carta de Liszt chegou a ser respondida, não há registro. Autor maduro, entretanto, Nietzsche reavaliou com tintas fortes o seu livro de estreia e não se furtou a criticar de forma severa o que passou a diagnosticar (justificadamente) como seu romantismo juvenil, gestado sob efeito da música alemã em voga: "Repito: considero-o um livro impossível hoje em dia [1886]. Declaro que é mal escrito, desajeitado, embaraçoso, excessivamente apegado às imagens e imageticamente confuso, emotivo, aqui e ali açucarado no limite da afetação, desigual no ritmo, carente de compromisso com a clareza lógica, deveras convencido e portanto por demais arrogante para provar suas afirmações". A partir de *Humano, demasiado humano*, quando se cura em definitivo da embriaguez romântica da juventude, Nietzsche passa a rejeitar a divinização da arte ("a existência do mundo só se justifica como um fenômeno estético") e inaugura sua longa campanha visando "mandar ao inferno todas as tentativas de consolo metafísico". Nem tudo, porém, foi renegado. O que sobrevive à fúria antimetafísica é o apego à crença de que "imprimir o selo da eternidade" às suas experiências constitui o valor supremo de uma vida votada ao trabalho criativo: "O pensador ou artista que guardou o melhor de si em suas obras sente uma alegria quase maldosa, ao olhar seu corpo e seu espírito sendo alquebrados e destruídos pelo tempo, como se de um canto observasse um ladrão a arrombar seu cofre, sabendo que ele está vazio e que os tesouros estão salvos". O traço autorreferente não poderia ser mais claro. No que creem os que, como Nietzsche, alegam em nada crer? O ultrarromântico Liszt acertou sem ver. Fantasia ateia: corpo efêmero, corpus perene. Como profissão de fé na imortalidade das obras do espírito seria difícil pedir mais.

214

Ode à imortalidade: Wordsworth. — Musa: memória. A criança é mãe e pai do adulto, mas o que foi a infância de cada um? E o que dela se fez (e desfez) em nós? O *Lake poet* romântico inglês William Wordsworth celebrou a tenra infância como "o arquétipo e símbolo da força criativa": "Oh mistério do homem! de que profundezas provêm suas glórias não sei dizer; mas vejo na simplicidade da infância algo do alicerce em que pousa sua grandeza". Em sua obra-prima — "Ode: vislumbres da imortalidade vindos de recordações da primeira infância", escrita entre 1803 e 1806 —, Wordsworth narra uma experiência decisiva da sua trajetória de vida: os momentos epifânicos de comunhão com a natureza, quando tinha por volta de seis anos, aos quais retorna em memória, como "bênção perpétua", sempre que tomado por sentimentos lúgubres de melancolia. "O tempo em que prado, bosque e córrego, a terra e cada cena corriqueira, para mim pareciam revestidos de luz celestial, como a glória e o frescor de um sonho." — O locus da ação é a alma do poeta. A "Ode" gravita ao redor de três eixos temáticos entrelaçados: encanto — desencanto — reencanto. O *encanto* é o presente absoluto da infância do poeta: o clarão visionário da comunhão com a natureza; o pulso do universo no coração do menino; a plenitude alegre e inocente, sem mácula de consciência, da hora eterna "de esplendor na relva, de glória na flor". O tempo, contudo, é algoz cruel. As "sombras do cárcere começam a fechar-se sobre o menino à medida que ele cresce". E "o jugo inevitável dos anos" não tarda em demolir às cegas, como praga corrosiva, a primitiva bem-aventurança. O poeta, filho da amarga experiência, se vê órfão da criança que foi um dia. O *desencanto* denota o sentimento da perda — a quebra do encantamento. "Nada agora é o que foi outrora; onde quer que eu vá, de noite ou de dia, as coisas que eu vi eu agora não posso mais ver." Tudo ao redor lhe segreda o mesmo exílio: "para onde fugiu o brilho de visões? onde estão agora, a glória e o sonho?". É "a idade da paralisia" que os anos trazem consigo. É a idade da alma cindida e da mente fustigada por "questionamentos obstinados do sentido e das coisas exteriores que nos escapam [...] pelas dúvidas vazias, apreensões de uma criatura movendo-se em meio a mundos não concretizados, instintos surgidos da nossa natureza mortal a tremer como criatura culpada, surpreendida". Mas o poeta resiste. Recusa-se a aceitar que nada deste lado se ajuste à harmonia perdida. Como hino ao *reencanto*, a "Ode" abre caminho ao reencontro "daqueles primeiros afetos, aquelas vagas lembranças [...] a fonte de luz de todo o nosso dia, luz mestra de toda a nossa visão; nos sustentam, nos acalantam e têm poder de fazer nossos anos ruidosos parecerem instantes na existência do silêncio eterno: verdades que despertam e que nunca perecerão; que nem apatia, nem qualquer louca empreitada, nem homem nem menino, nem tudo que é o oposto da alegria pode abolir ou destruir por completo! Assim, na estação de um clima propício, por mais longe que estejam do mar, nossas almas avistam aquele oceano imortal que nos trouxe aqui, e podem num minuto ir para longe daqui, e ver crianças brincarem na praia, e ouvir as poderosas águas rolando eternamente". Se Coleridge, seu amigo e colaborador, figura de proa entre os *Lake poets*, capitula frente a "uma aflição inerte e apática que não encontra escape nem consolo em nada", Wordsworth, ao contrário, não se rende: "Embora nada possa trazer de volta a hora [...] não vamos lamentar, e sim encontrar força naquilo que ficou para trás; na simpatia essencial, original, primitiva que tendo sido, deve sempre ser; nos pensamentos apaziguadores que se projetam para além do sofrimento humano; na fé que enxerga além da morte". — A verdade da poesia não é a da ciência. "Antes de ler um poema", alerta Plutarco, "saiba que os poetas são mentirosos." Mas Wordsworth, penso eu, não é um deles. Índice do seu compromisso com a veracidade da "Ode" é a franca admissão feita em seu poema autobiográfico, *O prelúdio*, de que não raro o ato da memória *cria*, em vez de resgatar, um sentimento: "Eu não consigo dizer que parcela é na verdade o relembrar nu e cru daquele tempo [sua infância] e o que pode ter sido avocado à vida por meio de uma posterior meditação". O que é certo, porém, é que o choque da descoberta da própria finitude decretou para Wordsworth não só o fim da inocência como a sensação de desamparo e exílio. Como ele enfatiza ao elucidar a gênese da sua obra--prima, "nada foi mais difícil para mim na infância que admitir a noção de morte como um estado aplicável ao meu próprio ser". Na "Ode", o clarão do menino semeia o vislumbre do poeta.

215

Infância e eternidade. — A criança sobrevive no adulto: "a maturidade do homem significa reaver a seriedade que se tinha quando criança ao brincar". Assim como o presente ensombrecido favorece a idealização do passado, as perdas e agruras da idade adulta não raro levam a uma visão mistificada da infância. Mas não é preciso idealizar a "idade pueril", transformando-a numa contrapartida biográfica e pessoal do "bom selvagem" rousseauniano, para apreciar os atributos distintivos da mente infantil: a capacidade de entrega ao momento; o vigor dos afetos; a curiosidade e a incomparável propensão a investir emocionalmente nas criações da imaginação. Ninguém melhor que o filósofo e educador português Agostinho da Silva foi capaz de retratar a natureza e o valor da disposição lúdica e onírica da infância: "Aquilo que distingue realmente uma criança de todo o resto que é vivo no universo é a capacidade enorme de sua absorção no jogo. A capacidade enorme de imaginar que as coisas efetivamente estão surgindo como que ao toque mágico de uma vara de fada e fazer que perante isso o tempo não exista. O milagre que uma criança faz cotidianamente no mundo é aquele milagre de conseguir que o tempo desapareça de sua vida na realidade. Aquela historieta que se conta do monge da Idade Média que esteve trezentos anos ouvindo um rouxinol cantar e teve por aí a ideia do que deve ser a eternidade, esse milagre do monge medieval é repetido realmente pela criança todos os dias quando brinca. Tempo para ela desaparece, e é o adulto que vem impor-lhe normas de tempo; o adulto existe no mundo da criança para interromper a cada momento a história do monge e do rouxinol". — A vida nos enquadra. A marcha dos anos, uma educação cerceadora e as exigências da vida prática inevitavelmente minam e solapam o que fomos de nascença e o amadurecimento esgarça, como se a morte viesse aos poucos, a conta-gotas, ou como se uma múmia se formasse em volta do corpo e da alma de cada um de nós. Mas se a criança traz o adulto que ela será um dia em potência, o adulto traz a criança que ele foi um dia em latência. Na arte, na ciência e na aventura da vida, a criatividade humana bebe nessa fonte: o presente absoluto como o dom de alçar-se à eternidade... brincando! "O tempo", lembra Heráclito, "é uma criança movendo as contas de um jogo; o régio poder é da criança."

Experiências de quase-morte (1). — Sejamos empíricos. O que sabemos sobre o após-a-morte? Do ponto de vista externo, a morte é o colapso de um equilíbrio: trilhões de células desorbitadas, a decomposição do corpo, pó estelar de volta ao berço da matéria de onde veio. Mas a vida tal como nos é dado conhecê-la não se reduz a isso. E do ponto de vista interno do sujeito, ou seja, do fluxo da consciência e da experiência de ser quem se é — o que afinal sabemos do que vem (ou não) depois? Empiricamente, nada. A curiosidade humana, porém, não se inibe. A total falta de evidências nunca impediu a imaginação de tentar preencher o vácuo. Os empiristas céticos, David Hume à frente, abordam a questão seguindo um raciocínio analógico. Se alterações do corpo produzem alterações na mente, então "quando ocorrem alterações ainda maiores no primeiro, e ele se desfaz inteiramente, segue-se a total dissolução da segunda"; exemplos disso seriam o *sono* ("uma pequena modificação no corpo é acompanhada pela extinção temporária ou, ao menos, uma grande confusão na alma") e o *ciclo de vida*. "A tibieza do corpo e a tibieza da mente na infância", sustenta Hume, "são exatamente proporcionadas, tal como seu vigor na maturidade, seu distúrbio solidário na doença e seu declínio gradual em comum na velhice; o passo seguinte parece inevitável: sua dissolução em comum na morte. Os derradeiros sintomas dos quais a mente se dá conta são desordem, fraqueza, insensibilidade e estultícia, precursores da sua aniquilação; a marcha progressiva das mesmas causas incrementando os mesmos efeitos e extinguindo-os por completo." O embotamento dos sentidos e a senilidade da mente prefigurariam, portanto, a sua total extinção na morte. — Embora lógica e sensata, como recomenda a sóbria cautela científica, a inferência humiana vai de encontro a um fato surpreendente: as experiências de quase-morte (EQMs). A vida não admite solução de continuidade. O argumento analógico retrata o "país ignorado de onde nunca ninguém voltou" como o deserto infinito do nada absoluto, o que não pode ser descartado. Mas não é isso que revelam os relatos de quem esteve no limiar da fronteira e conseguiu retornar. As EQMs — eventos psíquicos deflagrados por episódios de colapso das funções vitais do corpo, quando o oxigênio e o fluxo sanguíneo do cérebro se veem gravemente comprometidos por uma crise cardíaca, asfixia, choque ou acidente traumático como explosão ou queda — são o que temos de mais próximo de uma evidência empírica sobre o "país ignorado". O que nos contam ter visto pessoas que estiveram praticamente mortas — carentes de sinais vitais por certo lapso de tempo e não raro tidas como perdidas pelos médicos — mas conseguiram regressar ao reino dos vivos? Embora os testemunhos de EQM estejam longe de uniformes (o espectro vai do beatífico ao aterrorizante), o aumento do número de pacientes que lograram ser trazidos de volta à vida graças à introdução de novas técnicas de ressuscitação cardiorrespiratória, como o uso de desfibriladores, a partir de meados dos anos 1960, permitiu ampliar significativamente o tamanho da amostra e apurar a existência de uma robusta e surpreendente convergência entre os relatos. Algo entre 10% e 20% das vítimas de paradas cardiorrespiratórias que sobreviveram em hospitais nos Estados Unidos *recordam* ter vivenciado jornadas espirituais de alta intensidade durante o curto período em que oscilaram entre a vida e a morte. Os traços mais comuns descritos por esses pacientes incluem: sentir-se livre da dor; a sensação de flutuar e deixar o corpo para trás; o acesso a uma dimensão para além da existência comum e dos limites usuais de espaço e tempo; a visão numinosa de uma intensa fonte de luz; percepção de tempo alterada; e visão de 360 graus. Além disso, são frequentes os relatos de vivências de cunho pessoal como, por exemplo, ser capaz de ver e ouvir os esforços e procedimentos médicos de reanimação, o reencontro com familiares e pessoas queridas, vivos ou mortos, e a recapitulação, como em flash panorâmico, das memórias e passagens decisivas de uma vida. Embora as EQMs sejam episódios de brevíssima duração, elas não só são recordadas vivamente por décadas pelos que as experienciaram, mas costumam produzir transformações duradouras de conduta e visão de mundo, como menor apego a bens materiais e maior tranquilidade diante da morte. — *Apagão ou clarão?* Desdenhado e tratado como anedótico de início, o fenômeno das EQMs tornou-se hoje um campo de investigação científica estabelecido. A pesquisa e o avanço nas técnicas de monitoramento do cérebro em tempo real na hora da morte têm permitido elucidar de forma cada vez mais detalhada os picos de atividade e hiperpropulsão neural ("ondas gama") deflagrados pela súbita quebra de oxigênio decorrente de uma parada cardíaca. O fato, porém, é que por mais que a ciência avance nesse caminho, por mais que se torne capaz de mapear e esmiuçar a existência de correlatos neurofisiológicos precisos e específicos associados às EQMs, isso em nada diminui a sua realidade como fenômeno da consciência. Como observa o neurocientista americano Christof Koch em artigo publicado no periódico *Scientific American* em 2020, o fato é que existe uma "incongruência chocante [*jarring disconnect*] separando o trauma maciço do corpo e o sentimento de paz e união [*oneness*] com o universo": "Por que a mente experimenta a batalha pela manutenção das suas operações frente à perda de fluxo sanguíneo e oxigênio como algo positivo e beatífico [*blissful*], ao invés de indutor de pânico, permanece um mistério". É difícil imaginar que o enigma do após-a-morte possa vir a ser decifrado pela ciência, ao menos nos moldes como hoje praticada. O descortino de uma nova e insuspeita dimensão do real facultada pelas EQMs, como a descoberta de um continente, não é mais místico ou inexplicável que o vir ao mundo do recém-nascido ou o saber-se vivo. O que vem depois? Sejamos empíricos. Se a inferência analógica do empirismo clássico induz à crença no após-a-morte como irredutível apagão da consciência, a evidência de inúmeros relatos de EQM sugere, ao contrário, a luz de um clarão: uma experiência de paz, completude e serenidade para além da nossa compreensão.

217

Experiências de quase-morte (2). — Do "país ignorado", por tudo que sabemos, nunca ninguém voltou. Alguns, porém, roçaram a fronteira — um pé lá, outro cá. O que dizem os relatos dos quase-mortos? Alguns testemunhos, entre milhares, ajudam a explicitar o teor e a textura das EQMs. — Vítima de afogamento causado por um acidente ao despencar do convés de um navio no porto de Portsmouth, no litoral inglês, em 10 de junho de 1791, o almirante irlandês Francis Beaufort deixou um relato dos momentos em que esteve entre a vida e a morte: "Uma sensação de calma e perfeita tranquilidade sucedeu a mais tumultuosa das sensações. [...] Tampouco senti dor física. Pelo contrário, minhas sensações eram agora de uma natureza quase prazerosa. Embora os sentidos estivessem amortecidos, o mesmo não se podia dizer da mente; sua atividade parecia estar revigorada de uma maneira que desafia qualquer descrição, pois pensamento após pensamento surgiam com uma rapidez de sucessão que é não apenas indescritível, mas provavelmente inconcebível para quem não esteve em situação semelhante. O curso desses pensamentos, ainda hoje, consigo em grande parte reconstituir [...]. Assim, retrocedendo, cada incidente de minha vida pregressa parecia desfilar pela minha memória numa espécie de procissão retrógrada; todo o período de minha existência parecia se desenrolar diante de mim como uma visão panorâmica". — Em 8 de julho de 1918, durante a Primeira Guerra Mundial, o jovem Ernest Hemingway foi gravemente ferido pela explosão de uma granada enquanto servia como voluntário da Cruz Vermelha no front italiano; em carta à família relatando o recém-ocorrido incidente, ele escreveu: "Morrer é algo simples. Eu olhei a morte e realmente sei. Se tivesse morrido teria sido muito fácil para mim. Quase a coisa mais fácil que já fiz". Anos mais tarde, em carta a um amigo, ele detalhou o episódio: "Houve um daqueles estrondos que por vezes ouvimos no front. Então eu morri. Senti minha alma ou outra coisa saindo para fora do meu corpo, como quando se tira um lenço de seda do bolso por uma das pontas. Ela flutuou ao redor e veio então de volta e entrou de novo e eu não estava mais morto". Em diversos contos e romances, o autor de "As neves do Kilimanjaro" revisitou sua EQM por meio de personagens, como o protagonista de *Adeus às armas*: "Tentei respirar mas o ar não veio e eu me senti precipitar corporalmente para fora de mim, cada vez mais para fora, e sempre com o corpo ao vento. Eu parti rapidamente, com tudo de mim, e sabia que estava morto e que era errado pensar que acabara de morrer. Então eu flutuei e, ao invés de seguir, senti-me deslizar de volta. Respirei e voltei". — A cirurgiã ortopedista americana Mary C. Neal sofreu um acidente quase fatal em 1999, quando o caiaque que conduzia nas corredeiras do rio Fuy, no sul do Chile, despencou de uma cachoeira e ela ficou longo tempo asfixiada sob as águas. Embora tida como morta pelos colegas que a socorreram, conseguiu retornar à vida. Em depoimento ao documentário audiovisual *Vida após a morte* ela descreveu um aspecto da sua EQM: "Houve um absoluto deslocamento do tempo e da dimensão. Vivenciei toda a eternidade em cada segundo. E cada segundo expandiu-se por toda a eternidade". O colorido pesadamente místico-cristão conferido por Neal a esse episódio no best-seller *Fui ao céu e voltei* revela como as EQMS se prestam a uma leitura ou apropriação religiosa ex post facto (como evidenciam os relatos de EQMS de tintura budista e muçulmana na literatura especializada), ainda que nada nelas se associe necessariamente a isso, como bem ilustra, aliás, o caso do autodeclarado ateu Hemingway ("todos os homens pensantes são ateus"). — No dia 8 de março de 2006, a professora paulista Ana Carolina Toshi preparava-se para o parto cesáreo de sua filha caçula; mas ao receber a anestesia raquidiana, começou a sentir-se mal e buscou alertar a enfermeira (o anestesista se ausentara da sala) sobre o seu estado. A enfermeira, no entanto, não ouvia os seus apelos e parecia chorar e desesperar-se ao lado dela. Quase duas décadas depois, Ana Carolina fez um relato da sua EQM (algo de que, incidentalmente, nada até então sabia): "Ouvi apitar o monitor [dos batimentos cardíacos], olhei para trás e vi uma linha. Quando vi essa linha, já imaginei o que estava acontecendo. Saí do corpo e fiquei em paralelo, de pé, ao lado do monitor, vendo o que estava acontecendo. [...] Em seguida, já me vi em outro lugar deitada em uma cama. A grade da cama era branca, diferente do hospital, e vi tudo muito branco. Uma luz forte branca. Essa foi a parte mais emocionante de estar lá, não tinha vontade de sair dali, porque é uma sensação maravilhosa que no corpo a gente não consegue ter. É uma coisa indescritível, a gente se desliga do corpo, porque a gente não tem mais o sentimento. [...] A gente ouve histórias de que quando morre alguém vem buscar, você encontra Jesus Cristo... Cada religião diz uma coisa. E lá, na hora, estava me sentindo em paz. Mas o pensamento que me veio era de que não era minha hora. Ainda lá, ouvi o som da bebê chorando. De repente, senti uma puxada pelas costas, como se caísse num túnel, e encaixei de novo no meu corpo". Sob o efeito da efedrina (droga usada para reverter quedas abruptas de pressão) aplicada pelo anestesista que fora chamado às pressas, "senti algo quente vindo do pé para a cabeça, como se minha circulação estivesse voltando". Naquela mesma tarde, parcialmente refeita e com a bebê no colo, Ana Carolina pôde ainda inteirar-se do caso alarmante da mãe que horas antes "tinha morrido e voltado", como contou-lhe a mulher com quem dividia o quarto na maternidade. Duplo nascimento.

218

Com dois pés atrás. — Viver uma experiência é uma coisa; recriá-la na memória, outra bem distinta. Mas não é só. Recordar essa mesma experiência (ou o que dela se filtrou na memória) é uma coisa; dar-lhe roupagem simbólica em palavras, sons ou imagens, uma terceira coisa ainda. O que chega até nós? O que sobe (ou não) a rampa da consciência — dos outros e de nós mesmos?

219

Música e metafísica. — "Há filósofos que são, em resumo, tenores desempregados", alfineta Machado de Assis. "Os filósofos metafísicos são músicos sem habilidade musical", emenda o lógico-positivista alemão Rudolf Carnap (três décadas depois). É como por vezes, deserdado do verbo, me sinto. Resisto, porém. Prefiro valer-me da lição do físico experimental inglês, pioneiro da supercondutividade, Brian Pippard: "Um físico que rejeita o testemunho de santos e místicos não é melhor do que alguém surdo à tonalidade dos sons que ridiculariza o poder da música".

220

O concerto do Superdotado: uma conjectura. — Superdotações implicam déficits. Suponha um ser dotado de um poder cognitivo sobre-humano, capaz de detectar e medir como nenhum outro as mais sutis variações e nuances da realidade objetiva, mesmo quando ocultas ao nosso olhar, mas ao mesmo tempo privado do senso de interioridade e da dimensão subjetiva da vida. Imagine o Superdotado numa sala de concertos, postado no camarote das Autoridades Científicas. Casa lotada, plateia expectante; ao sinal do regente, os músicos da orquestra começam a tocar os seus instrumentos. O que ele será capaz de ver, registrar e concluir? Os movimentos coordenados dos músicos no palco desencadeiam ondas vibratórias de frequência variável, invisíveis aos nossos olhos mas dentro do espectro audível, ou seja, passível de registro pelo órgão auditivo humano. Alguns sopram tubos de metal ou madeira com pequenos orifícios ao passo que outros raspam hastes de crina de cavalo sobre tripas de ovelha ou fios de náilon, enquanto um terceiro grupo desfere leves pancadas em peles com suas varas. O ar do recinto vibra: as ondas sonoras se espraiam como marolas que reverberam nos sólidos e paredes, inundando a sala. O cérebro dos ouvintes, por sua vez, responde ao estímulo. Nem todos, é certo, reagem por igual. Mas sob o efeito das oscilações de ar captadas pelos ouvidos, as redes neurais ligadas ao córtex auditivo se agitam, irradiam e redesenham em rápida sucessão, produzindo alterações eletroquímicas mensuráveis no cérebro e favorecendo a liberação de neurotransmissores como dopamina e ocitocina. E mais: o Superdotado tem o dom de acompanhar o balé das reconfigurações neurais com um grau de refinamento e acuidade elevado à enésima potência — muito além do que nossos toscos equipamentos possibilitam visualizar hoje em dia —, o que lhe permite prever com segurança como cada sequência de acordes executada no andamento certo será assimilada e produzirá efeitos singulares no sistema nervoso de cada membro da plateia — o algoritmo da neurofisiologia musical. — Pois bem. Findo o concerto, o que o Superdotado poderá concluir da cena que acaba de presenciar? Qual o preço do déficit derivado do seu absoluto compromisso com a objetividade? Como interpretará o bizarro espetáculo, cujo sentido e razão de ser lhe escapam inteiramente? A incompletude do quadro, claro está, salta aos olhos. O concerto do Superdotado dá minuciosa conta de tudo, menos do essencial: *a experiência da música*. O prazer sensível, sem dúvida, mas muito além disso: o mergulho introspectivo e o descortino de redutos pré-lógicos e onirogênicos — catalisadores de sonho — da alma. — O que é feito da música na mente de cada um? A dissonância agride: há um hiato intransponível entre a realidade física da emissão e recepção de sons, de um lado, fenômenos abertos à mensuração e aferição pública, e sua tradução na interioridade do ouvinte, de outro. A pergunta decisiva ainda é aquela proposta por Aristóteles quando incluiu entre os temas (*problemata*) que mereceriam um trabalho de investigação futura a questão: "Como se dá que ritmos e melodias, embora tão somente sons, se assemelhem a estados da alma?". Passados 2500 anos, entretanto, o enigma só fez aumentar. O que significa "entender" uma melodia, ritmo ou tema musical? O dissecar fisicalista operado pelo Superdotado equivale à redução do *David* de Michelangelo a um bloco de mármore ou do *Grande sertão* a um cubo de papel recheado de letras enfileiradas. As vibrações do ar em si mesmas são como o barro ou a pedra bruta antes que as mãos do escultor imprimam a forma que encanta e comove. Se as ondas vibratórias são o corpo da música, o espírito é a brisa benfazeja de espaços sagrados provisórios. O concerto do qual o Superdotado se ausentou.

Partita II, bwv 1004. — Religião: *religare* e *relegere*. Ouvir concentradamente a *Partita II* de Bach constitui, para mim, a experiência de presente absoluto por excelência: o restabelecimento do vínculo sagrado com o universo (*religare*) e a retomada de uma síntese primeira, anterior ao jugo do tempo e à cisão das formas repartidas (*relegere*). Acima de tudo que conheço, reverencio ou possa conceber, a pureza e a perfeição austera desses sons traduzem, aos meus ouvidos, a intuição-vislumbre do sublime. O que pode qualquer metafísica ou religião instituída, calcada no miasma do verbo, diante da verdade infinita — a espiritualidade em estado puro — que emana da música de Bach? Se o sagrado e o transcendente se rendem à força criadora do espírito humano, então é precisamente aqui, na geometria sublime dessa arquitetura para além de tempo e espaço, que encontro a sua mais bela e definitiva expressão. — A vida oprime, o som liberta. O meu primeiro contato com a *Partita II* se deu aos quinze ou dezesseis anos de idade, fruto de um acaso feliz. Um amigo de escola com quem costumava conversar longamente sobre música e literatura apareceu um dia radiante, dizendo que ouvira a "Chaconne" (o disco vinha encartado numa coleção de fascículos de história da música vendidos em bancas de jornal); discorreu com tanto entusiasmo e paixão sobre a obra — *"você tem de ouvir!"* — que tive imediatamente vontade de conhecê-la. Comprei um exemplar e coloquei o disco na pequena vitrola que tinha no quarto, ao lado da cama. Por mais que esperasse — e confesso que temia certo exagero do meu amigo —, jamais ousaria supor o que estava prestes a encontrar. Àquela altura, gosto eclético, eu já era obcecado por todo tipo de música — MPB, rock progressivo, jazz, erudita. Logo me dei conta, porém, de que ali deparava uma obra única; o limiar de algo sobre-humano, como que de outra ordem de grandeza e expressão; alguma coisa que ia muito além de tudo que pudera até então fruir. Como era possível, perguntei-me, tirar de um só instrumento — as quatro cordas de um violino solo — geometria polifônica de tamanha beleza e complexidade — o dar à luz de um universo? Que misterioso dom de transporte seria aquele, capaz de nos abduzir por meio de sons a um mundo de formas puras e perfeitas; um mundo frente ao qual nosso acanhado mundo não passa de arremedo e exílio? Tive a certeza instantânea de que aqueles acordes me acompanhariam pelo resto da vida, e isso mesmo quando estivesse circunstancialmente ao meu alcance apenas *recordar* da sua existência. — A passagem do tempo confirmou a intuição juvenil. Nada me faz sentir os limites das outras formas de expressão artística — poesia, artes visuais, teatro, arquitetura, romance, cinema — como uma audição da *Partita II*, coroada pelo majestoso quinto movimento ("Chaconne"). A música faculta um grau de absorção e transcendência a quem nela adentra que nada é capaz de igualar ("toda arte constantemente aspira à condição de música"); em sua companhia apenas sinto-me apto a abstrair de tudo que existe e ganhar entrada no universo paralelo-sagrado que ela mesma instaura. Considero impossível fruir a obra-prima de Bach na companhia de quem quer que seja. — A alma embalada pelo som quando sonha, desligada do corpo e dos demais sentidos, refaz o mundo a seu modo, criatura e criadora de si. O que é feito do tempo enquanto flutuamos em estado de pura introspecção na música das esferas de Bach? Os pouco mais de 25 minutos da *Partita II* bastam para escancarar o que há de errado com a ideia de contar e medir as horas e minutos, como se a realidade do tempo pudesse ser rendida e algemada à disciplina dos relógios. O intervalo definido por suas notas de fecho e abertura demarcam nada menos que a eternidade.

222

Amor ascendente. — A perfeição da prosa tende à poesia; a perfeição da poesia tende à música; a perfeição da música tende ao absoluto. Ar esculpido em beleza, sopro do infinito no âmago do ser finito. A música, como o universo a que pertencemos, sugere *o que na música não está*: o que a vida atiça e sufoca, insinua e sonega, e no entanto arde em nós. O amor que move as estrelas feito som.

223

O nome da dádiva. — O prolongamento indefinido da vida biológica é um desafio médico e científico. A crença numa vida futura após a morte é uma aposta. O sonho de deixar um legado de valor reconhecido às gerações futuras é um projeto de vida. As experiências de presente absoluto, entretanto, são *dádivas*. E com uma particularidade essencial: ao contrário das demais manifestações do anseio de perenidade, elas não são passíveis de deliberação ou escolha. Da aura epiléptica às experiências de quase-morte; do êxtase místico ao pináculo do arrebatamento amoroso; das decolagens e mirações

328

psicodélicas ao vislumbre do sublime no contato com a natureza e com a grande arte, o presente absoluto não é algo que se deixa prever, calcular e determinar de antemão. *Ele acontece*. Tudo que podemos fazer, se assim nos apraz, é buscar favorecer a sua (eventual) ocorrência por meio da criação de condições propiciatórias externas e internas, mas sem nenhuma garantia de que o resultado ficará minimamente à altura das expectativas (como a minha única — e desastrada — experiência juvenil com LSD, aliás, ilustra). O presente absoluto é fruto da graça, do acaso, do imponderável ou de como se lhe quiser chamar. Como o vento das mais altas e insondáveis esperanças, sopra onde quer, quando quer e para onde quer.

EPÍLOGO

224

Nó bem atado. — Uma guinada seminal no enredo da vida: com o sexo nasce a morte. Os animais que procriam, cápsulas descartáveis, florescem, decaem e morrem (tendo filhos ou não). Mas com a vitória da reprodução sexuada no laboratório da vida — o incessante-febril reembaralho do carteado genético —, a complexidade dos seres vivos só fez aumentar. E assim chegamos a nós. O que significa ser um animal ciente da sua existência e finitude? Era uma vez alguém e, um instante depois, *quem*? Não há mais ninguém. Como aceitar, tendo um dia vivido, a total extinção — o retorno à inorgânica ausência do não-ser? Humano embaraço. No coração finito, a sede insaciável. No pulso anêmico, o impulso do eterno. Nas frestas da farsa, o sublime entrevisto. E se algo ou alguém de tudo faz troça para distrair-se e driblar o tédio da eternidade conosco? A incerteza do nada na incerteza de tudo.

225

Inteligência artificial. — Mistério? Não há mistério algum em nada. Tudo é o que é: sem *por quê* ou *para quê*. E é só.

226

O incréu e o devoto. — A: Ok, temos visões distintas. Você acredita piamente que tudo vai se esclarecer depois da morte, eu não. Não compro esse conto da carochinha. Morreu, acabou. Seja o que for, uma coisa é certa: só um de nós está com a razão. O outro é um tolo. — B: É verdade. Zombe da minha pueril inocência, mas você subestima enormemente a extensão da nossa ignorância. E tem outra diferença. Se *eu* tiver razão, logo saberemos quem era o tolo. Mas, se *você* tiver razão, nós nunca saberemos.

227

A sentença de Robespierre. — "Os que não creem em sua imortalidade fazem justiça a si mesmos", proclamou o líder do Terror na Revolução Francesa. Os descrentes da vida eterna, almas tacanhas, incapazes de ver que "a morte é o começo da imortalidade", fazem justiça a si mesmos porque nada fizeram por merecê-la; porque não estão à altura do que ela demanda: uma vida exemplar. Os bons serão recompensados e os maus castigados, afiança o "incorruptível" Robespierre: se a justiça humana falha, a justiça divina não faltará. — Um cético da imortalidade, todavia, lerá com outros olhos a sentença do fundador do Culto do Ser Supremo. A força de uma crença nada nos diz sobre sua verdade ou falsidade. Os que não creem em sua imortalidade fazem, sim, *justiça a si mesmos*; contudo, o sentido da frase é bem outro. Fazem justiça a si mesmos porque não permitem que a intensidade da convicção e a premência de um desejo façam as vezes de critério de verdade. Porque são mais severos e exigentes consigo, e por isso respeitam o asseio cognitivo e a retidão intelectual requeridos para não fazer daquilo em que creem joguete ou marionete a reboque das paixões. Porque não se deixam corromper na fixação de crenças. Mente turva, agir descomedido — aí nascem o fanatismo e o terror. Os que não creem em sua imortalidade, dirá um verdadeiro cético, também não fazem justiça a si mesmos.

228

A quarta dimensão. — Primeiro a consciência antecipada da morte; depois o óbito propriamente dito, triste despojo da carne; e, por fim, o apagar do último vestígio de uma vida na memória dos viventes ("morrer tão completamente que um dia ao lerem teu nome num papel perguntem: '*quem foi?*'; morrer mais completamente ainda — sem deixar sequer esse nome"). Existe, no entanto, uma quarta dimensão da morte, menos óbvia mas não menos onerosa que as demais. São as vidas preteridas e amputadas de uma vida: "a vida inteira que podia ter sido e que não foi". — A experiência humana do tempo, ilusória ou não, é incontornavelmente assimétrica. O passado, lenha calcinada, não pode ser mudado.

O futuro, todavia, se nos afigura alterável — é promessa de combustão. Mas se o tempo futuro imaginado é um horizonte aberto e ramifica-se em múltiplos caminhos concebíveis, mais ou menos ao nosso alcance, o tempo vivido é unívoco, como a areia ao passar na goela de uma ampulheta, e nos compele a fazer escolhas a cada passo. Trilhar um caminho implica abrir mão de infinitos outros ("fiz de mim o que não soube, e o que podia fazer de mim não o fiz", lastima o poeta); recusar-se à escolha universaliza a perda. — Daí que a vida é o começo da morte. O tempo ex ante é um plano aberto: quantas existências possíveis no berço da vida embrionária; como é vasto o leque dos caminhos concebíveis no início da jornada! Mas a concretização de qualquer um deles tem preço: a supressão total ou parcial dos demais. Viver é isso: transformar a miríade de possibilidades com que aportamos no mundo na trajetória única e singular que nos conduzirá para fora dele. O tempo ex post é uma linha solitária. A univocidade do tempo vai espalhando as cinzas e deixando os escombros das nossas vidas preteridas e amputadas — futuríveis não trilhados — como galhos ceifados ou membros-fantasmas das vidas não vividas. A morte não é só o passo derradeiro, mas se insinua a cada dobra do tempo. — A quarta dimensão da morte adquire especial saliência em nossos dias. Os avanços da medicina têm permitido estender, não raro por longo tempo, a sobrevida de pessoas em estado quase vegetativo, liminarmente lúcidas, feito sombras ou pálidos vestígios do que foram um dia, como carcaças de sua personalidade e vivacidade, quando não inteiramente ausentes e desmemoriadas. Quem não tem ou teve um parente ou pessoa querida que passou por isso? Foi o que vi acontecer com minha mãe, reduzida a quase nada, fiapo dela mesma. O que pode significar o óbito — a morte clínica — nesses casos? O passo derradeiro é palha (alívio?) perto do que ficou no caminho. Exceto quando se dá no vigor de uma vida, o ato de morrer com frequência oculta perdas mais onerosas do que ele em si representa. Só se vive uma vez, dizem alguns, embora não se viva nem uma vez, dirão outros. O fim não é a meta. Decrépito, maduro ou na flor da idade, ninguém morre de uma só vez.

229

Não-ser. — Sabemos que o mundo existiu antes de nós. Sabemos que seguirá existindo sem nós. Mas isso pressupõe o fato de que um dia existimos. Imagine que você — ou eu — nunca existiu. Rigorosamente, é certo, não é possível fazê-lo.* Mas suponha que seja. Teria o mundo então existido?

230

Metafísica na era da ciência. — Do Big Bang à origem da vida e da relação mente-cérebro ao colapso da última estrela no universo — o que restaria a ser explicado quando tudo que pode ser cientificamente passível de explicação tiver sido finalmente explicado? "Nada restará", responderão alguns. "Algo faltará", reagirão outros, "pois mesmo que todas as questões científicas concebíveis tenham sido respondidas, nada saberemos sobre o

---

* Vide a seção 6 da Abertura.

que mais importa: o *por quê* e o *para quê* de tudo."
"Mas estas não são indagações legítimas; questões cabíveis do ponto de vista científico", replicarão os primeiros. "No mundo, que é o mundo da ciência, não há *por quê* nem *para quê*; tudo é o que é." — Suponha, contudo, que uma ciência desenvolvida em outros moldes se abra no futuro a inquietações desse tipo; imagine que ela não só passe a admitir as questões que hoje estão além do seu âmbito, mas consiga um dia dar conta do grande *por quê* e *para quê* de tudo — será então a última palavra, a resposta definitiva? Duvido. Pois dela sempre se poderá recorrer e perguntar de novo — "Então era isso! Mas *por que assim*? Como se deu de chegar a *isto*!? O que era antes, o que há por trás, disso que acaba de se descobrir?". A última palavra nunca será a última. A cada véu erguido outro véu se anuncia. Não importa quão longe avancemos no caminho da ciência ou de resposta humanamente inteligível do mistério, a teima interrogante do saber sempre se renova. Tem o dom da eterna juventude.

231

Aversão e medo. — Embora geneticamente programado para a ruína e o descarte, o corpo se aferra à vida. Não importa quão decrépito ou desenganado, e pense o que pense o seu inquilino — cansado da vida ou expectante da eternidade, resignado ou revoltado com a ordem de despejo —, as células do soma lutam por si mesmas com todas as forças (e sem nos pedir licença) a fim de seguir vivendo. Do embrião ao óbito, o instinto de autopreservação permeia a cadeia do ser — é uma condição de vida. A *aversão* à morte, contudo, é uma coisa; o *medo* (ou pânico) dela, outra bem distinta. Pois embora costumem andar juntas, uma não implica a outra. — "O que perturba a mente dos homens não são os acontecimentos, mas os seus juízos acerca dos acontecimentos." A morte é um fato natural, como dormir, piscar ou respirar. Mas o modo como a sentimos e reagimos a ela é uma realidade interna, mais ou menos consciente, peculiar a cada indivíduo. Por que tememos a morte? O medo da morte não é, na maioria dos casos, fruto de um juízo reflexivo. É um impulso espontâneo e pré-reflexivo, sujeito a gradações de intensidade, como o medo de escuro das crianças ou o desejo sexual dos adultos. O medo da morte é o apego do corpo à vida por outros meios: o instinto de autopreservação sublimado. — Faz sentido *reflexivo* temer a morte? Depende, é claro, de como ela é concebida e de como encaramos a questão. Para os que creem em alguma forma de vida futura após a morte, a inquietação naturalmente se impõe: *o que vem depois?* Se as esperanças supraterrenas têm crédito, é quase inevitável pensar no seu avesso: os *terrores* supraterrenos. O medo pré-reflexivo da morte é lenha na caldeira da fé religiosa. As religiões mundiais chamam a si e tomam a seu encargo as aflições dos devotos, dão a elas o contorno e o colorido dos seus respectivos credos, e fixam os termos do destino post mortem de cada mortal (fiel ou não). A vida, asseveram, é passagem. O que virá depois depende do que se for e fizer agora. Consolo e apreensão medem forças. Delicado equilíbrio de esperança e terror. — Mas a aversão à morte não implica obrigatoriamente *temê-la*. Para os que creem na morte como a total aniquilação e o retorno ao abismo do não-ser, não haveria o que temer. É o que propõe a filosofia epicurista. Embora o ato de morrer possa ser algo sofrido e temível pela dor que por vezes acarreta, dizem eles, "a morte não é nada para nós", visto que enquanto se vive ela não é, mas quando se estiver morto ela não será. A convicção da absoluta extinção post mortem torna o medo do que vem depois um sentimento irreal e absurdo, desprovido de solo, pela simples razão de que *não há depois*. O juízo epicurista preserva, portanto, a aversão à morte — uma vida humana longeva e bem vivida é um bem —, mas procura neutralizar o medo que ela naturalmente inspira (e que as religiões insuflam em benefício próprio) ao argumentar que a morte, longe de ser algo desejável ou temível, é algo indiferente na medida em que inexiste para os mortos. Ter medo da morte faz tão pouco sentido como ter pena dos mortos ou dos que nunca nasceram. — O argumento epicurista, penso eu, tem o mérito de promover um salutar distanciamento reflexivo e desse modo contribuir para o enfrentamento da exploração e do atiçamento do terror da morte pelas religiões organizadas. Nem por isso, contudo, ele me parece imune a críticas e aceitável. Os problemas são dois. O primeiro é a premissa de que a morte seja, de fato, *o fim* — como saber? Embora a tese da total extinção seja tomada dogmaticamente como ponto de partida, trata-se, na verdade, de uma conjectura sem base empírica — e nada além disso. Não é preciso recorrer a nenhum andaime ou subterfúgio religioso — ou mesmo à crença em Deus (ou deuses) — para duvidar da validade dessa premissa e sustentar a hipótese alternativa de que a vida e a morte podem *não* ser só isso que se vê. Se o primeiro problema, entretanto, é que o dogma epicurista do após-a-morte pode ser falso, o segundo é justamente a possibilidade (não descartável) de que ele expresse a verdade. Falo por mim. Por mais que examine, reflita e busque neutralizar racionalmente o medo da morte, o fato é que a antevisão do extermínio acompanhado da total obliteração do centro de consciência que me faz quem sou é algo que me assombra, aterra e apavora no mais alto grau. Trata-se de um sentimento alojado nas mais profundas camadas do meu psiquismo, impermeável e refratário a todas as formas de consolo e racionalização do córtex superior. (Duvido que o avanço dos anos altere esse quadro, embora uma doença neurológica grave, equivalente à morte em vida, possa suprimi-lo.) O que perturba a mente diante da morte, é certo, não é o fato em si, uma ocorrência natural; mas o juízo que fazemos dele. Ocorre que a antevisão da morte como retorno à inorgânica ausência do não-ser se afigura, a meu juízo, não como um fato tranquilizador, mas como a mais perturbadora sombra da vida.

232

Tríplice impossibilidade. — O nada não se deixa *dizer* sem desmentir-se, como a expressão "o nada existe" demonstra: é a impossibilidade semântica. O nada não se deixa *conceber* sem a presença liminar residual de quem tenta ausentar-se de si e concebê-lo integralmente: é a impossibilidade da psicologia introspectiva. O nada não se deixa *existir* no espaço-tempo sem se negar e repelir a si mesmo pelo surgimento de flutuações quânticas: é a impossibilidade física. — Eis o velho bordão aristotélico — "a natureza abomina o vácuo" — redivivo.

233

Truco. — Enfrentar a morte com serena equanimidade é uma coisa; resignar-se a ela ou racionalizá-la por meio de um frio distanciamento analítico, outra bem distinta. Se é o nada que nos aguarda, pois bem. Que seja! Mas que não seja um destino *justo*. Que não seja o termo condigno de vidas sem alma e grandeza, indignas de posteridade ou elucidação, como cinzas ao vento. Que seja o escândalo revoltante de um destino pérfido e inexplicável. Absurdamente imerecido. (Mas aos olhos de quem?)

234

Balanço. A vida não cabe na vida. O anseio de perenidade nos impele a desejar ser mais do que somos — eternos. Como transcender à inércia da matéria e aos caprichos do acaso? A extensão radical da longevidade e o presente absoluto acenam com a promessa da imortalidade em vida: o reverter do relógio biológico e as eternidades de segundos. As esperanças supraterrenas e as expectativas terrenas projetam o anseio de sobrevida na posteridade póstuma: a vida futura no além (ou reencarnação) e as reverberações de um legado nos genes e na memória dos que virão depois — o além do aquém. — O prolongamento indefinido do corpo e da consciência individual (ou a imortalidigitalização) e os projetos visando alcançar alguma forma de perenidade na mente das gerações futuras têm os pés bem fincados na vida tal como nos é dado conhecê-la: o mundo natural e o palco da história. A crença em outra vida após a morte e as experiências extáticas de presente absoluto, por seu turno, extrapolam o domínio da ciência e do senso comum: ambas remetem à crença de que, para além do mundo sensível-material que nos é familiar, existe uma dimensão suprassensível-espiritual que, mais real que a primeira, relativiza a nossa magra existência terrena e descortina a eternidade. — As quatro manifestações do anseio de perenidade exaurem o leque de possibilidades na busca da imortalidade, mas não são excludentes entre si. Diferentes culturas e épocas históricas — não menos que pessoas distintas em cada uma delas — apresentam variações de grande amplitude não só nos pesos relativos, mas no modo como lidam, representam e arbitram entre as imortalidades possíveis. O esgarçamento da fé em outra vida após a morte favorece o investimento na construção de legados para as gerações futuras, ao passo que a falência das posteridades supraterrena e terrena — como, por exemplo, em nossos dias, por efeito das sombras do desastre em câmera lenta do Antropoceno — tende a reforçar o apelo e a promover a busca da perenidade possível em vida: a extensão radical da existência e o presente absoluto (quando não o retorno da fé em alguma forma de vida após a morte). — No plano pessoal, como posso dizer por mim, mudanças de ênfase não raro pontuam o arco da vida: se o presente absoluto foi a tônica dominante da minha juventude e as expectativas terrenas deram o tom da maturidade, hoje, mais velho, constato — com certo embaraço — a força ascendente dos cuidados com a saúde e das esperanças supraterrenas. Seria pretensão descabida da minha parte arvorar-me em árbitro ou questionar a força, a legitimidade e o apelo das diferentes manifestações do anseio de perenidade. Sinto-me seguro, todavia, para afirmar que nenhuma delas por si (ou todas reunidas) se mostra capaz de aplacar inteiramente ou saciar a fome de imortalidade que herdamos da nossa mais remota ancestralidade. A ignorância infinita desconcerta o saber finito. Quando se trata do *por quê* e *para quê* de tudo — e de cada um de nós — somos todos indigentes. As respostas são profanas. A busca é sagrada.

235

Olhos nos olhos da imensidão. — Sou uma pessoa irrisória de uma espécie bizarra num país absurdo de um continente acanhado num planeta tacanho (ora gelado, ora prestes a ferver) banhado por um sol medíocre dentro de uma galáxia minúscula num universo macabro entre infinitos mundos possíveis, todos igualmente gratuitos e condenados ao eterno retorno. E, no entanto, existo. E resisto. E da trama que dê conta do meu papel — e de todos — no drama cósmico não desisto. Lenta vírgula rastejante, trago em mim todo o assombro do mundo.

Agradecimentos

Impossível nomear a todos que contribuíram direta ou indiretamente durante a longa gestação deste livro; a lista resultaria a um só tempo demasiado longa e ainda assim omissa. Atenho-me, portanto, a registrar minha gratidão a todos que generosamente se dispuseram a ler e comentar o trabalho em andamento ou viabilizaram o acesso a textos aproveitados no livro: Candido Botelho Bracher (Candi); Antonio Cicero (in memoriam); Otávio Marques da Costa; Daniel Feffer; Joel Pinheiro da Fonseca; Marcos Giannetti da Fonseca; Roberto Giannetti da Fonseca (Ró); Renata Lima; Pedro Malan; John Parsons (in memoriam); José Mario Pereira; Lygia da Veiga Pereira; Marcos Pompéia; Luiz Fernando Ramos (Nando); Michael Reid; Maria Cecília Gomes dos Reis (Quilha); Fernando Reinach; Jorge Sabbaga; Fernando Moreira Salles; Luiz Schwarcz; Hélio Schwartsman e Richard Zenith.

Notas

ABERTURA [pp. 15-33]

Página

17 *Duas eternidades circunscrevem*: a análise da assimetria nas reações humanas diante do pré-nascer e do pós-morrer — "o aspecto que mais suscita
perplexidade em nossa atitude diante da morte" — foi originalmente
formulada por Thomas Nagel em *The view from nowhere*, p. 228.
Montaigne, porém, questiona a razoabilidade dessa atitude: "Assim como nosso nascimento nos trouxe o nascimento de todas as coisas, assim
nossa morte trará a morte de todas as coisas. Por isso é igualmente loucura chorar porque daqui a cem anos não viveremos mais, assim como
chorar porque não vivíamos há cem anos"; a posição que sustenta, entretanto, além de incongruente com a experiência comum, está ancorada na crença de que "a morte é a origem de outra vida" ("Que filosofar
é aprender a morrer", p. 76).
19 *"A fome só se satisfaz"*: Fernando Pessoa, *Aforismos e afins*, p. 40.
20 *"O meu fantasma quer dizer"*: a frase aparece na biografia de Goya
escrita por Laurent Mathéron (citada em Matilla, "Nada. Ello lo dice",
pp. 338-40). As 82 gravuras da série "Os desastres da guerra" foram
concebidas no contexto da guerra entre espanhóis e franceses durante
as invasões napoleônicas de 1808 a 1814.

347

20 *"Se existisse um verbo"*: Wittgenstein, *Philosophical investigations*, parte II, §x, p. 190.

21 *"no fundo ninguém acredita"*: Freud, "Considerações atuais sobre a guerra e a morte", p. 230. Ver também Battin, *The death debate*, p. 226.

22 *"Nem o sol nem a morte"*: La Rochefoucauld, *Maxims*, §26, p. 40.

23 *Vista sem ponto*: o argumento desta seção desenvolve algumas ideias anotadas por Wittgenstein nos cadernos preparatórios do *Tractatus*, o seu único livro publicado em vida; minha análise segue a interpretação oferecida por Ian Ground por ocasião da publicação dos cadernos na íntegra em inglês, "I fell apart", pp. 3-4.

24 *"O mundo é o meu mundo"*: Wittgenstein, *Tractatus*, §5.62, p. 279. A questão do solipsismo e a ilusão (espontânea e dificilmente contornável) da autossuficiência do "eu" subjetivo, não obstante sua evidente falsidade, são analisadas por Nagel em *The view from nowhere*, p. 212: "É como se houvesse uma ilusão natural de que o mundo não é inteiramente passível de ser destacado da concepção que tenho dele".

24 *o meu nascimento é algo inteiramente fortuito*: adaptado de Nagel, *The view from nowhere*, p. 209; e Cioran, *The trouble with being born*, p. 6.

25 *"Quando ele soube que estava morrendo"*: citado em Bhattacharya, *The man from the future*, p. 252. Ao defender uma ação nuclear unilateral preventiva contra a União Soviética após o fim da Segunda Guerra Mundial, Von Neumann não estava sozinho; proposta análoga foi feita por Bertrand Russell (ver Monk, *Bertrand Russell*, pp. 297-303).

26 *"Cada pessoa pode ser o centro"*: Adam Smith, *The theory of moral sentiments*, p. 83. A fórmula de Smith tem parentesco com a observação de David Hume: "Todos temos uma prodigiosa parcialidade em favor de nós mesmos; e, se sempre déssemos vazão a esses nossos sentimentos, causaríamos a maior indignação uns aos outros, não somente pela presença de um objeto de comparação tão desagradável, mas também pela contrariedade dos nossos respectivos juízos" (*Tratado da natureza humana*, livro 3, parte 3, seção 2, p. 637).

26 *vômito de Bumba*: segundo o mito da criação dos Bushongo, um povo do grupo étnico banto situado nas margens do rio Congo, na África Central, o universo teria a sua origem no vômito de Bumba, o solitário deus ancestral que, sentindo-se nauseado, expeliu do estômago o Sol, a Terra, os animais e os humanos (ver Harold Scheub, *A dictionary of African mythology*; disponível na internet).

27 *A cosmologia moderna*: "um dos fatos mais poéticos sobre o universo que conheço", observa o astrofísico Lawrence Krauss em *A universe*

from nothing, "é o de que, em essência, cada átomo do seu corpo esteve antes dentro de uma estrela que explodiu. [...] Somos todos, literalmente, filhos das estrelas, e nossos corpos feitos de pó estelar" (p. 17). Ver também Margulis e Sagan, *Microcosmos,* p. 39; e Natarajan, "All things great and small", p. 57.

28 *Natura simplicitatem amat:* a máxima de Kepler é citada em Burtt, *The metaphysical foundations of modern physical science,* p. 57. A pergunta que dá ensejo ao argumento desta seção retoma a conjectura discutida por Jim Holt em *Por que o mundo existe?:* "Acontece que a mais simples de todas as teorias é aquela que afirma que NADA EXISTE. Essa teoria — a Teoria do Nada — não postula leis nem entidades; tem zero características arbitrárias. Se de fato a simplicidade é um sinal da verdade, a Teoria do Nada é que terá a priori a maior probabilidade" (p. 86).

28 *espaço-tempo esférico:* a definição científica do nada absoluto, destituído não só de matéria mas também de localização e duração, no qual o espaço-tempo se recurva sobre si mesmo como a superfície de uma esfera de raio zero, foi proposta pelo físico ucraniano radicado nos Estados Unidos Alex Vilenkin, conforme observa Jim Holt em *Por que o mundo existe?,* pp. 58-9.

29 *"abertura quântica de túnel":* sobre as hipóteses de que uma minúscula parcela de vácuo preenchido de energia ou, alternativamente, de que partículas virtuais em estado quântico pudessem ter se canalizado espontaneamente para a existência ("flutuações quânticas") e desse modo deflagrado a expansão descontrolada ("inflação") de matéria que em apenas dois microssegundos — o Big Bang — alcançou proporções cósmicas, ver: Kraus, *A universe from nothing,* pp. 97-8, e Holt, *Por que o mundo existe?,* pp. 155-61.

30 *Bulício das esferas:* baseado no relato feito pelo físico Steven Weinberg em *The first three minutes,* pp. 44-7.

31 *O eunuco metafísico toma a palavra:* a expressão se inspira na metáfora sugerida por Miguel de Unamuno: "O eunuco físico não sente a necessidade de se reproduzir carnalmente, no corpo; assim como o eunuco espiritual não sente a fome de autoperpetuação [na alma]" (*The tragic sense of life,* p. 101). Ou como observou Schopenhauer: "Quanto mais baixo, do ponto de vista intelectual, é um homem, menos intrigante e misteriosa é a existência em si mesma para ele; ao contrário, para ele tudo, o como é e o ser em si, parecerá uma coisa óbvia" (*The world as will and representation,* p. 161).

32 *"Sinto muito saber":* citado em Edmonds, *Parfit,* p. 323; esse mes-

mo trecho da carta foi usado como epígrafe por Dominic Wilkinson no artigo "Grief and the inconsolations of philosophy", pp. 273-96.

33 "*O homem se esquece*": Jorge Luis Borges, "There are more things", p. 33.

PARTE I: PROLONGAR A VIDA [pp. 35-97]

Página

37 "*O desejo intenso*": Plutarco, *Non posse suaviter vivi secundum epicurum* [Não é possível viver feliz seguindo Epicuro], 1104c, citado em Nussbaum, *The therapy of desire*, p. 201. Na mitologia grega o "eros primordial" não se confunde com o eros das relações amorosas, mas é o que surge após o advento do Caos e da Terra na criação do universo, como esclarece Jean-Pierre Vernant: "O Eros primordial não é aquele que surgirá mais tarde, com a existência dos homens e das mulheres, dos machos e das fêmeas. [...] [É só a partir da criação de Afrodite que] Eros muda de função. Não mais representa o papel exercido nos primórdios do cosmos, que era o de trazer à luz o que estava contido na escuridão das forças primordiais. Agora, seu papel é unir dois seres individualizados, de sexos diferentes [...] para que, a partir deles, nasça um terceiro" (*O universo, os deuses, os homens*, p. 19 e p. 26).

37 *aversão à morte*: "A morte", observa Hume, "é no fim inevitável, mas a espécie humana não teria logrado preservar-se caso a natureza não nos tivesse inspirado com uma aversão a ela" ("Of the immortality of the soul", p. 598). Como pontua o psicanalista russo radicado nos Estados Unidos, Gregory Zilboorg, "o constante dispêndio de energia psicológica na tarefa da preservação da vida seria impossível se o medo da morte não fosse da mesma forma uma presença constante. O próprio termo 'autopreservação' supõe o esforço contra alguma força de desintegração; o aspecto afetivo dessa força é o medo, o medo da morte" (citado em Ernest Becker, *The denial of death*, p. 16).

38 "*a vida é um negócio*": Schopenhauer, *The world as will*, p. 574.

38 "*se pessimismo significa*": Spencer, citado por sua amiga e discípula Beatrice Webb em *My apprenticeship*, p. 35.

38 "*A estirpe dos humanos*": Emerson, "Worship", p. 557.

38 "*a vida me repugna*": Byron, citado em Maurois, *Byron*, p. 369.

39 "*Eu vivo, mas vivo*": Byron, *Cain, a mystery*, ato 1, cena 1, linhas 110-5.

39 *a morada dos mortos*: conforme Unamuno em *Tragic sense of life*, p. 41; ver também Emerson, "Immortality", p. 704.

39 *"toda a coisa se esforça"*: Spinoza, *Ethica ordine geometrico demonstrata*, parte 3, 6ª proposição.

41 *"a miragem de uma grande fazenda"*: Freud, *O futuro de uma ilusão*, p. 293.

42 *A vida não é só isso*: verso da canção "Sei lá Mangueira" de Hermínio Bello de Carvalho e Paulinho da Viola. A análise da seletividade dos sentidos apresentada nesta seção baseia-se em Rue, *By the grace of guile*, pp. 84-93; e Zajonc, *Catching the light*, pp. 228-31.

43 *O naturalista holandês*: conforme descrito em Keith Thomas, *Man and the natural world*, pp. 167-8.

44 *"Chegará o tempo"*: Sêneca, *Naturales quaestiones*, 1.25, citado pelo médico irlandês Robert Boyle, um dos líderes da Revolução Científica do século XVII, em *A free enquiry into the vulgarly received notion of nature*, p. 165.

44 *Suponha que uma só bactéria*: o exemplo a seguir é uma variação do oferecido por Kit Yates em *As matemáticas da vida e da morte*, pp. 18-9.

46 *"in vitro gametogêneses"*: ver Catherine Brahic, "The most personal technology", p. 13.

47 *Com o sexo nasce a morte*: esta seção baseia-se em William Clark, *Sex and the origins of death*, pp. 53-104. Sobre a ligação entre morte (Thanatos) e pulsão sexual (Eros) na mitologia grega — "a morte é a irmã gêmea do sexo" —, ver Ernest Becker, *The death denial*, p. 163.

48 *"longa intoxicação da juventude"*: La Rochefoucauld, *Maxims*, §271, p. 73.

49 *"pressentimos só as migalhas"*: Drummond, "O minuto depois", em *Poesia completa*, p. 1233. Como observa George Bataille em *O erotismo*: "Ligada à desordem sexual, a angústia elementar é significativa da morte. [...] a volúpia [sexual] está tão perto da dilapidação ruinosa que chamamos de 'petite mort' ao momento do seu paroxismo [...] entre morte e 'petite mort' ou soçobramento que embriaga a distância é insensível" (p. 93 e p. 213). "Quando [o escultor italiano] Bernini retratou a união mística de santa Teresa d'Ávila com Deus", assinala Phillipe Ariès, "ele justapôs a imagem da agonia da morte à do transe orgástico" (*Western attitudes to death*, p. 57).

49 *"A busca do conhecimento"*: Frank Oppenheimer, citado em Ryan e Jethá, *Sex at dawn*, p. 93.

50 *o veneno mais destruidor*: adaptado de Emerson, "Old age", p. 463; e Baudelaire em *Poesia e prosa*, p. 113.

51 *"Para Titonos, Zeus"*: Vernant, "A 'beautiful death' and the disfigured corpse in Homeric epic", p. 60. Sobre o contexto e a função dos hinos homéricos — e do hino a Afrodite em particular — ver a bela tradução para o português e os comentários de Mary Lafer em *Engenhos da sedução*.

51 *o envelhecimento é um fenômeno*: uma clara evidência disso é o fato de que, quanto mais próximas geneticamente estiverem duas pessoas, menor tende a ser a diferença de longevidade entre elas: enquanto gêmeos idênticos morrem com uma diferença de 36 meses em média, gêmeos dizigóticos morrem com uma diferença de 75 meses e irmãos aleatoriamente selecionados com uma diferença de 106 meses (Clark, *Sex and the origin of death*, p. 83). Sobre a síndrome da progéria ver Tom Kirkwood, *Time of our lives*, pp. 98-9 e p. 241. Os pacientes de progéria morrem, em média, aos catorze anos; o mais longevo portador da doença — o italiano Sammy Basso — morreu aos 29 anos em outubro de 2024 ("Obituary", *The Economist*, 19 out. 2024, p. 78).

53 *"restaurar e exaltar o poder"*: Francis Bacon, "The refutation of philosophies", p. 131, e Giordano Bruno, *Spaccio de la bestia trionfante*, citado por Benjamin Farrington em *The philosophy of Francis Bacon*, p. 27.

53 *"A velhice é a mais inesperada"*: Trótski, *Trotsky's diary in exile*, 8 maio 1935, p. 106.

54 *Na versão aprovada pela Organização Mundial da Saúde*: ver Anjana Ahuja, "Can we defeat death?", pp. 1-2; e o artigo "How 'old age' was withdrawn as a diagnosis from ICD-11", publicado em *The Lancet* em julho de 2022 (disponível na internet).

54 *O limite de Hayflick*: embora enunciada pelo biólogo alemão August Weismann em 1881, a tese só foi demonstrada empiricamente por Hayflick e Moorhead em 1961: ver Kirkwood, *Time of our lives*, pp. 86-93.

55 *o congelamento a 196 graus negativos*: ver Kirkwood, *Time of our lives*, p. 88.

56 *"Ó Juventude"*: Hölderlin, "Lamentos de Ménon por Diotima", em *Poemas*, p. 191.

56 *"Para um homem velho"*: o trecho citado é do *Bencao gangmu* (conhecido como Compêndio de Matéria Médica), uma enciclopédia de medicina tradicional chinesa compilada por Li Shizhen e originalmente

publicada em 1596 durante a dinastia Ming (conforme o verbete "Shunamitism" da Wikipédia disponível na internet).

57 *O relógio de Horvath*: ver Ainsworth, "New insights into the ageing process show that growing older might not be a one-way street", pp. 38--44. A técnica de medição do grau de metilação da célula e as propriedades do biomarcador são explicadas por Horvath no vídeo "New developments in epigenetic clocks", 18 jun. 2023 (disponível no YouTube).

58 *O cardápio das técnicas*: 1) Steve Horvath et al., "Reversal of biological age in multiple rat organs by young porcina plasma fraction", *bioRxiv*, ago. 2023; 2) James Clement, Qi Yan et al., "Umbilical cord plasma concentrate has beneficial effects on DNA methylation GrimAge and human clinical biomarkers", *Aging Cell*, v. 21, out. 2022; 3) Gregory Fahy et al., "Reversal of epigenetic aging and immunosenescent trends in humans", *Aging Cell*, v. 18, set. 2019; e 4) Noémie Gensous et al., "The impact of caloric restriction on the epigenetic signatures of aging", *International Journal of Molecular Sciences*, v. 20, abr. 2019. Todos os artigos estão disponíveis na internet.

59 *A morte de Francis Bacon*: conforme o relato de Thomas Macaulay, baseado em fontes contemporâneas ao filósofo, em "Lord Bacon", p. 391. Essa versão, no entanto, é contestada por Lisa Jardine e Alan Stewart em *Hostage to fortune*: "a evidência para sustentar a história do 'galo' é toda ela anedótica, e o caráter repentino que confere à doença vai contra os fatos conhecidos do fim da vida de Bacon"; a causa real da morte, sustentam, teria sido "uma overdose na inalação de salitre ou no uso de opioides" ingeridos na expectativa de que pudessem aliviar sintomas de outras doenças e prolongar a vida (pp. 504-9).

60 *o desenvolvimento da criônica*: as técnicas mais avançadas de criopreservação incluem a drenagem do sangue antes do congelamento e sua substituição por produtos químicos anticongelantes capazes de prevenir a formação de cristais, assim como a vitrificação dos órgãos vitais visando evitar danos estruturais aos tecidos. Os resultados, no entanto, têm sido desastrosos, como relata Tom Hartsfield em "Horror stories of cryonics: the gruesome fates of futurists hoping for immortality", *The future*, 3 ago. 2022 (disponível na internet).

62 *"o enigma central da gerontologia"*: Kirkwood, *Time of our lives*, p. 56. Embora o risco de alguma anomalia genética seja de fato maior quando as mães têm mais idade, uma vez que o "controle de qualidade" dos óvulos selecionados sofre um certo declínio com o avanço dos anos, todos os bebês nascem com o relógio da idade zerado (*"age clock set to zero"*); a grande questão é saber "como as células germinativas conse-

guem se manter imortais, ao passo que as células somáticas sofrem o processo de envelhecimento" (p. 56).

62 *"os fatores de Yamanaka"*: sobre o teor da descoberta e suas possíveis aplicações ver: Ainsworth, "New insights into the ageing process", pp. 38-41; e Geoffrey Carr, "In search of forever", pp. 7-8. O ex-diretor do Instituto Nacional do Câncer dos Estados Unidos e atual diretor-executivo da área de saúde global da Fundação de Bill e Melinda Gates, Richard Klausner, considera a descoberta de Yamanaka como "a maior revolução na medicina, na saúde e talvez até mesmo na sociedade que a humanidade jamais viveu" (citado em Ahuja, "Can we defeat death?", pp. 1-2).

63 *sustentam os mais entusiastas*: os prognósticos mais otimistas de aumento da longevidade a curto prazo foram criticados por Michael Shermer em "Radical life-extension is not around the corner" (disponível na internet); ver também Carr, "In search of forever": "O ceticismo é aumentado pelo número de ideias e firmas defuntas que entulham as margens da estrada rumo à imortalidade. [...] Todavia, um pendor sensato ao pessimismo no curto prazo não deveria excluir uma postura arejada no médio prazo" (p. 12).

65 *"A natureza nos dá a vida"*: Cícero, *Tusculan disputations*, livro 1, §39. É o que dirá, mais tarde, Freud — "cada um de nós deve à natureza uma morte e tem de estar preparado para saldar a dívida" — evocando o verso de Shakespeare em *Henrique IV*: "*Why, thou owest God a death*" ("Considerações atuais sobre a guerra e a morte", p. 230).

66 *Godwin argumentou*: *An enquiry concerning political justice*, v. 2, livro 8, cap. 7, p. 860; o trecho citado aparece apenas na 1ª edição do livro, publicada em 1793. Ver também Siobhan Ni Chonaill, "'Why may not man one day be immortal?': population, perfectibility, and the immortality question in Godwin's *Political justice*", pp. 25-39. Sobre a evolução do conceito de "perfectibilidade humana" na história das ideias desde o mundo antigo e a contribuição de Godwin e Condorcet ver John Passmore, *The perfectibility of man*.

67 *"A melhoria da prática médica"*: Condorcet, *Sketch for a historical picture of the progress of the human mind*, 10ª parte, pp. 199-200.

67 *"uma deveras curiosa"*: Malthus, *An essay on the principle of population*, pp. 239-41.

68 *"Não se morre uma só vez"*: Drummond, "A mesa", em *Poesia completa*, p. 296. A ideia de que a perda derradeira — o último passo — pode não ser a pior perda, foi sugerida por Montaigne: "O que resta a um velho do vigor de sua juventude, de sua vida passada? [...] Se

caíssemos de repente nesse estado, não creio que seríamos capazes de suportar tal mudança. Mas conduzidos pela mão da natureza, por uma suave e como que insensível ladeira [...] não sentimos nenhum abalo quando a juventude morre dentro de nós, o que, no fundo e na verdade, é morte mais dura que a morte completa de uma vida languescente e que a morte da velhice" ("Que a filosofia é aprender a morrer", p. 75).

70 *"Sabiamente os deuses encobriram"*: Horácio, *Odes*, 3:29, linhas 29-34.

70 *"Melhor vida é a vida"*: Ricardo Reis/Fernando Pessoa, "Odes", em *Obra poética*, p. 275.

70 *O cérebro e o seu "eu"*: The self and its brain é o título de um livro do filósofo austríaco Karl Popper em coautoria com o neurofisiologista australiano John Eccles, no qual eles defendem uma posição dualista acerca da relação mente-cérebro. A pergunta que abre a seção é uma variação da questão proposta por Daniel Dennet na introdução à coletânea *The mind's I*, p. 5; ver também o apêndice D ("Nagel's brain") em Parfit, *Reasons and persons*, pp. 468-77.

71 *"o inimigo maduro"*: Drummond, "O retrato malsim", em *Poesia completa*, p. 488.

71 *encontrou no* transumanismo: sobre as origens desse movimento ver o trabalho pioneiro do cientista da computação americano e cofundador do laboratório de IA do Massachusetts Institute of Technology, Marvin Minsky, *The society of mind*, publicado em 1986. Uma análise das ideias do programa transumanista é oferecida por Michele Pridmore-Brown, "Beyond flesh and blood: the quest for godlike immortality", pp. 3-4.

72 *"A tecnologia moderna pode exclamar"*: Marx, *O capital*, livro 1, parte 4, cap. 15, p. 547. Embora Marx não indique isso, a passagem é uma adaptação do que havia escrito o crítico romântico do utilitarismo, Thomas Carlyle, em *Chartism*; depois de dar como exemplos diversas supostas "impossibilidades" tecnológicas recentemente superadas pelo engenho humano, Carlyle escreveu: "'Impossible!', exclamou Mirabeau para o seu secretário, *'ne me dites jamais ce bête de mot!'*" (p. 220). O conde de Mirabeau foi um jornalista, orador e ativista político que defendeu uma transição pacífica para uma monarquia constitucional durante a Revolução Francesa.

74 *"Nossa nova Constituição"*: Franklin em carta a Jean Batiste Le Roy de 13 de novembro de 1789 (*Oxford Dictionary of Scientific Quotations*, p. 225).

74 *"O homem que vive para o corpo"*: Edward Young, *Night thoughts* ("Night the eighth"), p. 90.

74 *A epopeia de Gilgámesh*: as informações sobre a origem, caracterís-

ticas e histórico da composição da obra têm como fonte as introduções e notas de Andrew George à edição inglesa (*The epic of Gilgamesh*, pp. xv-liv) e de Jacyntho Lins Brandão à edição brasileira (*Epopeia de Gilgámesh*, pp. 11-7).

77 *O imperador chinês Aidi de Jin*: Joseph Needham e Ping-Yü Ho, "Elixir poisoning in medieval China", pp. 221-51.

77 *Na mitologia grega, a imortalidade*: Vernant, "Mortals and immortals: the body of the divine", p. 35; as fontes e diferentes versões do mito de Tântalo na mitologia grega são revistas em Graves, "Tantalus", pp. 25-31.

80 *"O episódio de Calipso"*: Vernant, "Feminine figures of death in Greece", p. 109.

80 *"passaremos à existência futura"*: a frase é do polímata e místico sueco Emanuel Swedenborg e foi citada por Emerson no ensaio "Immortality", p. 705.

80 *"a morte não é nada para nós"*: Epicuro, *Carta a Meneceu*, 125: "Portanto, o mais aterrador de todos os males — a morte — nada é para nós se, justamente quando existimos nós, a morte não está presente e, quando a morte se apresenta, nós então é que não existimos" (em *Cartas e máximas principais*, p. 86).

81 *"Uma vida infeliz é mil vezes"*: Eurípides, *Ifigênia em Áulis*, linhas 1250-2.

81 *"Eu não quero morrer"*: Unamuno, *Tragic sense of life*, p. 45; na avaliação de Bernard Williams, a posição de Unamuno seria, possivelmente, "a mais extrema manifestação" do anseio de imortalidade ("The Makropulos case", p. 98).

81 *"Quanto a mim, posso dizer"*: Unamuno, *Tragic sense of life*, p. 9; como ele reforça mais adiante: "E devo confessar, embora seja doloroso fazê-lo, que nos tempos da fé simples da minha infância as descrições das torturas do inferno, não importa quão terríveis, nunca me fizeram tremer, pois eu sempre senti que o nada era muito mais aterrorizante" (p. 43).

81 *"Não é porque eu preferiria"*: Agostinho, *On the free choice of the will*, livro 3, cap. 7, §21, p. 88.

83 *"o mais temível de todos os animais"*: William James, "Remarks at the Peace banquet", p. 301.

84 *"mais lágrimas são derramadas"*: atribuída a Teresa d'Ávila, embora pareça não haver evidência da frase em seus escritos.

84 *"quando os deuses querem nos punir"*: Oscar Wilde, *An ideal husband*, citado em George Ainslie, *Picoeconomics*, p. xi.

86 *"O melhor modo de atravessar"*: Machado de Assis, "O imortal", p. 892.

87 *"A alma de meu pai"*: Machado de Assis, "O imortal", p. 899.

87 *Hume encontra Caronte*: o contexto e o teor do encontro foram reconstruídos por Mossner, *The life of David Hume*, pp. 589-603, e Rasmussen, *The infidel and the professor*, pp. 199-214.

88 *"Meu bom Caronte"*: Hume, citado por Adam Smith em carta a William Strahan de 9 de novembro de 1776 (*Correspondence*, pp. 217--21). É interessante notar que em outra carta, escrita dois meses antes, Smith havia sido mais explícito em relação aos "sistemas dominantes de superstições" que Hume pretendia desacreditar: "Bom Caronte, eu tenho me empenhado em abrir os olhos das pessoas; tenha um pouco de paciência até que eu tenha o prazer de ver as igrejas caladas e o clero despachado" (ver Rasmussen, *The infidel and the professor*, p. 209).

89 *"haveria pouco a lamentar"*: Hume em carta a John Pringle de 13 de agosto de 1776, em *The letters of David Hume*, v. 2, p. 333.

89 *"A morte é a mãe da beleza"*: Wallace Stevens, "Sunday morning", pp. 68-9. Entre os defensores do mortabilismo estão William Alger: "Uma imortalidade corporal na terra não só impediria toda a felicidade nascente de milhões de pessoas futuras como seria uma maldição inominável para os seus detentores" (*A critical history of the doctrine of a future life*, p. 32); e Martha Nussbaum: "Muito do valor da experiência humana é inseparável da consciência da vulnerabilidade, fugacidade e mortalidade" (*A therapy of desire*, p. 195).

90 *"tudo que poderia acontecer"*: Bernard Williams, "The Makropulos case", p. 90. Posição ainda mais enfática foi defendida por Borges; ao contemplar a perspectiva da imortalidade, ele concluiu: "Eu, pessoalmente, não a desejo e a temo; para mim seria espantoso saber que vou continuar, seria espantoso pensar que vou seguir sendo Borges. Estou farto de mim mesmo, de meu nome e de minha fama e quero libertar-me de tudo isso" ("La inmortalidad", p. 175).

90 *"Dada a escolha simples"*: Nagel, *The view from nowwhere*, p. 224.

91 *"uma questão viva"*: Gilbert Ryle, *Dilemmas*, p. 13.

92 *"nada é mais difícil"*: Goethe, citado por Freud em *O mal-estar na civilização*, p. 33.

94 *"Todas as coisas que são"*: Shakespeare, *O mercador de Veneza*, ato 2, cena 6, linhas 10-2.

97 *"Os sinais elétricos"*: a passagem a seguir é uma adaptação da descrição feita por Malcolm Gaskill em "Like oysters in their shells", p. 13.

PARTE II: ESPERANÇAS SUPRATERRENAS [pp. 99-176]

Página

102 *seis categorias básicas*: a cartografia do destino da alma apresentada a seguir é uma adaptação da taxonomia oferecida por Alger (o Lineu da vida póstuma) em *A critical history of the doctrine of a future life* (pp. 53-67).

104 *Ilustração incomparável*: conforme o relato de Heródoto em *As guerras persas*, livro 3, §36.

105 *A paz dos cemitérios*: baseado em Ariès, *Western attitudes to death*, pp. 74-5.

106 *Sonho e realidade*: os poemas de Chuang Tzu foram traduzidos para o espanhol por Octavio Paz (*Versiones y diversiones*, p. 514 e p. 516).

107 *O eterno presente*: esta seção reproduz um trecho do box "A Terra vista do espaço-tempo" do meu livro *O valor do amanhã* (pp. 144-5).

108 *"ninguém é tão próximo de mim"*: as duas cartas de Einstein citadas aparecem em Isaacson, *Einstein*, p. 80 e p. 550, respectivamente.

109 *"Os céus medi"*: o cemitério onde ficava o túmulo de Kepler em Ratisbona, na Alemanha, foi destruído durante a Guerra dos Trinta Anos (1618-48), mas o epitáfio sobreviveu ao desastre (ver Koestler, *Os sonâmbulos*, p. 293).

109 *Os três pedidos de Naciketas*: ver Katha Upanisad em *Upanisadas*, pp. 263-81. O termo "Katha" designa uma modalidade de narrativa da Índia antiga e, possivelmente, teria sido o nome próprio de um sacerdote. Uma versão resumida e adaptada dessa passagem da Katha Upanisad aparece na conclusão do ensaio "Immortality" de Emerson.

112 *Os iorubás e o mundo-além*: baseado no estudo de campo e análise da antropóloga Juana Elbein dos Santos em sua tese de doutorado defendida na Sorbonne em 1972 e depois publicada como *Os nàgô e a morte*, esp. pp. 55-8. Provenientes do sul e do centro do Daomé e do sudoeste da Nigéria a partir do final do século XVIII, especialmente para Salvador e Recife, os iorubás são conhecidos no Brasil sob o nome genérico de nagôs. O termo iorubá *égun*, como explica Yeda Pessoa de Castro, designa "espírito do morto, a alma humana; o espírito desencarnado dos antepassados no culto nagô-keto" (ver *Camões com dendê*, p. 381).

116 *"Traga o papel-moeda"*: a afirmação aparece na tese de doutorado de Marx ("A diferença entre as filosofias da natureza de Demócrito e Epicuro") defendida em Bonn em 1841. O tema é recorrente nas obras teológicas do jovem Hegel: "[...] a religião, e a religião imaginativa em

especial, não é passível de ser arrancada da vida e do coração de um povo por meio dos frios silogismos fabricados num gabinete" (citado em Plant, *Hegel*, p. 47).

117 *O paraíso viking*: baseado em *Dictionary of Norse myth and legend*, organizado por Andy Orchard, e no verbete "Valhalla" ("Salão dos mortos") do *Dictionary of non-classical mythology* organizado por Edwardes e Spence.

117 *"Os Maï devoram as almas"*: Viveiros de Castro, "O mármore e a murta", pp. 263-4.

119 *dois grandes aliados*: a análise a seguir baseia-se em Viveiros de Castro, "O mármore e a murta": "A pregação escatológica dos jesuítas fez grande sucesso, ao menos no começo. Ela vinha encontrar uma questão-chave da religião indígena, a recusa da mortalidade pessoal. Por sua vez, a mensagem apocalíptica cristã coincidia com o tema nativo da catástrofe cósmica que irá aniquilar a terra" (p. 207); o diálogo entre Anchieta e o líder tamoio aparece no mesmo ensaio (pp. 199--200). As crenças tupinambás acerca da imortalidade da alma e da justiça póstuma, assim como suas demandas aos colonizadores franceses, foram descritas (não raro em tom de severo moralismo cristão) por Jean de Léry em *Viagem à terra do Brasil* (pp. 205-22).

120 *"Outros Gentios são incrédulos"*: Antônio Vieira, "Sermão do Espírito Santo", p. 423.

121 *"O que os povos selvagens"*: Nietzsche, *A gaia ciência*, §147, p. 158.

121 *Astúcia cristã: anglo-saxões*: a fonte primária do discurso dirigido ao rei Edwin é a *Historia ecclesiastica* (livro 2, §13) do monge inglês Venerável Beda, publicada em latim em 731; uma versão resumida do episódio aparece na abertura do ensaio "Immortality" de Emerson.

122 *"Teria o homem* menos necessidade"*: Nietzsche, *Genealogia da moral*, terceira dissertação, §25, p. 142.

122 *"Quanto mais o universo"*: Weinberg, *The first three minutes*, p. 154.

123 *como propõe o Dalai Lama*: ver *The art of happiness*, p. 294.

124 *A necessidade de além*: uma enquete realizada nos Estados Unidos em 2002 apurou que: 48% dos americanos acreditam que irão para o céu ou para o inferno depois de morrer, como postula a religião cristã; 24% creem que a alma viverá em outro lugar, dependendo da vida que levaram; 10% acreditam no retorno à vida terrena em outra forma; e 10% não creem em nenhuma forma de vida futura (Jim Holt, "Eternity for atheists"). Ao relativo declínio das religiões no mundo ocidental, especialmente na Europa, corresponde sua ascensão em outros continen-

tes: "Entre 1900 e 2020, a proporção de africanos cristãos subiu de 9% para quase a metade; a proporção dos muçulmanos subiu de cerca de um terço, a mais de 40%" ("God™", *The Economist*, 18 maio 2024, p. 73).

125 *se autoproclamam revelações divinas*: "Em todas as nações-líderes do planeta", comenta Alger, "a doutrina da vida futura é uma tradição transmitida desde a antiguidade imemorial e embalsamada em livros sagrados que são tidos como revelações infalíveis de Deus" (Alger, *A critical history*, p. 40).

125 *"Para um ateu"*: Montaigne, "Apologia de Raymond Sebond", p. 213.

125 *"é prova manifesta"*: Locke, *Essay concerning human understanding*, livro 3, cap. 9, §23, pp. 489-90.

126 *"O que são sessenta anos de provação"*: Stendhal, *Scarlet and black*, p. 195. A crença na danação *eterna* nas chamas do inferno ganhou força no mundo romano pré-cristão antes de tornar-se doutrina oficial da Igreja cristã em 543 com a promulgação do *Canones adversus Originem* (em oposição à tese do teólogo cristão Orígenes segundo a qual, após a morte, todos os pecadores passariam por um fogo purificador do qual sairiam livres do pecado depois de algum tempo). Ver também Hume, "Of the immortality of the soul" (p. 593).

127 *O gozo antecipado*: adaptado de Peirce, "The fixation of belief", p. 12; e Robert Martin, "Suicide and false desires" (citado em Battin, *Death debate*, p. 125). Como ilustrações dessa experiência, provavelmente bastante comum naqueles que creem numa vida futura, podemos lembrar: Montesquieu nos *Pensées diverses* ("Delicio-me em me acreditar tão imortal como o próprio Deus") e Goethe nas *Conversações com Eckermann* (25 fev. 1824): "De forma alguma quero renunciar à ventura de crer numa futura existência; direi mesmo com Lourenço de Médici, 'que já nesta vida estão mortos os que não têm esperança em outra'".

127 *O sonho de Cipião*: Cícero, *Da república*, livro 6, §§1-19. O tema é recorrente na obra de Cícero: "Encerrados que estamos na prisão de nosso corpo, cumprimos de certo modo uma missão necessária, uma tarefa ingrata: pois a alma, de origem celeste, foi precipitada das alturas onde habitava e se encontra como que enterrada na matéria. [...] Ignoro a razão, mas minha alma desperta sempre pressagiou o futuro, como se tivesse adivinhado que uma vez deixada a vida, ela finalmente viveria. Não, se fosse verdade que as almas não são imortais, os grandes homens não desdobrariam tantos esforços para alcançar a glória e a imortalidade" (*Saber envelhecer* [*Cato maior de senectute*], p. 61 e p. 65).

128 *"A esperteza é sempre mais fácil"*: Samuel Johnson, citado em Boswell, *Tour to the Hebrides*, p. 176.

129 *"O homem sábio apressará"*: Valério, "A excelência do martírio", citado em Battin, *Death debate*, p. 59. Ou como observa o economista da Escola de Chicago Gary Becker: "A religião com frequência aumenta o peso atribuído às utilidades futuras, especialmente quando ela promete uma vida atraente após a morte" (*Accounting for tastes*, p. 11).

129 *"os autores teológicos"*: Battin, *Death debate*, p. 58.

130 *"Foi contra essa situação"*: Battin, *Death debate*, p. 60.

130 *martírio* ofensivo: a diferença entre as duas formas de martírio — o passivo e o ofensivo — segue a definição proposta por Meir Hatina em *Martyrdom in Modern Islam*, p. 230.

131 *incluem passagens bastante incisivas*: a análise da prática do martírio ofensivo e as passagens do Alcorão e dos hádices citadas nesta seção têm como fonte: Andrew Greenland, Damon Proulx e David Savage, "Dying for a cause: the rationality of martyrs, suicide bombers and self-immolators" (disponível na internet); e Christine Sixta Rinehart, "Escaping atonement in Sunni Islam: death by jihad for deliverance" (disponível na internet). Sobre o caráter beligerante do extremismo islâmico desde a sua origem no século VII d.C. ver também os comentários de Alger: "Um zelo enfurecido contra os idólatras e descrentes inflamou o coração muçulmano; um feroz entusiasmo marcial tomou a alma muçulmana, e visões tangíveis do paraíso e do inferno flutuaram [...] pela imaginação muçulmana. E, desse modo, do golfo Pérsico ao Cáucaso e da Serra Leoa aos Pirineus, a política de Maomé varreu nações com o Alcorão na sua mão esquerda e a espada na direita" (*A critical history*, pp. 199-200).

132 *"as nossas paixões sempre"*: Malebranche, *The search after truth*, p. 399.

132 *Entreouvido no funeral*: o episódio é relatado por Henry Kissinger em *Diplomacy*, p. 58.

133 *"Seria bom morrer"*: embora usualmente atribuída a Marco Aurélio e, sem dúvida, afinada com a filosofia do autor das *Meditações*, a frase (cuja autoria ainda não foi identificada) não consta dos seus escritos.

133 *"A nossa felicidade nesta vida"*: Adam Smith, *The theory of moral sentiments*, parte 3, cap. 2, §33, p. 132. As alterações feitas por Adam Smith em sucessivas edições da *Teoria* e a possível influência de Hume em suas ideias religiosas foram examinadas em detalhe por Raphael no apêndice II da edição Glasgow da obra (pp. 383-401).

134 *calculadamente reticente*: como bem resume Rasmussen em *The*

infidel and the professor: "Acerca de suas opiniões religiosas, não existe um maior consenso hoje em dia do que havia no tempo do próprio Smith. As conjecturas vão da crença sincera no cristianismo ao ateísmo enrustido, embora a maioria dos estudiosos fique a meio do caminho, interpretando Smith como adepto de alguma forma de deísmo. Uma reflexão detida sobre sua amizade com Hume não deixa de sugerir, todavia, uma interpretação mais próxima do polo ateísta do espectro" (p. 15). Mesmo que influenciado pelos argumentos do amigo e colaborador — *"the infection of Hume's society"*, como se chegou a dizer na época —, o fato é que Smith, em contraste com Hume, manifesta uma grande preocupação em relação aos possíveis *efeitos* do esgarçamento das crenças religiosas sobre a felicidade e a conduta humanas.

135 *"a religião possa ser moralmente útil"*: Mill, "Utility of religion", p. 48. Escrito na década de 1850, o ensaio só foi publicado postumamente, em 1874, juntamente com dois outros importantes ensaios da maturidade de Mill ("Nature" e "Theism"). As citações de "Utility of religion" feitas a seguir ocorrem respectivamente nas páginas 65 ("a crença no sobrenatural"); 77-8 ("a condição dos homens"); e 78 ("quando a humanidade").

136 *"a luta contra a religião"*: Marx, "A contribution to the critique of Hegel's philosophy of right", p. 244. A antologia *Sur la réligion*, publicada na França em 1972, reúne as principais passagens espalhadas nas obras de Marx e Engels sobre o tema.

136 *"ópio do povo"*: Marx, "A contribution to the critique of Hegel's philosophy of right", p. 244. Embora usualmente atribuída a Marx, a expressão foi cunhada pelo poeta alemão Heinrich Heine (muito admirado pelo jovem Marx) em *Contribuição à história da religião e filosofia na Alemanha* (1834): "A religião [...] é o ópio do povo [*Opium des Volkes*]"; Fredrich Schiller, antes de Heine, já havia usado uma expressão semelhante nas *Cartas sobre a educação estética do homem* (1795): "A religião... é o ópio das massas [*Opium der Massen*]"; idem o filósofo e poeta alemão Novalis em *Pólen* (1798): "Sua assim chamada religião [dos filisteus] atua meramente como um opiáceo, estimulando, entontecendo, aquietando dores por fraqueza" (p. 81).

137 *"Quando a sociedade"*: Engels, *Anti-Dühring*, p. 431.

137 *"Eu sofri por demais"*: o desabafo de Rousseau surge na carta que escreveu a Voltaire em 18 de agosto de 1756, após a leitura do *Poema sobre o desastre de Lisboa*, em que Voltaire, sob o impacto do terremoto que devastou a capital portuguesa, questiona as ideias de benevolência e boa governança divinas do universo. A primeira edição (não auto-

rizada) da carta de Rousseau apareceu em Berlim em 1759; cinco anos depois ela foi publicada em Paris, com permissão do autor, como *Lettre à Voltaire*. No artigo "Meditações catastróficas" procurei reconstruir o contexto do poema e da carta no âmbito do iluminismo europeu.

138 *"Teoricamente, existe"*: Kafka, *The aphorisms of Franz Kafka*, §69, p. 138. Ver também §50. As reflexões de Kafka, conhecidas como "os aforismos de Zürau", foram escritas entre 1917 e 1918 e publicadas, em 1931, por seu amigo e executor literário Max Brod. Como observa Reiner Stach, editor do volume dos aforismos em língua inglesa, "numa crítica do livro de Max Brod, *Paganismo, cristianismo, judaísmo*, que Kafka escreveu numa carta a Brod, ele citou o aforismo 69, porém substituindo 'o indestrutível' por 'o divino'. [...] A afirmação foi adaptada ao contexto epistolar (de outro modo Kafka teria que explicar o termo 'indestrutível'), mas a ideia de tratar estes termos como equivalentes já se havia alinhado à sua visão por algum tempo" (p. 139).

138 *"As ideias religiosas"*: Freud, *O futuro de uma ilusão*, p. 266. As citações a seguir ocorrem respectivamente nas páginas 251 ("a própria morte"); 264 ("Não há instância"); 296 ("a religião é comparável"); 252 ("todo o bem encontra"); 284 ("é de supor que"); 285 ("relíquias neuróticas"); 292-3 ("O ser humano não pode"); e 269 ("os enigmas do mundo").

141 *crença-esperança ilusória*: até que ponto a ciência moderna tem levado a uma secularização da cultura no mundo ocidental? Uma pesquisa realizada logo antes da Primeira Guerra Mundial por James Leuba mostrou que 41,8% de uma amostra de mil *cientistas* americanos acreditavam na existência de um Deus pessoal "ao qual se pode rezar na expectativa de obter uma resposta". Uma pesquisa idêntica publicada na revista *Nature* em 1997 chegou a um resultado muito próximo: 39,3% (ver Edward Larson e Larry Witham, "Scientists are still keeping the faith", pp. 435-6). A proporção de teístas, todavia, é menor entre os cientistas de maior prestígio e biólogos (ver Brooke, "Myth 25: that modern science has secularized western culture", pp. 224-32).

141 *"Sentimos que, mesmo que"*: Wittgenstein, *Tractatus*, §6.52, p. 279.

141 *em rara entrevista*: concedida ao jornalista americano George Viereck em 1926. A íntegra dessa entrevista saiu no *Journal of Psychoanalytical Psychology* (1957) e foi reproduzida na *Revista Ide* (v. 42, 2020) da Sociedade Brasileira de Psicanálise de São Paulo em tradução de Paulo César de Souza.

142 *"A suspeita recai"*: Hume, "Of the immortality of the soul", p. 598.

143 *adjetivo grego* skeptikos: como elucidam Annas e Barnes na introdução ao *The modes of scepticism* de Sextus Empiricus, p. 1.

143 *Ninguém se empolga*: adaptado de Bertrand Russell em *Human society in ethics and politics*, p. 215.

144 *"A não ser que você espere"*: Heráclito, fragmentos #19 e #67 (Diels-Krans).

145 *não endossa a crença na* imortalidade: a crença na sobrevivência da alma depois da morte biológica não implica imortalidade ou vida eterna. É o que enfatiza Philip Wheelwright ao comentar o fragmento #67: "Heráclito acreditava na sobrevivência da alma depois da morte [...] A questão aqui é sobrevivência, não imortalidade. A antiga distinção entre as duas ideias foi perdida no cristianismo moderno, no qual a noção de uma vida futura, seja ela afirmada ou negada, usualmente traz consigo a ideia de imortalidade, isto é, de vida eterna. Seria naturalmente inconsistente com a posição filosófica de Heráclito dizer que qualquer alma dura para sempre. Nada dura para sempre, exceto a atividade" (*Heraclitus*, pp. 75-6).

145 *"Na morte", observou Marco Aurélio*: Marco Aurélio, *Meditações*, livro 6, §24.

145 *gêmeos Castor e Pólux*: as fontes e diferentes versões do mito de Castor e Pólux na mitologia grega são revistas em Graves, "The rival twins", pp. 245-52; ver também March, "Dioscuri", pp. 267-70.

146 *"Uma vez que os atenienses"*: Platão, *Fédon*, 98e.

147 *"Eu prefiro morrer"*: Platão, *Apologia*, 38e-39a. As citações a seguir ocorrem respectivamente em: 40c ("existe boa razão"); 40c ("Existem duas alternativas"); 40d-e ("um sono como o sono"); 40e ("Pois que bem, meus amigos"); 41a-c ("O que não daria um homem") e 29a ("ninguém sabe se a morte").

148 *movimento órfico*: sobre a influência órfico-pitagórica no platonismo Dodds comenta: "O que é certo é que tais crenças [originárias das escolas órfica e pitagórica] estimularam naqueles que a elas aderiram um horror do corpo e uma repulsa contra a vida dos sentidos que era bastante nova na Grécia. [...] Na forma da doutrina que Platão atribui à escola órfica, o corpo foi retratado como a prisão da alma, no qual os deuses a mantêm aprisionada até que ela se tenha purificado da culpa. Na outra forma mencionada por Platão, o puritanismo encontra uma expressão ainda mais violenta: o corpo era concebido como o túmulo no qual a *psyche* jaz morta, aguardando sua ressurreição na verdadeira vida que é a vida sem o corpo" (*The Greeks and the irrational*, p. 152).

149 *"Enquanto possuirmos um corpo"*: Platão, *Fédon*, 66b-d.

150 *"Façam como quiserem"*: Platão, *Fédon*, 70a.

150 *"Importem-se pouco com Sócrates"*: Platão, *Fédon*, 91b. As citações a seguir ocorrem respectivamente em: 63e-64a ("com que boa razão"); 70a ("Quem nos garante"); 114d ("Insistir ponto a ponto"); 114d-e ("Estas, pois, as razões"); 64a ("exercício de morrer"); e 114c ("Belo é o prêmio").

156 *registra num epigrama*: Calímaco, epigrama #30. O episódio é referido por Cícero em *Tusculan disputations*, livro 1, §34, p. 99, e por Alger, *A critical history*, p. 194.

156 *"gozar uma felicidade"*: Platão, *Fédon*, 58e.

156 *expressa condenação do suicídio*: ver Platão, *Fédon*, 61b-62e. Em seu comentário do *Fédon*, Bostock apresenta uma minuciosa análise da questão do suicídio no diálogo (*Plato's* Phaedo, pp. 16-20).

156 *"Trata-se de uma infinita vantagem"*: Hume, "Of the immortality of the soul", p. 598.

157 *"devido à magnitude do assunto"*: Platão, *Fédon*, 107a-b.

157 *o próprio Platão se encarregou*: como enfatiza Charles Kahn: "Vimos que Sócrates conclui a discussão filosófica no *Fédon* com a sugestão de que as 'hipóteses iniciais' precisarão ser mais investigadas. E é precisamente a hipótese das Formas que será de fato objeto de escrutínio no *Parménides*. Devem existir poucos paralelos na história da filosofia do espetáculo de uma crítica tão impiedosa dirigida por um autor contra sua própria teoria, sem tentativa de defesa ou resposta" (*Plato and the socratic dialogue*, p. 331); ver também o comentário da mesma passagem feito por Gallop em sua edição do *Fédon* (p. 222).

158 *"o prazer de buscar"*: Nietzsche, *Assim falou Zaratustra*, III, §5, p. 221.

159 *"Nothing more true"*: Byron, *Don Juan*, canto 14, §2. A versão de Augusto de Campos — "Nada melhor que a própria consciência; Que provas há de sua consistência?" — evidencia os sérios limites da "transcriação" como técnica de tradução literária (*Byron e Keats: entreversos*, p. 81).

159 *costuma andar colada na crença*: um exemplo eloquente disso são os personagens de Dostoiévski. Como observa Joseph Frank: "Para o Dostoiévski tardio, não acreditar em Deus e na imortalidade é condenar-se a viver num universo em última análise destituído de sentido; os personagens dos seus grandes romances que chegam a este grau de autoconsciência inevitavelmente destroem-se a si mesmos porque, recusando-se a suportar o tormento de viver sem esperança, eles se tornam

monstros em meio ao seu sofrimento" (*The years of ordeal, 1850-1859*, v. 2, p. 159).

160 *"a noção de que iremos"*: Joseph Butler, *The analogy of religion*, p. 98. Filósofo e bispo anglicano, Butler foi o principal expoente da ortodoxia cristã e da "religião revelada" na filosofia inglesa do século XVIII.

160 ensaio *"Imortalidade humana"*: a palestra de William James, depois publicada em livro, foi proferida na Universidade Harvard em 1895, como parte de uma série (The Ingersoll Lectureship) tendo como tema a imortalidade da alma (disponível na internet).

161 *radiorreceptor*: a analogia do rádio como metáfora do argumento de James foi sugerida por Jim Holt no artigo "Eternity for atheists".

163 A tensão entre estoque e fluxo: a parte inicial desta seção reproduz uma passagem do meu livro *Autoengano* (cap. 2, item 1, pp. 70-1).

163 *"Qualquer fenômeno oculto"*: Quine, verbete "Anomalias", p. 6.

164 *"Uma dificuldade é uma luz"*: Valéry, *Mauvaises pensées et autres*, p. 795.

164 *"É tarefa da ciência"*: Bohr, citado em Horgan, *O fim da ciência*, p. 338.

165 *"O 'após-a-morte'"*: Nietzsche, *Aurora*, §72, pp. 57-8.

166 *"alguns homens nascem póstumos"*: Nietzsche, *O anticristo*, p. 9.

166 *"preferência temperamental"*: James encarava a vida futura como "a esperança vital da humanidade" e acreditava que, em última análise, "toda a temática ligada à vida imortal tem suas raízes primeiras no sentimento pessoal" (*Human immortality*, p. 7 e p. 1).

166 *"Criar coisas em que o tempo"*: Nietzsche, *Crepúsculo dos ídolos*, IX, §51, p. 84.

167 *"Jamais encontrei a mulher"*: Nietzsche, *Assim falou Zaratustra*, III, p. 219, p. 220 (duas vezes); p. 221 (duas vezes); p. 222 (duas vezes). O uso da repetição é obviamente um recurso estilístico associado à mímese-paródia do tom profético dos textos sagrados. Os "sete selos" remetem às profecias do Juízo Final no Livro do Apocalipse da Bíblia cristã.

167 *"Desde quando viso a felicidade"*: Nietzsche, *Assim falou Zaratustra*, IV, p. 310.

170 *"Admitido um disparate"*: Aristóteles, *Física*, 185a, citado em Guthrie, *A history of Greek philosophy*, v. 6, p. xvi.

170 *"A lógica", recorda Guimarães Rosa*: a frase aparece na entrevista concedida pelo autor de *Grande sertão* ao crítico literário alemão Günter Lorenz em janeiro de 1955.

171 *O cientismo é a doença infantil*: o "ateísmo militante" de Richard

Dawkins, Sam Harris, Christopher Hitchens e Daniel Dennett é o legítimo herdeiro, no século XXI, da tradição cientificista do século XIX, cujos principais expoentes foram Ernst Haeckel, Ludwig Büchner, Thomas Huxley e Herbert Spencer. Ao comentar o que chamou de "a 'filosofia científica' do século XIX", Fernando Pessoa foi direto ao ponto: "Como a religião e a metafísica outrora houvessem invadido a esfera própria da ciência, agora a ciência invade a esfera própria da metafísica e da religião; e temos um Büchner que nega a imortalidade da alma, problema que está fora do âmbito da ciência" (*Obra em prosa*, p. 209).
171 *"está fora do âmbito"*: Medawar, *The limits of science*, p. 86.
176 *"O homem é a medida"*: contemporâneo de Sócrates e Demócrito, Protágoras de Abdera foi um dos primeiros e mais respeitados expoentes da chamada "escola sofista": um grupo de professores que viajava pela Grécia oferecendo palestras e cursos em troca de honorários. Embora nenhuma obra sua tenha chegado inteira até nós, sabe-se que a máxima "o homem é a medida de todas as coisas; daquelas que são, que são, e das que não são, que não são" abria um tratado de sua autoria intitulado *Verdade*. No diálogo *Teeteto*, Platão critica essa máxima, questionando a tese de que o conhecimento se reduz à percepção e de que a alma, apartada dos sentidos, não é nada (152a-c).

PARTE III: EXPECTATIVAS TERRENAS [pp. 177-255]

Página
182 *"A posteridade está para o filósofo"*: Diderot, carta de 15 de fevereiro de 1766 a Etienne Falconet, em *Correspondance*, p. 67. O debate entre Diderot e Falconet sobre a importância da posteridade será examinado na seção 162.
182 *"A mente espontaneamente deseja"*: Aquino, *Summa theologica*, parte 1, questão 75, artigo 6, p. 384. Sigo a tradução do original em latim — *Intellectus naturaliter desiderat esse semper* — sugerida por Borges em "La inmortalidad", p. 175.
183 *"nebulosa recompensa"*: Kant, *Critique of pure reason*, livro 1, parte 2, segunda divisão, cap. 1, p. 380. Embora reconhecendo a impossibilidade de justificá-la à luz da razão, a crença na existência de uma vida futura após a morte levou Kant a depreciar o valor e a relevância das expectativas terrenas; movimento análogo se manifesta com clareza nos dois filósofos discutidos na seção 178.

367

184 *"Todos os homens nos quais"*: Dante, *De monarchia*, livro 1, §1, p. 1072.

185 *"O objeto desta obra"*: Dante, *Carta a Cangrande* citada por Mark Musa na introdução à *Divina comédia*, pp. 42-3. O contexto da carta e a longa controvérsia sobre a sua (total ou parcial) autenticidade são analisados em detalhe por Carlo Ginzburg em "Dante's *Epistle to Cangrande* and its two authors", pp. 195-216; a conclusão de Ginzburg é a de que a segunda parte da carta não é de autoria de Dante, mas foi de fato composta por Boccaccio como um mosaico, a partir de inúmeras fontes, incluindo passagens escritas por Dante em outros contextos (p. 216).

186 *"Na filosofia natural, os resultados"*: Bacon, *Cogitata e visa*, p. 93.

186 *"restaurar e exaltar o poder"*: Bacon, "The refutation of philosophies", p. 131.

186 *finalidade humana da história*: momento privilegiado da crítica da *fé no além* como preâmbulo de uma afirmação vigorosa da *fé no aquém* redimido (vide seção 100) é o programa de transformação socioeconômica defendido por Marx: "A religião é somente o sol ilusório que gira em torno do homem enquanto ele não gira em torno de si mesmo. [...] a crítica da religião se conclui com a doutrina de que o homem é o ser mais elevado para o homem e, desse modo, com o imperativo categórico de derrubar todas as relações em que o homem é um ser degradado, escravizado, desamparado e desprezado" ("A contribution to the critique of Hegel's philosophy of right", p. 244 e p. 251).

186 *"A imortalidade é no fundo"*: Bacon, *Of the advancement of learning*, livro 1, parte 8, §6, pp. 58-9.

187 *"o amor que move o sol"*: verso final da *Divina comédia*, canto 33, linha 146.

188 *Anseio faraônico*: baseado em Roy Sorensen, *A brief history of paradox*, p. 39.

189 *"E os filósofos? não inscrevem"*: Cícero, *Tusculan disputations*, livro 1, seção 15, linhas 33-5, p. 41.

189 *"se aqueles que escrevem"*: Pascal, *Pensées*, citado em Jacob Viner, "A modest proposal", p. 389.

189 *Lamento náuatle*: li pela primeira vez o poema náuatle no saguão de entrada do Museu Nacional de Antropologia da Cidade do México, no início dos anos 2000, onde encontra-se exposto aos visitantes; a forte impressão fez com que eu prontamente decidisse anotá-lo. Ao voltar da viagem, pesquisei sua origem na internet; embora por vezes atribuído a Ayocuan Cuetzpaltzin, não há evidência segura da sua autoria.

191 *"Eu não quero desaparecer do mundo"*: Carlos v, citado em G. Parker, *Emperor: a new life of Charles V*, cap. 6, p. 610. A fonte é um memorando escrito pelo imperador, em 1525, fazendo um balanço crítico das suas diversas tentativas frustradas de obter uma "paz honrosa" entre as potências europeias: "Meus amigos me abandonaram e me deixaram na mão porque não desejam ver-me mais poderoso".

191 *a ambição de Alexandre, o Grande*: conforme relata Adam Smith na *Theory of moral sentiments* (p. 250) com base na biografia de Quintus Curtius, *History of Alexander*, parte 9, seção 6:26. Em sua biografia de Alexandre nas *Vidas paralelas*, Plutarco oferece uma versão atenuada tanto da autodivinização, após a consulta ao oráculo no deserto do Egito, como do posterior repúdio ao seu pai biológico (p. 487 e p. 508).

191 *"Tudo que já foi"*: Guimarães Rosa, *Grande sertão: veredas*.

192 *"morrer sem deixar um sulco"*: versos de Manuel Bandeira, "A morte absoluta", em *Estrela da vida inteira*, p. 163.

192 *"Agonizante, a cigarra"*: Masaoka Shiki (pseudônimo do poeta e jornalista japonês do século xix, Masaoka Tsunenori), traduzido para o espanhol por Octavio Paz (*Versiones y diversiones*, p. 588).

193 *ele dá voz à única mulher*: como assinala Debra Nails em "Tragedy off-stage", p. 186.

194 *"O amor é o anseio de imortalidade"*: Platão, *Banquete*, 207a.

194 *"Sócrates, qual te parece ser"*: Platão, *Banquete*, 207a-208b.

195 *"Podes ter certeza disso, Sócrates"*: Platão, *Banquete*, 208c-209e. "Desse modo", observa Charles Kahn, "Platão descobriu a dimensão metafísica de *eros* que foi herdada pelo misticismo medieval [...] assim como pelo romantismo moderno [...]. Mas o que é especificamente platônico é mais que o vínculo entre beleza e sexo, de um lado, e a aspiração transcendente, de outro. Segundo a doutrina do *Banquete*, o *kalon* [belo] que é o objeto de *eros* é triplamente determinado. Ele se identifica, primeiro, com o bem, tal como ele se define nas versões prudencial e moral do paradoxo de Sócrates (de acordo com o qual todos almejam o bem); segundo, com as diversas formas mortais de imortalidade que complementam, embora não substituam, o destino imortal da alma tal como descrito no *Ménon*; e, finalmente, com a nova esfera do real definida pela teoria das Formas. Essas três dimensões do *eros* platônico se apresentam aqui como estágios sucessivos no programa educacional proposto por Diotima" (*Plato and the socratic dialogue*, pp. 268-9).

198 *A questão divide os especialistas*: na ausência de testemunhos sobre sua existência histórica (além do *Banquete*, a única referência à sacerdotisa é a do neoplatônico Proclo Lício, no século v d.C.), a maior parte

dos scholars desde a Renascença tem considerado Diotima um personagem fictício, criado por Platão. Essa posição, contudo, é contestada por autores mais recentes, como Clara Acker, para quem a existência real da mistagoga de Mantineia teria sido "escandalosamente subtraída por uma História da Filosofia misógina e mentirosa, que não pode ou não quer ver uma mulher na origem de uma das mais belas e promissoras doutrinas antigas" ("Diotime de Mantinée", p. 116). De qualquer modo, é preciso não perder de vista que a trama do *Banquete* é uma das mais complexas do corpus platônico. No diálogo, Platão narra o que Apolodoro (admirador e contemporâneo de Sócrates) relatou a um companheiro não identificado, tendo como fonte o relato de Aristodemo, sobre a festa na mansão de Agatão em que Sócrates discursou sobre as conversas que mantivera com Diotima *duas décadas antes*, quando não passava de um jovem de trinta anos.

198 *"É dar à luz que deseja"*: Platão, *Banquete*, 206c.

198 *Libri aut liberi*: citada em R. Ochse, *Before the gates of excellence*, p. 174.

199 *"escolheram o dia, a hora"*: Drummond, "Homenagem", em *Poesia completa*, p. 758.

200 *"Quando Milton escrevia um soneto"*: Pessoa, *Heróstrato*, p. 105. O heterônimo pessoano Ricardo Reis generaliza e confere tom normativo à observação do poeta: "Para ser grande, sê inteiro: nada teu exagera ou exclui. Sê todo em cada coisa. Põe quanto és no mínimo que fazes" (*Obra poética*, p. 289).

200 *"Fazer música é um outro modo"*: Nietzsche, *The will to power*, §800, p. 420, e §815, p. 432. O mesmo ponto aparece na *Genealogia da moral*: "Todo artista sabe como o coito tem efeito nocivo, nos estados de grande tensão e preparação espiritual; entre eles, os mais poderosos e mais seguros nos instintos não necessitam sequer da experiência, da má experiência, para sabê-lo — é o seu instinto 'materno' que, em proveito da obra em formação, recorre inapelavelmente a todos os suplementos e reservas de força, de vigor da vida animal: a força maior *gasta* então a menor" (terceira dissertação, §8, p. 101).

201 *"No que toca, por fim, à castidade"*: Nietzsche, *Genealogia da moral*, terceira dissertação, §8, p. 100. Ou como ele dirá mais tarde em *Ecce homo*: "Paga-se caro por ser imortal: morre-se várias vezes em vida" (p. 84). Como aponta Michael Tanner, para Nietzsche "o conforto, o contentamento e a gratificação sensual são inimigos da grandeza" (*Nietzsche*, p. 50). A contradição fundamental inerente à constituição psíquica do filósofo foi bem caracterizada por Ronald Hayman: "Reagindo contra a

sua formação luterana, Nietzsche viveu dilacerado entre a condenação puritana da autoindulgência e uma afirmação dionisíaca teórica do seu eu libidinoso" (*Nietzsche*, p. 86). Em suma: *o puritano ateu*.

202 *"unicamente em absoluta solidão"*: Goethe, citado em Feuerbach, *Abelardo y Heloísa*, p. 352, e Ochse, *Before the gates*, pp. 170-1. Como observa Eduardo Hitschmann: "Apartar-se da amada: isso era característico da vida amorosa de Goethe. [...] O próprio Goethe aconselha expressamente aos criadores ser 'altamente egoístas'" ("Lo psicoanalítico respecto a la personalidad de Goethe", p. 104).

202 *"Quem tem uma obra"*: Agostinho da Silva, "Sete cartas a um jovem filósofo", p. 35: "Se você for um criador não dará a felicidade nem a si nem aos que estão imediatamente à sua volta".

203 *"não trocaria a sua felicidade"*: o contexto e os detalhes do relacionamento entre Flaubert e Colet foram analisados por Roger Williams em *The horror of life*, pp. 137-69.

204 *"casado, fútil, cotidiano"*: verso de Álvaro de Campos/Pessoa em "Lisbon revisited", em *Obra poética*, p. 357.

204 *"Un fils de moi!"*: Flaubert, citado em Williams, *Horror of life*, p. 215 (a íntegra da carta está disponível na internet). É o que dirá Brás Cubas ao concluir o capítulo das negativas: "Não tive filhos, não transmiti a nenhuma criatura o legado da nossa miséria" (Machado de Assis, *Memórias póstumas de Brás Cubas*, p. 639).

204 *"A única maneira de evitar"*: Flaubert, carta a Alfred Le Poittevin de 13 de maio de 1845, citada em Williams, *Horror of life*, p. 135. O personagem Jules, um dos protagonistas da primeira versão de *Educação sentimental* de Flaubert, reflete a opção de vida do seu criador; traído por Lucinda, a bela atriz por quem se apaixonara, ele se enclausura em seu gabinete e, desenganado, diz adeus às ilusões da sua juventude: "Como um rei que abdica no dia da sua coroação, [Jules] havia renunciado voluntariamente, de uma vez por todas, a tudo que precisa ser conquistado e pago: prazer, honras, dinheiro, as alegrias do amor e os triunfos da ambição. Ele forçou seu coração a superar suas tormentas e sua carne a suportar a mortificação dos seus apetites" (citado em Williams, *Horror of life*, pp. 131-2).

205 *"Aquela puta* [pute] *da Emma Bovary"*: a frase supostamente dita por Flaubert antes de morrer foi citada pelo crítico literário George Steiner em entrevista ao jornalista holandês Wim Kayser na série "Of beauty and consolation" (disponível no YouTube); embora muitas vezes repetida (com pequenas variações), não fui capaz de confirmar a sua veracidade.

205 *Uma página de Pessoa*: Pessoa, *Obra poética*, p. 15. O colchete

["minha alma"] foi interpolado ao texto pela editora Maria Aliete Galhoz a fim de preencher um espaço em branco deixado por Pessoa no original. "Palavras do pórtico" foi o título por ele escolhido para encabeçar a passagem que serviu de epígrafe à sua edição da obra do autor de *Mensagem*. A "frase gloriosa" que abre o texto — *"Navigare necesse est, vivere non est necesse"* — remonta a um episódio da vida do general e cônsul romano Pompeu, no qual ele exorta seus marinheiros a zarpar e enfrentar uma temível tormenta a fim de levar suprimentos vitais para Roma, como narra Plutarco nas *Vidas paralelas* ("Pompey", p. 431).

205 *esperanças supraterrenas*: "Alguém de fato morre?", pergunta-se Pessoa numa anotação pessoal; e a resposta, como observa Richard Zenith em sua magistral biografia do poeta, está no poema "Iniciação", publicado na revista *Presença* em 1932, e que termina com o verso: "Neófito, não há morte". No poema, Pessoa "descreve o processo de iniciação espiritual como um desvencilhar-se de tudo que é mundano até o ponto em que mesmo 'o seu corpo, ou alma externa, cesse', e o parentesco com os deuses lhe seja revelado. [...] O que chamamos de morte não é senão um ponto de inflexão, uma passagem, ligando o mundo terreno ao espiritual. [...] Frente às derrotas e desapontamentos, Pessoa sempre podia lembrar a si mesmo que este mundo era apenas um eco do mundo real, e que reveses aqui poderiam ser triunfos lá" (*Pessoa*, p. 811 e p. 816).

205 *expectativas terrenas*: menor não foi o investimento de Pessoa na expectativa de reconhecimento póstumo. "Em vez de impor sua presença nos jornais, nos cafés [...] e na vida pública da época", aponta Zenith, "[ele] realizou as suas fantasias em privado, em papel, no seu sonho de futuro. Tímido jogador que era, Pessoa fez uma única aposta, pondo tudo numa arca (também ela de aparência humilde) que lançou na sorte póstera. [...] Pessoa depositou sua fé na posteridade, sem garantia de que o futuro se lembraria dele, e houve vezes em que a dúvida levou-o a questionar-se, angustiado, se sua obra merecia ser lembrada" (prefácio a *Heróstrato*, p. 30, e *Pessoa*, p. 683).

205 *"Sem a loucura"*: Pessoa, *Mensagem*, em *Obra poética*, p. 76.

206 *"Quem me dera que de mim"*: Bernardo Soares/Pessoa, *Livro do desassossego*, §379, p. 342. Consideração semelhante aparece em Borges: "O importante é a imortalidade. Essa imortalidade que se logra nas obras, na memória que deixamos nos outros. Essa memória pode ser trivial [*nimia*], pode ser uma frase qualquer" ("La inmortalidad", p. 179).

206 *"Por que não faria ele uma só"*: Machado de Assis, "Um homem célebre", p. 499. Pestana poderia talvez tornar suas as palavras da súplica de Baudelaire em "À uma da manhã": "Concedei-me, Senhor meu

Deus, a graça de produzir alguns belos versos que me deem a certeza de que não sou o último dos homens, de que não sou inferior àqueles a quem desprezo" (*Poesia e prosa*, p. 287).

209 *O poeta inglês John Donne*: conforme descrito por Borges em "La inmortalidad", pp. 176-7.

209 *"para mim a Poesia"*: Mallarmé, carta a Henri Cazalis de 14 de maio de 1867 (disponível na internet).

210 *"Sempre sonhei e pretendi"*: Mallarmé, carta a Paul Verlaine de 16 de novembro de 1885 (disponível na internet). O economista americano Irving Fisher faz referência à história do inventor da borracha que, segundo ele, teria feito "o sacrifício de uma última e desesperada tentativa — felizmente bem-sucedida — em que recorreu à queima da sua mobília porque não conseguiu obter fundos a fim de comprar combustível" (*The theory of interest*, p. 213).

210 *"Não é possível escrever um livro"*: Wittgenstein, *Conferencia sobre ética*, p. 37. A transcrição da palestra, possivelmente a única por ele proferida, foi feita por Friedrich Waismann (com permissão do filósofo) e publicada no periódico *The Philosophical Review* em 1965.

212 *"Criado pelos pais no luxo"*: as citações e informações sobre Francisco de Assis têm como fonte Tomás de Celano, *The second life of Saint Francis*, cap. 1, pp. 147 ss.

212 *projeto literário de Maiakóvski*: sobre a estética e o lugar de Maiakóvski na vanguarda russa ver o ensaio introdutório de Boris Schnaiderman à coletânea *Poemas*, pp. 11-31.

213 *"Várias vezes tentei ler"*: Lênin, citado por Vyacheslav Polonsky em "Lenin's views of art and culture", suplemento, seção 3 (disponível na internet).

213 *"Depois que eu morrer"*: Maiakóvski, citado em Paulo Leminski, "Trótski e a cultura", p. 328.

213 *"Os versos para mim não deram rublos"*: Maiakóvski, "A plenos pulmões", em *Poemas*, pp. 126-7.

214 *"a vida dos cavaleiros andantes"*: Cervantes, *Dom Quixote de la Mancha*, p. 207, p. 205 e p. 577.

217 *A fome execranda da fama*: A fonte do episódio narrando a destruição do templo de Ártemis por Heróstrato é o historiador grego do século IV a.C. Teopompo.

217 *"Por meios honestos"*: Horácio, *Epistulae*, livro 1, epístola 1, linhas 65-6.

218 *"complexo de Heróstrato"*: ver: Borowitz, *Terrorism for self-glorification: the Herostratus syndrome*, pp. 1-19, e Azam e Ferrero, "Killing

for the sake of infamy: the Herostratus syndrome and what to do about it" (ambos disponíveis na internet).

218 *Projeções de poder: egípcios*: conforme explicam os antropólogos Huntington e Metcalf em *Celebrations of death*, pp. 141-52.

220 *Projeções de poder: ateus embalsamados*: conforme Gaskill, "Like oysters in their shells", p. 13; e Jeremy Hsu, "Lenin's body improves with age" (disponível na internet).

222 *A maldição póstuma de Tamerlão*: ver Stratton, "Uzbekistan: on the bloody trail of Tamberlane" (disponível na internet).

223 *"Quando eu estiver morto"*: Suetônio, *A vida dos doze Césares*, p. 222 (disponível na internet).

223 *Embora o caráter doloso*: as dúvidas em torno do papel de Nero são examinadas por Warmington em *Nero*, pp. 123-34.

225 *A inflexão terrena do anseio*: a inflexão terrena do além cristão operada pelos filósofos iluministas europeus retoma a análise de Carl Becker em *The heavenly city of the eighteenth-century philosophers*, pp. 119-68.

225 *"sem mais ambição"*: Diderot, carta a Falconet, citada em Becker, *The heavenly city*, p. 147.

226 *"Você não percebe"*: Diderot, carta a Falconet, citada em Becker, *The heavenly city*, p. 149. A troca de cartas entre Diderot e Falconet durou de dezembro de 1765 a abril de 1767 e ocupa cerca de duzentas páginas nas obras completas do filósofo. "Falconet, injustificadamente convencido de seu mérito literário, estava ávido para publicar as 'Cartas sobre a posteridade'. Mas Diderot, mesmo sem recusar, relutava em permitir que as suas fossem publicadas antes de tê-las revisto. Ele nunca fez isso, de modo que não foi antes do século XIX que a posteridade sobre a qual discutiram teve condições de considerar esse apelo ao seu julgamento. O debate começa num nível muito autobiográfico, para não dizer narcisista" (Wilson, *Diderot*, p. 565).

227 *"A esfera na qual somos admirados"*: Diderot, carta a Falconet de 4 de dezembro de 1765, citada em Furbank, *Diderot*, p. 305.

227 *"Deixe-me ser claro, caro amigo"*: Diderot, carta a Falconet, citada em Furbank, *Diderot*, p. 305. No fim dessa mesma carta Diderot escreve ainda: "Aquela voz imortal ficará silenciosa para você [Falconet] quando você deixar de existir; mas você pode ouvi-la no presente, e ela é imortal apesar de você, e ela continuará, a seu modo, clamando 'Falconet, Falconet'". Como comenta Furbank: "Vê-se que o que tenta Diderot é um fino paradoxo, algo muito lógico para um materialista como ele, que acredita firmemente não existir vida após a morte. Para alguém

como ele, nada poderia ser mais absurdo que falar, como fazem os sábios às vezes, de um desfrutar da reputação no túmulo; mas por que não poderia ele, graças a um ato de imaginação criativa, desfrutá-la *agora*?" (p. 306). Outra não seria a conclusão de Fernando Pessoa/ Bernardo Soares no *Livro do desassossego*: "Se me disserem que é nulo o prazer de durar depois de não existir, responderei, primeiro, que não sei se o é ou não, pois não sei a verdade sobre a sobrevivência humana; responderei, depois, que o prazer da fama futura é um prazer presente — a fama é que é futura" (§145).

227 *"É essa espécie de vida"*: verbete "Multitude" da *Encyclopédie* (atribuído a Diderot), citado em Wilson, *Diderot*, p. 786. Os gênios, adverte o verbete, estão além da compreensão do seu próprio século, pois "escrevem para a geração seguinte". Ou como dirá o poeta Auden, com boa dose de otimismo: "Alguns livros são imerecidamente esquecidos; nenhum é imerecidamente lembrado" (*The dyer's hand*, p. 10).

228 *"A gente não pensa, não fala com força"*: Diderot, *Ensaio sobre os reinados de Cláudio e Nero*, livro 2 ("Cartas de Sêneca"), §7, p. 255.

228 *"A fama é a sede da juventude"*: Byron, *Childe Harold*, canto 3, estrofe 112, linha 1045.

228 *"ardia pela fama literária"*: "My own life", p. xl: "Mesmo meu amor pela fama literária, minha paixão dominante [na juventude], nunca azedou meu temperamento, apesar dos frequentes desapontamentos". A paixão pela fama, entretanto, parece ter persistido até o final de sua vida — *e depois dela*. Em carta de 12 de junho de 1776 ao seu editor, poucas semanas antes de morrer, Hume escreveu: "É fútil preocupar-se com qualquer coisa que deverá acontecer depois da nossa morte; ainda assim, trata-se de algo natural para todos os homens, e eu com frequência lastimo que uma obra pela qual tenho especial parcialidade [*Diálogos sobre a religião natural*, publicada postumamente em 1779] possa correr o risco de ser suprimida depois do meu decesso" (*The letters of David Hume*, pp. 325-6).

228 *"Até o meio de minha carreira"*: Rodrigues, *Memórias: a menina sem estrela*, p. 228.

229 *"Se eu morresse naquele momento"*: Rodrigues, *Memórias*, p. 229.

229 *Uma edição recente*: editora Nova Fronteira, 2015.

230 *Falácia suicida*: esta seção baseia-se em Battin, *Death debate*, pp. 114-36.

232 *"Eu preciso ir além dela"*: Plath, *The unabridged journals of Sylvia Plath*, p. 286 (disponível na internet).

232 *"a superstição estranha"*: Woolf, *Diário I*, p. 317. Um mês antes, pro-

curando justificar para si mesma o seu trabalho literário, ela anotara: "A maldição dos escritores é desejarem tanto os elogios & serem tão diminuídos pela crítica ou pela indiferença. O único curso de ação sensato é lembrar que escrever é, no fim das contas, o que fazemos de melhor; que qualquer outro tipo de trabalho me pareceria um desperdício de vida; que no geral obtenho um prazer infinito escrevendo; que ganho cem libras por ano & que algumas pessoas gostam do que eu escrevo" (*Diário I*, p. 302).

232 *"E como ficou chato ser moderno"*: Drummond, "Eterno", em *Poesia completa*, p. 407.

233 *"Quando esperas a glória"*: Oswald de Andrade, *Diário confessional*, p. 123.

233 *"O paraíso da fama"*: Unamuno, *Tragic sense of life*, p. 54.

233 *"A tradição de todas as gerações"*: Marx, *O 18 brumário*, p. 17.

234 *"A competição entre os mortos"*: Pessoa, *Heróstrato*, p. 103.

234 *"A autoridade dos mortos"*: Machado de Assis, Discurso proferido na sessão de encerramento da Academia Brasileira de Letras em 7 de dezembro de 1897, pp. 297-8.

234 *formidável reputação*: vale aqui o alerta de Baudelaire: "A glória pessoal não é mais que o resultado da acomodação de um espírito à imbecilidade de um povo" (*Poesia e prosa*, p. 537).

235 *"os homens voluntariamente"*: Adam Smith, *Theory of moral sentiments*, p. 116. Observação semelhante havia sido feita por Cícero: "Com que pensamento em suas mentes suporíamos que esta tropa de homens ilustres perdeu a vida pelo bem público? Seria para que seu nome ficasse restrito aos limites estreitos de sua vida? Ninguém jamais teria se exposto à morte pelo seu país sem uma razoável esperança de alcançar a imortalidade" (*Tusculan disputations*, livro 1, seção 15, linhas 33-5, pp. 40-1).

236 *relata as negociações*: descritas por Ignatieff em *Isaiah Berlin*, pp. 263-6.

237 *"Se você quer o seu nome"*: Berlin, citado em Ignatieff, *Isaiah Berlin*, p. 263.

237 *"Onde o filósofo que não enganaria"*: Rousseau, *Émile*, citado em Unamuno, *Tragic sense of life*, p. 53.

238 *"ainda para os sábios o desejo"*: Tácito, *Histórias* (livro 4, §6), citado por Nietzsche em *A gaia ciência*, §330, p. 219.

239 *"Dois caminhos conduzem à fama"*: Schopenhauer, "What a man represents", p. 391. O prazer antecipado da fama futura, reflete Fernando Pessoa/Bernardo Soares, "é um prazer de orgulho igual a nenhum

376

que qualquer posse material consiga dar. Pode ser, de facto, ilusório, mas seja o que for, é mais largo do que o prazer de gozar só o que está aqui. O milionário americano não pode crer que a posteridade aprecie os seus poemas, visto que não escreveu nenhuns; o caixeiro de praça não pode supor que o futuro se deleite nos seus quadros, visto que nenhuns pintou. Eu, porém, que na vida transitória não sou nada, posso gozar a visão do futuro a ler esta página, pois efectivamente a escrevo; posso orgulhar-me, como de um filho, da fama que terei, porque, ao menos, tenho com que a ter" (*Livro do desassossego*, §145).

239 *"Ergui um monumento mais duradouro"*: Horácio, *Odes*, livro 3, §30, linhas 1-6. É o que dirá mais tarde o poeta latino Ovídio na conclusão das *Metamorfoses*: "Acabo de concluir uma obra que nem a ira de Júpiter, nem o fogo, nem o ferro, nem o tempo devorador poderão abolir" (livro 15, linhas 871-2).

240 *"o que permanece, fundam-no os poetas"*: verso do poema "Recordação" de Hölderlin, em *Poemas*, p. 385.

241 *"Que Deus nos proteja"*: Kant, "Declaration regarding Fichte's *Wissenschaftslehre*", citado em Manfred Kuehn, *Kant*, p. 5. A declaração pública de Kant, publicada em 1799, foi provocada pela necessidade de se dissociar da interpretação feita por Fichte de sua filosofia da religião: "Existem amigos que têm boas intenções em relação a nós mas que agem de forma equivocada ou desastrada ao tentar promover nossos fins" (p. 5).

241 *"Ce qu'il y a de certain"*: a resposta de Marx foi dirigida ao militante francês (e genro) de Marx, Paul Lafargue, em reação ao que se passava por marxismo na França na época. A frase foi registrada por Engels, em francês, em carta de 3 de novembro de 1882 ao líder do Partido Social-Democrata alemão Eduard Bernstein (disponível na internet). A versão comumente usada — "Se isso é marxismo, então eu não sou marxista" — é uma adaptação.

241 *"Estou espantado por constatar"*: o quase-desabafo de Russell foi provocado pela leitura da coletânea de ensaios organizada pelo filósofo alemão radicado nos Estados Unidos Paul Shilpp, discutindo diferentes aspectos de sua contribuição; ele ocorre numa carta de 16 de agosto de 1943 para Constance Malleson, citada em Ray Monk, *Bertrand Russell*, p. 267.

241 *"A fama é a quintessência"*: Rilke, *Rodin*, p. 21.

241 o *mal-entendido infindo*: na segunda parte de *Beliefs in action* procurei analisar as múltiplas manifestações do mal-entendido na história das ideias, com ênfase na transmissão de ideias filosóficas e econômicas.

377

241 "*Os livros não são coisas*": Milton, *Aeropagitica*, citado em Viscont Samuel, *A book of quotations*, p. 9. Publicado em 1644, no auge da Guerra Civil inglesa, o título do livro-panfleto de Milton faz alusão ao Areópago (grego: "Serra dos Ares"), a colina onde se reunia o Conselho de Atenas na Grécia Antiga e onde mais tarde pregou o apóstolo cristão Paulo.

242 "*Sabes, Fedro, esta é a singularidade*": Platão, *Fedro*, 275d-e.

243 "*Desgraçado nascimento*": Lima Barreto, *Diário íntimo* (disponível na internet); os trechos citados aparecem respectivamente em Lilia Schwarcz, *Lima Barreto*, p. 490, p. 477 e p. 270.

244 *Hay futuro si hay verdad*: o título da seção reproduz o título do Relatório da Comissão da Verdade colombiana.

245 *a tradição hinduísta do* sutee: conforme Battin, *Death debate*, p. 218n95. Na interpretação *religiosa*, a imolação das viúvas baseia-se na crença de uma reunião póstuma com os cônjuges. A prática do *sutee* pelos *viúvos*, ao que parece, nunca foi contemplada.

248 "*Evocar a posteridade*": Robert Graves, verso de abertura do poema "To evoke posterity" (disponível na internet).

248 "*provar nossa fé*": Emerson, "Immortality", p. 712.

248 "*Eu sou um crente melhor* [...] *A evidência fulgurante*": Emerson, "Immortality", p. 712, e *Journals* (jul.-out. 1855), p. 463.

248 "*Devo eu enredar a minha curta vida*": Emerson, *Journals* (mar. 1824), p. 45: "Quando meu corpo estiver misturado à terra, a minha alma triunfante, jubilosa pela sua libertação, dela não pensará mais nada ou de sua habitação".

249 "*imortalidade da sua consciência* [...] *exagerar o valor*": Unamuno, *Tragic sense of life*, p. 12.

249 "*Apenas os fracos se resignam*": Unamuno, *Tragic sense of life*, p. 51.

249 "*Toda essa conversa*": Unamuno, *Tragic sense of life*, p. 16. Ou como ele dirá mais adiante: "Sacrifique-se pelos seus filhos! E sacrifique-se a eles porque são seus, partes e prolongamentos de você, e eles por sua vez se sacrificarão pelos seus filhos, e esses filhos pelos seus, e assim prosseguirá indefinidamente, um sacrifício estéril do qual ninguém se beneficia" (p. 46).

250 "*um dia, quando não houver império britânico*": Machado de Assis, "A semana", p. 164. A passagem lembra o que dissera o ensaísta inglês Thomas Carlyle em palestra ("The hero as poet") proferida em 12 de maio de 1840: "O império indiano, de qualquer modo, se irá algum dia; mas este Shakespeare não irá" [*Indian Empire will go, at any rate,*

some day; but this Shakespeare does not go] (citado em Bate, *The genius of Shakespeare*, p. 337).

254 A estranha mania de ter fé na vida: verso da canção "Maria, Maria" de Fernando Brandt e Milton Nascimento.

254 *Quando o simples existir cobra razões*: é o que assinala Freud em carta de 13 de agosto de 1937 a Marie Bonaparte: "No momento em que nos perguntamos sobre o valor e o sentido de uma vida, estamos doentes, pois objetivamente tais coisas não existem" (disponível na internet). Todavia, não é preciso endossar o pessimismo de Freud — o que, afinal, lhe dá certeza de que "tais coisas não existem"? — para apreciar a pertinência do diagnóstico.

PARTE IV: O PRESENTE ABSOLUTO [pp. 257-329]

Página

259 *"Eterno é tudo aquilo"*: Drummond, "Eterno", em *Poesia completa*, p. 408.

259 *"completo estar-vivo"*: Drummond, "Vida depois da vida", em *Poesia completa*, p. 741.

260 *"eternidades de segundos"*: Manuel Bandeira, "A vida assim nos afeiçoa", em *Estrela da vida inteira*, p. 21.

262 *"em nada mais divina"*: Hipócrates, "The sacred disease", §16, p. 248.

262 *"o seu cérebro pareceu inflamar-se"*: Dostoiévski, *O idiota*, pp. 263-4. Um outro ataque do príncipe é descrito adiante: "Depois foi como se alguma coisa se escancarasse subitamente diante dele: uma luz *interior* inusitada lhe iluminou a alma. Esse instante durou talvez meio segundo; mas ele, não obstante, lembrava-se com clareza inconsciente do início, do primeiríssimo som do seu terrível grito, que irrompeu de seu peito por si mesmo e por força nenhuma seria capaz de deter" (p. 272). A literatura médica sobre a epilepsia de Dostoiévski foi examinada em detalhe por Joseph Frank no segundo volume de sua monumental biografia do autor russo: "Quando estava inteiramente ciente delas, ele [Dostoiévski] se soerguia de si mesmo para uma condição similar à descrita por certos místicos, embora ele não confira qualquer conteúdo doutrinal às suas sensações". Com base nas análises dos estudiosos do êxtase místico, Frank conclui que se tratava, no caso, de "uma experiência mística 'natural', na qual o ego pessoal é obliterado e se funde em harmonia com o cosmos. O momento de fusão era marcado ainda,

em Dostoiévski, pela transcendência do tempo ou, mais exatamente, pelo desaparecimento de qualquer sentido de tempo e por um sentimento arrebatador de felicidade ligada à percepção de uma existência na eternidade. Alguns místicos, ao alcançar tal estado extático, serviram-se dele para afirmar a irrealidade da morte e a imortalidade da alma; mas não há nenhuma tentativa de Dostoiévski de fazer afirmação semelhante" (*The years of ordeal*, pp. 194-8).

264 *testemunho de Nikolai Strakhov*: conforme descrito em Frank, *The years of ordeal*, p. 196.

265 *"O ato sexual é no tempo"*: George Bataille, *A parte maldita*, p. 73.

266 *Jornada Noturna*: o *Isra'* e o *Mi'raj* são as duas partes da jornada que Maomé teria realizado em ínfimo lapso de tempo, por volta de 621, segundo a doutrina muçulmana; a maioria dos estudiosos islâmicos acredita que a viagem foi ao mesmo tempo física e espiritual. O episódio recebe uma rápida menção no Alcorão (pouco mais de cem versos no 17º *surah*), mas foi tratado de forma mais detalhada nas coleções de hádices que recolhem e interpretam os feitos e ensinamentos do profeta. É importante lembrar que, ao contrário de Jesus, encarnação humana do ser divino na fé cristã, Maomé é apenas um *homem eleito*, sem participar ao mesmo tempo da condição humana e divina.

267 *"A minha própria experiência"*: Popper e Eccles, *The self and its brain*, pp. 529-30. Ver também Martin, *Sex, drugs and chocolate*, p. 293.

269 "Stop. *A vida parou*": Drummond, "Cota zero", em *Poesia completa*, p. 28.

270 *"todas as demais criaturas"*: a ideia aparece no conto "El inmortal", p. 540, e em *Esse ofício do verso*, p. 105. Sobre os dois conceitos distintos de eternidade e sua relação com a condição mortal ver Wittgenstein, *Tractatus*, 6.4311: "A morte não é um evento da vida. A morte não é vivida. Se por eternidade for entendida não a duração temporal ilimitada, mas a atemporalidade, então vive eternamente aquele que vive no presente. Nossa vida é ilimitada assim como o nosso campo visual é sem limite" (p. 185).

272 *"do prazer advém o pesar"*: Dhammapada, §212 (disponível na internet). No embate entre os acenos-promessas dos sentidos e o anseio de iluminação-libertação da "roda de renascimentos", o iogue budista proclama: "Adeus, ó coisas sensuais, enganadoras como sonhos, que devem ser desejadas apenas pelos vis" (Campbell, *O voo do pássaro selvagem*, p. 206). Como resume o Dalai Lama: "Trazer disciplina ao interior da mente é a essência do ensinamento de Buda" (*Art of happiness*, p. 46). Sobre a ascese budista ver também: Vernant, "India, Mesopotamia,

Greece: three ideologies of death", p. 80; e Rozin, "Preadaptation and the puzzles and properties of pleasure", p. 114.

274 *"uma vida adequada a bestas"*: Aristóteles, *Ética a Nicômaco*, 1095a19-22: "A massa da humanidade é evidentemente um tanto vil nos seus gostos, preferindo uma vida adequada a bestas, mas eles derivam alguma razão para sua postura pelo fato de que muitos em altos cargos partilham dos gostos de Sardanápolo". Nas pegadas de Aristóteles, Cícero condena com tintas fortes o hedonismo do rei assírio em *Tusculan disputations* (livro 5, seção 35, linhas 100-2, p. 527).

274 *"Fui um rei, e enquanto pude ver"*: o epitáfio de Sardanápalo está reproduzido em Partridge, *A history of orgies*, pp. 14-5. O historiador grego Aristóbulo de Cassandreia, membro da corte de Alexandre, o Grande, descreve um monumento a Sardanápolo em Anchiale, na atual Turquia, na qual o rei assírio é representado no ato de estalar os dedos; no pé da estátua, os dizeres: "Sardanápalo, filho de Anacindaraxe, ergueu Anchiale e Tarso em um só dia. Comam, bebam e divirtam-se, pois as demais coisas não valem tanto" (p. 15).

276 *aumento da procura por experiências*: exemplo disso foi Timothy Leary, proselitista da massificação dos psicodélicos nos anos 1960 e 1970, conforme o depoimento do psiquiatra escocês R.D. Laing: "Leary tinha a crença entusiástica de que todos eram completamente loucos, que todos iríamos logo explodir, que estávamos em rota de colisão, que tudo havia sido tentado — razão, política e guerras — mas nada funcionava. Aqui estava uma droga [LSD], ele pensava, que alterava a mente das pessoas, que uma vez experimentada nada seria o mesmo outra vez [...]. Ele queria que ela fosse comercializada" (citado em Davenport--Hines, *The pursuit of oblivion*, p. 268).

277 *"Zeus deposto, o torvelinho é rei"*: Aristófanes, citado em Carl Becker, *Heavenly city*, p. 15.

277 *"perdi a ilusão extrema"*: Leopardi, citado em Unamuno, *Tragic sense of life*, p. 44.

278 *"seres de uma profunda"*: Sade, *Os 120 dias de Sodoma*, p. 57.

278 *"Os 120 dias de Sodoma"*: Bataille, citado em Shattuck, *Conhecimento proibido*, p. 240.

279 *"A Bastilha foi atacada"*: carta de maio de 1790 de Sade a seu amigo e advogado Gaspard Gaufridy (disponível na internet). Sobre o sumiço dos *120 dias* e o contexto da carta Bataille comenta: "O próprio Sade revelou que havia chorado lágrimas de sangue por uma perda que de fato afetava outras pessoas, afetava a humanidade em geral" (*Eroticism*, p. 169).

280 *"Se a filosofia, entre outros descaminhos"*: Kierkegaard, *Temor e tremor*, citado por Frank em *Dostoevsky: the stir of liberation*, p. 310.

280 *"Nem a um deus é facultado"*: Publílio Siro (escritor romano do século I a.C. nativo da Síria e ex-escravo), *Sententiae*, §25 (disponível na internet).

281 *"Doce Helena, torna-me imortal"*: Marlowe, citado em Unamuno, *Tragic sense of life*, p. 300. Os paralelos e contrastes entre os Faustos de Marlowe e de Goethe foram analisados por Shattuck em *Conhecimento proibido*, pp. 84-101.

281 *"Deleites violentos têm fins"*: Shakespeare, *Romeu e Julieta*, ato 2, cena 6, linhas 9-11.

281 *O que nos sobrevive é o amor*: adaptado do verso de Philip Larkin no poema "An Arundel tomb": *"What will survive of us is love"*. Ou como dissera Fernando Pessoa/Bernardo Soares no *Livro do desassossego*: "Podemos morrer se apenas amamos" (p. 232).

282 *"ver com o pasmo essencial"*: Fernando Pessoa/Alberto Caeiro, "O guardador de rebanhos", em *Obra poética*, p. 204.

282 *As evidências acumuladas*: os exemplos a seguir foram apresentados por Zajonc em *Catching the light*, pp. 1-6.

285 *"Uma coisa aprendi durante"*: conforme relato do físico e colaborador de Einstein, Banesh Hoffmann, em *Albert Einstein* (*Oxford Dictionary of Scientific Quotations*, p. 201).

285 *"Se as portas da percepção se desvelassem"*: Blake, "The marriage of heaven and hell", p. 188. A discussão a seguir retoma a análise feita em meu livro O *valor do amanhã*, parte 3, cap. 11, pp. 85-7.

286 *efeitos gravitacionais da matéria*: conforme Koestler, *The roots of coincidence*, p. 59.

287 *"Não como o mundo é"*: Wittgenstein, *Tractatus*, 6.44, p. 187.

288 *O extenso clã das substâncias*: a classificação apresentada a seguir baseia-se em Davenport-Hines, *The pursuit of oblivion*, pp. ix-x. Em *Psiconautas*, o jornalista brasileiro Marcelo Leite analisa os avanços recentes da pesquisa e o uso terapêutico das drogas alucinógenas desde suas origens até o "renascimento psicodélico" das últimas décadas.

289 *os relatos dos psiconautas*: todos os relatos apresentados a seguir têm como fonte o livro de Michael Pollan, *How to change your mind*.

290 *cerca de 80% dos pacientes*: os experimentos foram realizados nos hospitais das universidades de Johns Hopkins, Nova York e Califórnia, nos Estados Unidos, e os resultados publicados em 2016 no *Journal of Psychopharmacology* juntamente com os comentários de uma equipe de

especialistas em saúde mental (Pollan, *How to change your mind*, p. 8 e p. 349, e Leite, *Psiconautas*, pp. 196-7).

293 *lança uma dúvida legítima*: os dois pontos fundamentais sobre o valor de verdade das experiências místicas de qualquer natureza foram bem apanhados por William James: i) "os não-místicos não têm nenhuma obrigação de reconhecer nos estados místicos uma autoridade superior que lhes seria conferida por sua natureza intrínseca"; e ii) "a existência de estados místicos derruba qualquer pretensão dos estados não-místicos de serem tomados como os ditadores únicos e definitivos daquilo em que devemos acreditar" (*The varieties of religion experience*, p. 247).

293 *Silly trip*: adaptado de Ochse, *Before the gates*, p. 231. Como observa o filósofo australiano John Passmore: "Se um usuário de drogas nos disser, ao ingerir LSD, que ele 'se sente como Einstein', será descabido esperar dele alguma nova contribuição à teoria do campo unificado. [...] William James nos revela como, sob o efeito do éter, ficava convencido de estar tendo grandes pensamentos; porém, anotando-os por escrito, constatava, nos momentos de lucidez, que eram absolutos disparates de um tipo pseudometafísico. Nem todo drogado-místico, infelizmente, é um William James, capaz de reconhecer um disparate quando o vê" (*The perfectibility of man*, p. 317).

294 *O momento adâmico de Huxley*: o contexto da experiência de Huxley com mescalina e a criação do termo "psicodélico" por Osmond em 1956 foram analisados por Pollan, *How to change your mind*, pp. 160--4, e Davenport-Hines, *The pursuit of oblivion*, p. 18 e p. 261.

295 *"sem dúvida a mais extraordinária"*: a carta é citada em Pollan, *How to change your mind*, p. 160.

295 *"Tomei a pílula às onze da manhã"*: todos os trechos citados a seguir foram extraídos da introdução de Huxley a *The doors of perception*, pp. 9-29 (disponível na internet).

296 *Há quem sustente*: como, por exemplo, o psiquiatra tcheco Stan Gorf, conforme relata Marcelo Leite em *Psiconautas*, p. 80.

296 *"99% de Aldous Huxley"*: segundo o psiquiatra Roland Fisher, citado em Pollan, *How to change your mind*, p. 162.

297 *"Nossas vivências mais próprias"*: Nietzsche, *Crepúsculo dos ídolos*, parte IX, §26, em *Obras incompletas*, p. 346.

298 *"influência de coisas invisíveis"*: Valéry, "Politics of the mind", p. 97.

298 *"dormir é ser igual, no homem"*: Pessoa, "Sono", em *Obra poética*, p. 724.

298 *"Estar 'fora de si'"*: Kundera, "Improviso em homenagem a Stravinsky", p. 92.

298 *"Quão enorme é a diferença"*: o trecho a seguir da autobiografia de al-Ghazali é citado em William James, *The varieties of religious experience*, pp. 402-5. Al-Ghazali foi o responsável pela aceitação do misticismo sufista pela ortodoxia teológica islâmica.

299 *"o cristianismo é o platonismo"*: Nietzsche, *Além do bem e do mal*, prólogo, p. 8.

300 *Na tradição cristã ocidental*: a "virada mística" do cristianismo no final da Idade Média foi analisada por Loyal Rue em *By the grace of guile*, pp. 35-8. Segundo ele, o próprio pai do tomismo passou por essa transformação: "Dois anos antes de sua morte, Santo Tomás de Aquino viveu alguma forma de visão mística que o motivou a interromper sua prodigiosa carreira como escritor, considerada por ele a partir dali como nada além de palha. A avaliação de Aquino do seu trabalho como escolástico foi de certo modo profética, visto que os dois séculos seguintes foram varridos por uma onda de escritos místicos que assinalaram uma ruptura fundamental com o impulso central do movimento escolástico" (p. 35).

301 *"Que soberania tem uma alma"*: D'Ávila, *Livro da vida*, p. 188; as citações a seguir estão nas páginas 178, 185 e 360.

302 *a dúvida passou a assombrar sua alma*: conforme Rue, *By the grace of guile*, pp. 36-8, e William James, *The varieties of religion experience*, pp. 408-16.

302 *Aos cinco anos de idade*: as informações biográficas e os depoimentos citados a seguir têm como fonte Eilenberger, *As visionárias*.

303 *"A atenção é a mais rara"*: a frase consta da carta de 13 de abril de 1942 escrita por Weil ao poeta francês Joë Bousquet (disponível na internet).

303 *"Estava com enxaqueca"*: tanto a carta de Weil ao padre dominicano Joseph-Marie Perrin como o relato autobiográfico do momento místico suscitado pela oração matinal estão na coletânea *Espera de Deus* (disponível na internet).

305 *"Quando estamos nos degraus"*: o poema foi usado como epígrafe por Katherine Rich em *The red devil*, um relato pessoal da batalha de uma década da autora com um câncer de mama. O tema é recorrente na obra de Dostoiévski: "O homem nunca se aproxima tanto de Deus como na extremidade do desespero" (Gide, *Dostoesky*, p. 144 e p. 150).

305 *"I will go down to the sepulcher"*: Blake, "Milton", em *The complete poems*, p. 540.

306 *"Quando todos os nós do coração"*: adaptado da Katha Upanisad (2.2.1-2), em *Upanisadas*.

307 *"Não é o fruto da experiência"*: Pater, *Estudos sobre a história da Renascença*, citado em Shattuck, *Conhecimento proibido*, p. 309. O trecho mencionado foi suprimido das edições posteriores do livro, visto que o autor, depois de severas críticas, julgou que ele "poderia desencaminhar alguns jovens em cujas mãos caísse".

307 *"todos os dias ser o maior"*: Baudelaire *Poesia e prosa*, p. 546.

307 *"Sonhos! sempre sonhos!"*: Baudelaire, *Poesia e prosa*, p. 297.

308 *Se a obra clássica vale*: a diferença entre a estética do século XVIII, na qual "o valor de uma obra de arte consiste em ser o que ela é", e a do romantismo do início do século XIX, em que a arte se torna "a expressão de alguém [...] a voz de um homem dirigindo-se a outros homens", foi elaborada por Isaiah Berlin em *As raízes do romantismo*, pp. 97-101.

308 *"Somente o buscar aguerrido"*: Beethoven, citado em Hamburger, "Music and words: Beethoven", p. 9: "A cada dia mais me aproximo do alvo que posso divisar mas não descrever", escrevera Beethoven onze anos antes, em 1801. Hamburger comenta: "E é justamente a imprecisão de suas buscas e de suas renúncias que dá a elas tamanho poder de nos comover em sua música; é a sua imprecisão que as faz infinitas, pois a mais alta música não tem outro objetivo senão corporificar-se em forma".

308 *"Quanto mais poético"*: Novalis, *Fragmentos de Teplitz*, §280, citado por Rubens Rodrigues Torres Filho na introdução à sua coletânea dos textos de Novalis (*Pólen*, p. 24).

308 *"fé na embriaguez"*: a expressão foi usada por Nietzsche em sua crítica ao culto romântico do êxtase e das paixões exaltadas como ideal de vida: "Os seres de instantes sublimes e arrebatados, que habitualmente, por contraste e devido à própria dissipação de suas forças nervosas, sentem-se miseráveis e inconsoláveis, veem aqueles instantes como o autêntico 'Eu' [...] A embriaguez é a verdadeira vida para eles, o genuíno Eu: em todo o resto veem adversários e estorvadores da embriaguez, seja esta de natureza moral, intelectual, religiosa ou artística" (*Aurora*, §50, p. 44).

309 *"tenho a sensação de que estaria sempre bem"*: Baudelaire, *Poesia e prosa*, p. 336.

309 *"o pagamento à vista como o único vínculo"*: Thomas Carlyle, "Chartism", p. 195.

309 *O jovem Nietzsche viu a morte*: o contexto e os detalhes da atuação de Nietzsche na Guerra Franco-Prussiana baseiam-se em Pletsch, *Young Nietzsche*, pp. 103-25.

310 *"Erguendo-se e flamejando nele"*: a carta de Liszt — pai de Cosima, segunda esposa de Richard Wagner, a quem *O nascimento da tragédia* é dedicado — é citada na biografia de Hayman, *Nietzsche*, p. 147. Depois de uma extensa busca nos volumes de correspondências de Liszt e de Nietzsche não foi possível confirmar a existência dessa carta (ou de qualquer missiva entre eles). Nenhuma referência à carta aparece na obra de diversos biógrafos do filósofo (Kaufmann, Holingdale, Pletsch, Tanner) consultados. É possível que a atribuição da carta a Liszt resulte de um equívoco.

310 *"Um povo — ou, para todos os efeitos"*: Nietzsche, *The birth of tragedy*, p. 110.

310 *"Repito: considero-o um livro"*: a autocrítica de Nietzsche está no ensaio introdutório à segunda edição de *O nascimento da tragédia*, publicada em 1886, mais de uma década depois da publicação do livro ("An attempt at self-criticism", em *Birth of tragedy*, pp. 5-6).

311 *"a existência do mundo só se justifica"*: a conhecida sentença, depois repudiada por Nietzsche, aparece mais de uma vez em seu livro de estreia (*Birth of tragedy*, p. 33 e pp. 113-4).

311 *"mandar ao inferno todas as tentativas"*: Nietzsche, "An attempt at self-criticism", em *Birth of tragedy*, p. 12.

311 *"O pensador ou artista que guardou"*: Nietzsche, *Humano, demasiado humano*, §209, p. 141. Vide a seção 122 acima.

312 *"Oh mistério do homem!"*: Wordsworth, *The prelude*, em *Poetical works*, p. 578.

312 *"O tempo em que prado, bosque"*: Wordsworth, *Poetical works*, pp. 460-2. Os versos da "Ode" citados seguem, na maior parte das vezes, a tradução de Maria Sílvia Betti (disponível na internet). Ao considerar a impossibilidade de provar racionalmente sua crença na imortalidade da alma, Emerson concluiu: "A evidência real é sutil em demasia, ou situa-se em plano mais elevado do que podemos escrever em proposições, de modo que a 'Ode' de Wordsworth é portanto o melhor ensaio moderno sobre o tema" ("Immortality", p. 712).

313 *"uma aflição inerte e apática"*: Coleridge, "Dejection: an ode", em *Poetical works*, p. 364.

314 *"Antes de ler um poema"*: Plutarco, *Como deve o jovem ouvir os poetas?*, 16a-c (disponível na internet).

314 *"Eu não consigo dizer que parcela"*: Wordsworth, *The prelude*, em *Poetical works*, p. 515.

314 *"nada foi mais difícil para mim"*: Wordsworth, citado em Bates, *Radical Wordsworth*, p. 299. Como observa Bates, Wordsworth, ao

compor a "Ode", "estava tomado pelo pensamento da perda, por parte do adulto, da capacidade da criança de viver no momento e de estar em união com a natureza [...] as crianças são inteiramente elas mesmas, mas à medida que crescemos descobrimo-nos atuando numa série de papéis e tornamo-nos atores, como reconheceu Shakespeare" (p. 298). A diferença radical entre os conceitos de natureza romântico e iluminista no contexto inglês foi examinada por Basil Willey em "'Nature' in Wordsworth", pp. 253-93).

314 *"a maturidade do homem significa"*: Nietzsche, *Além do bem e do mal*, §94, p. 71.

315 *"Aquilo que distingue realmente uma criança"*: Agostinho da Silva, "Baden-Powell, personalidade e pedagogia", p. 223.

315 *"O tempo é uma criança"*: Heráclito, fragmento #24 (Diels-Krans).

316 *"quando ocorrem alterações ainda maiores"*: Hume, "Of the immortality of the soul", p. 596.

317 *"país ignorado de onde nunca ninguém voltou"*: Shakespeare, *Hamlet*, ato 3, cena 1, linhas 80-1.

317 *Algo entre 10% e 20% das vítimas*: ver Blackmore, "Near-death experiences: in or out of the body", pp. 34-45; e Alex Blasdel, "New research into the dying brain suggests the line between life and death may be less distinct than previously thought", *The Guardian*, 2 abr. 2024 (disponível na internet).

319 *"incongruência chocante"*: Koch, "Tales of the dying brain" (disponível na internet).

320 "Uma sensação de calma": Beaufort, citado em Koch, "Tales of the dying brain".

320 *"Morrer é algo simples"*: Hemingway, carta de 18 de outubro a seus pais, escrita poucos dias após o incidente (disponível na internet).

320 *"Houve um daqueles estrondos"*: Hemingway, carta de 8 de outubro de 1932 a Guy Hickok, amigo do autor e correspondente do *Brooklin Daily Eagle* em Paris (disponível na internet).

321 *"Tentei respirar mas o ar não veio"*: Hemingway, *Farewell to arms*, p. 54.

321 *documentário audiovisual "Vida após a morte"*: série em seis episódios criada por Ricki Stern e exibida pelo canal de streaming Netflix em 2021; o depoimento de Neal aparece no primeiro episódio.

321 *relatos de EQMs de tintura budista e muçulmana*: ver a revisão da literatura científica sobre EQMs em A. Hashemi et al., "Explanation of near-death experiences: a systematic analysis of case reports and qualitative research" (disponível na internet). Ver também Blackmore, "Near-

-death experiences: in or out of the body": "A escassa pesquisa existente sugere que as EQMs têm basicamente a mesma estrutura em outras culturas, embora a formação religiosa pareça influenciar o modo como é interpretada" (p. 37).

322 *"Ouvi apitar o monitor"*: conforme o depoimento colhido por Camila Corsini para a coluna "Equilíbrio e Saúde Mental" do canal Viva Bem do portal UOL, publicado em 24 jun. 2024.

323 *"Há filósofos que são"*: Machado de Assis, *Dom Casmurro*, cap. 10, p. 819.

323 *"Os filósofos metafísicos são músicos"*: Carnap, "The elimination of metaphysics through logical analysis of language", p. 80.

323 *"Um físico que rejeita"*: Pippard, "Master-minding the universe" (resenha do livro *God and the new physics* de Paul Davies), p. 795.

325 *"Como se dá que ritmos e melodias"*: Aristóteles, *Problemata*, livro 19, 920a3-4.

327 *"toda arte constantemente aspira"*: Walter Pater, "The School of Giorgione", p. 124. Sentimento análogo sobre a singularidade da música aparece em Fernando Pessoa: "Uma estranha náusea pela pobreza das palavras sempre se abate sobre nós quando ouvimos música, independentemente do que possamos pensar da música como arte" (*Heróstrato*, §15, p. 62).

EPÍLOGO [pp. 331-44]

Página

334 *"Os que não creem"*: Robespierre, citado em Baudelaire, *Poesia e prosa*, p. 541. Embora reflita o pensamento de Robespierre sobre a relação entre virtude cívica e imortalidade, a frase citada é, na verdade, uma paráfrase de um trecho do "Discours sur les principes de morale politique" feito por Robespierre à Convenção Nacional francesa em 5 de fevereiro de 1794 (disponível na internet).

334 *"a morte é o começo"*: Robespierre, discurso à Convenção Nacional francesa proferido em 26 de julho de 1794: *"Non, la mort n'est pas un sommeil éternel. [...] la mort est le commencement de l'immortalité"* (disponível na internet). O Culto do Ser Supremo — proscrito por Napoleão em 1802 — foi a religião deísta instituída por Robespierre a fim de impedir o avanço do ateísmo e, simultaneamente, servir como substituta para o catolicismo imbricado no Antigo Regime.

335 *"morrer tão completamente"*: Manuel Bandeira, "A morte absoluta", em *Estrela da vida inteira*, pp. 163-4.

335 *"a vida inteira que podia"*: Manuel Bandeira, "Pneumotórax", em *Estrela da vida inteira*, p. 107.

336 *"fiz de mim o que não soube"*: verso de Álvaro de Campos/Pessoa em "Tabacaria", em *Obra poética*, p. 365.

339 "*O que perturba a mente*": Epiteto, *The Encheiridion*, §5, p. 487, e *Discourses*, livro 3, cap. 19, p. 117.

340 *"a morte não é nada para nós"*: Epicuro, *Cartas e máximas principais*, p. 86. Sobre o tratamento da morte na filosofia epicurista ver o ensaio "Mortal immortals" de Martha Nussbaum (*The therapy of desire*, pp. 192-238).

341 *"a natureza abomina o vácuo"*: Aristóteles, *Física*, livro 4, §§6-9.

344 *Olhos nos olhos da imensidão*: verso da canção "Pecado original" de Caetano Veloso.

344 *Lenta vírgula rastejante*: a expressão aparece em Drummond, "Noite de outubro", em *Poesia completa*, p. 1420.

Bibliografia

ACKER, Clara. "Diotime de Mantinée". In: *Femmes, fêtes et philosophie en Grèce ancienne*. Paris: Editions L'Harmattan, 2013.

AGOSTINHO DA SILVA, George. "Sete cartas a um jovem filósofo" [1945]. In: *Filosofia enquanto poesia*. Orgs. Amon e Romana Valente Pinho. São Paulo: É Realizações, 2021.

_____. "Baden-Powell, personalidade e pedagogia" [1961]. In: *Educação, reinvenção e liberdade*. Orgs. Amon e Romana Valente Pinho. São Paulo: É Realizações, 2023.

AGOSTINHO DE HIPPO [354-430 d.C.]. *On the free choice of the will*. Trad. Peter King. Cambridge: Cambridge University Press, 2010.

AHUJA, Anjana. "Can we defeat death?". *Financial Times*, Life & Arts, 30 out. 2021.

AINSLIE, George. *Picoeconomics*. Cambridge: Cambridge University Press, 1992.

AINSWORTH, Claire. "Growing younger". *New Scientist*, 27 abr. 2022.

ALGER, William R. *A critical history of the doctrine of a future life*. Nova York: W.J. Widdleton Publisher, 1871.

ANDRADE, Oswald de. *Diário confessional*. Org. Manuel da Costa Pinto. São Paulo: Companhia das Letras, 2022.

ANNA, Julia; BARNES, Jonathan. *The modes of scepticism*. Cambridge: Cambridge University Press, 1985.

AQUINO, Tomás de. *The summa theologica* [1485]. Trad. Daniel J. Sullivan. Chicago: William Benton, 1952.

ARIÈS, Phillipe. *Western attitudes toward death from the middle ages to the present*. Trad. Patricia Ranum. Londres: Marion Boyars, 1976.

ARISTÓTELES [384-322 a.C.]. *The Nicomachean ethics*. Trad. David Ross. Oxford: Oxford University Press, 1980.

_____. *Física* e *Problemata*. In: *The complete works of Aristotle*. v 1 e v. 2. Org. Jonathan Barnes. Princeton: Princeton University Press, 1995.

ASSIS, Machado de. *Memórias póstumas de Brás Cubas* [1881] e *Dom Casmurro* [1900]. In: *Obra completa*. v 1. Org. Afrânio Peixoto. Rio de Janeiro: Nova Aguilar, 1997.

_____. "O imortal" [1882] e "Um homem célebre" [1883]. In: *Obra completa*. v. 2. Org. Afrânio Peixoto. Rio de Janeiro: Nova Aguilar, 1999.

_____. "A semana" (crônica publicada na *Gazeta de Notícias*, 26 abr. 1896). In: *Obras completas*. v. 28. Org. Aurelio Buarque de Hollanda Ferreira. Rio de Janeiro: W.M. Jackson, 1957.

_____. "Sessão de encerramento" [1897]. In: *Obras completas*. v 15. Org. Henrique de Campos. Rio de Janeiro: W.M. Jackson, 1957.

AUDEN, W.H. *The dyer's hand*. Nova York: Random House, 1962.

AURÉLIO, Marco [121-180 d.C.]. *Meditations*. Trad. Maxwell Staniforth. Harmondsworth: Penguin, 1964.

ÁVILA, Teresa d'. *Livro da vida* [1562]. Trad. Marcelo Musa Cavallari. São Paulo: Penguin-Companhia, 2010.

AZAM, Jean-Paul; FERRERO, Mario. "Killing for the sake of infamy: the Herostratus syndrome and what to do about it". *Peace economics, peace science and public policy* 22(2016), 357-64.

BACON, Francis. *The advancement of learning* [1605]. Org. Arthur Johnston. Oxford: Clarendon Press, 1974.

_____. "The refutation of philosophies" [1608] e "Cogitata et visa" [1607]. In: *The philosophy of Francis Bacon*. Org. B. Farrington. Liverpool: Liverpool University Press, 1964.

BANDEIRA, Manuel. *Poesias reunidas: estrela da vida inteira*. Rio de Janeiro: José Olympio, 1974.

BATAILLE, George. *A parte maldita* [1949]. Trad. Júlio Castañon Guimarães. Rio de Janeiro: Imago, 1975.

BATAILLE, George. *O erotismo* [1957]. Trad. João Bérnard da Costa. Lisboa: Moraes, 1968.

BATE, Jonathan. *The genius of Shakespeare*. Londres: Picador, 1997.

_____. *Radical Wordsworth*. New Haven: Yale University Press, 2020.

BATTIN, Margaret. *The death debate: ethical issues in suicide*. Nova Jersey: Prentice Hall, 1996.

BAUDELAIRE, Charles. *Poesia e prosa*. Trad. Ivo Barroso. Rio de Janeiro: Nova Aguilar, 1995.

BEAUVOIR, Simone de. *Todos os homens são mortais* [1946]. Trad. Sérgio Milliet. Rio de Janeiro: Nova Fronteira, 2019.

BECKER, Carl L. *The heavenly city of the eighteenth-century philosophers*. New Haven: Yale University Press, 1932.

BECKER, Ernest. *The denial of death* [1973]. Nova York: Free Press, 1997.

BECKER, Gary. *Accounting for tastes*. Cambridge, Mass.: Harvard University Press, 1996.

BERLIN, Isaiah. *As raízes do romantismo* [1965]. Trad. Isa Mara Lando. São Paulo: Três Estrelas, 2015.

BHATTACHARYA, Tihi. *The man from the future: the visionary life of John von Neumann*. Nova York: Penguin, 2021.

BIGGS, Joanna. "I'm an intelligence". *The London Review of Books*, 20 dez. 2018.

BLACKMORE, Susan. "Near-death experiences: in or out of body". *Skeptical Inquirer* 16(1991), 34-45.

BLAKE, William. "The marriage of heaven and hell" [1790] e "Milton" [1810]. In: *The complete works*. Org. A. Ostriker. Harmondsworth: Penguin, 1977.

BORGES, Jorge Luis. "El inmortal" [1949]. In: *Obras completas*. V. 1. Buenos Aires: Emecé, 1996.

_____. *Esse ofício do verso* [1967]. Trad. José Marcos Macedo. São Paulo: Companhia das Letras, 2000.

_____. "There are more things" [1975]. In: *Obras completas*. v. 3. Buenos Aires: Emecé, 1996.

_____. "La inmortalidad" [1979]. In: *Obras completas*. v. 4. Buenos Aires: Emecé, 1996.

BOROWITZ, Albert. *Terrorism for self-glorification: the Herostratus syndrome*. Kent, Ohio: Kent State University Press, 2005.

BOSTOCK, David. *Plato's Phaedo*. Oxford: Clarendon Press, 1986.

BOSWELL, James. *A journal of a tour to the Hebrides with Samuel Johnson* [1785]. Londres: E.P. Dutton & Co., 1928.

BOYLE, Robert. *A free enquiry into the vulgarly received notion of nature* [1686]. Orgs. E. Davis e M. Hunter. Cambridge: Cambridge University Press, 1996.

BRAHIC, Catherine. "The most personal technology". *The Economist Technology Quarterly*, 22 jul. 2023.

BROOKE, John Hedley. "Myth 25: that modern science has secularized western culture". In: *Galileo goes to jail and other myths about science and religion*. Cambridge, Mass.: Harvard University Press, 2010.

BROWNE, Thomas. *Hydriotaphia, urne-buriall* [1658]. In: *The major works*. Org. C.A. Patrides. Londres: Penguin, 1977.

BURTT, E.A. *The metaphysical foundations of modern science* [1932]. Londres: Routledge & Kegan Paul, 1980.

BUTLER, Joseph. *The analogy of religion, natural and revealed, to the constitution and course of nature* [1736]. Londres: George Bell and Sons, 1889.

BYRON, George Gordon. *Childe Harold's pilgrimage* [1818] e *Don Juan* [1823]. In: *Byron's poetry and prose*. Org. Alice Levine. Nova York, 2009.

_____. *Don Juan* (canto XIV). In: *Byron e Keats: entreversos*. Trad. Augusto de Campos. Campinas: Unicamp, 2009.

CAMPBELL, Joseph. *O voo do pássaro selvagem* [1969]. Trad. Ruy Jungman. Rio de Janeiro: Rosa dos Tempos, 1997.

ČAPEK, Karel. *The Makropulos case* [1922]. In: *Four plays*. Trad. Peter Majer e Cathy Porter. Londres: Bloomsbury, 1999.

CARLYLE, Thomas. *Chartism* [1839]. In: *Selected writings*. Org. Alan Shelston. Harmondsworth: Penguin, 1971.

CARNAP, R. "The elimination of metaphysics through logical analysis of language" [1932]. In: *Logical positivism*. Org. A.J. Ayer. Glencoe: Free Press, 1959.

CARR, Geoffrey. "In search of forever". *The Economist Technology Quarterly*, 30 set. 2023.

CASTRO, Yeda Pessoa de. *Camões com dendê*. Rio de Janeiro: Topbooks, 2022.

CELANO, Tomás de. *The second life of Saint Francis* [1247]. Trad. A.G. Ferres. Nova York: E.P. Duton, 1908.

CERVANTES, Miguel de. *Dom Quixote de la Mancha* [1605 e 1615]. Trad. Ernani Ssó. São Paulo: Penguin-Companhia, 2012.

CHONAILL, Siobhan Ni. "'Why may not man one day be immortal?'". *History of European Ideas* 33(2007), 29-35.

CÍCERO, Marcus Tulius [103-46 a.C.]. *Tusculan disputations*. Trad. J.E. King. Cambridge, Mass.: Harvard University Press, 1945.

_____. *Saber envelhecer*. Trad. Paulo Neves. Porto Alegre: L&PM, 2013.

_____. *Da república*. Trad. Amador Cisneiros. São Paulo: Edipro, 2021.

CIORAN, E.M. *The trouble with being born*. Trad. Richard Howard. Nova York: Arcade, 1976.

CLARK, William R. *Sex and the origins of death*. Oxford: Oxford University Press, 1996.

COLERIDGE, Samuel T. "Dejection: an ode" [1802]. In: *Poetical works*. Org. E.H. Coleridge. Oxford: Oxford University Press, 1969.

CONDORCET, Antoine-Nicolas de. *Sketch for a historical picture of the progress of the human mind* [1795]. Trad. June Barraclough. Westport: Greenwood Press, 1955.

DALAI LAMA; CUTLER, Howard C. *The art of happiness*. Nova York: Riverbead Books, 1998.

DANTE ALIGHIERI. *De monarchia* [1317]. In: *Tute le opere*. Orgs. G. Fallani, N. Maggi e S. Zennaro. Roma: Newton Compton, 2005.

_____. *The divine comedy: inferno* [*c.* 1321]. Trad. Mark Musa. Harmondsworth: Penguin, 1984.

DAVENPORT-HINES, David. *The pursuit of oblivion: a global history of narcotics, 1500-2000*. Londres: Weidenfeld & Nicolson, 2001.

DENNET, Daniel; HOFSTADTER, Douglas. *The mind's I: fantasies and reflections on self and soul*. Nova York: Basic Books, 2000.

Dictionary of non-classical mythology. Orgs. Marian Edwardes e Lewis Spence. Londres: J.M. Dent & Sons, 1937.

Dictionary of Norse myth and legend. Org. Andy Orchard. Londres: Weidenfeld & Nicolson, 2023.

DIDEROT, Denis. *Correspondance*. v 6. Org. Georges Roth. Paris: Minuit, 1955.

_____. *Ensaio sobre os reinados de Cláudio e Nero* [1778]. Trad. Newton Cunha. São Paulo: Perspectiva, 2017.

DODDS, E.R. *The Greeks and the irrational*. Berkeley: University of California Press, 1951.

DOSTOIÉVSKI, Fiodor. *O idiota* [1869]. Trad. Paulo Bezerra. São Paulo: Editora 34, 2015.

DRUMMOND DE ANDRADE, Carlos. *Poesia completa*. Org. Gilberto Mendonça Teles. Rio de Janeiro: Nova Aguilar, 2002.

EDMONDS, David. *Parfit: a philosopher and his mission to save morality*. Princeton: Princeton University Press, 2023.

EILENBERGER, Wolfram. *As visionárias*. Trad. Claudia Abeling. São Paulo: Todavia, 2022.

EMERSON, Ralph W. "Worship" [1860]; "Old age" [1870] e "Immortality" [1876]. In: *Complete works*. Org. A.C. Hearn. Edimburgo: W.P. Nimmo, Hay, & Mitchell, 1907.

_____. *Journals*. Org. Joel Porte. Cambridge, Mass.: Belknap, 1982.

ENGELS, Friedrich. *Anti-Dühring* [1894]. Trad. M. Guedes. Lisboa: Dinalivro, 1976.

EPICURO [342-270 a.C.]. *Cartas e máximas principais*. Trad. Maria Cecília Gomes dos Reis. São Paulo: Penguin-Companhia, 2021.

EPITETO [*c.* 55-135 d.C.]. *The Encheiridion* e *Discourses*. In: *Epictetus*. v. 2. Trad. W.A. Oldfather. Cambridge, Mass.: Harvard University Press, 1978.

EURÍPIDES [*c.* 480-406 a.C.]. *Ifigênia em Áulis*. Trad. Mário da Gama Kury. Rio de Janeiro: Zahar, 1993.

FEUERBACH, Ludwig. *Abelardo Y Heloísa o el escritor y el hombre* [1834]. Trad. J.L. García Rúa. Granada: Comares, 1995.

FISHER, Irving. *The theory of interest* [1930]. Fairfield: Augustus M. Kelley, 1986.

FRANK, Joseph. *Dostoevsky: the years of ordeal, 1850-1859*. v. 2. Princeton: Princeton University Press, 1990.

_____. *Dostoevsky: the stir of liberation, 1860-1865*. v. 3. Princeton: Princeton University Press, 1988.

FREUD, Sigmund. "Considerações atuais sobre a guerra e a morte" [1915]. In: *Freud, 1914-1916*. Trad. Paulo César de Souza. São Paulo: Companhia das Letras, 2010.

_____. *O futuro de uma ilusão* [1927]. In: *Freud, 1926-1929*. Trad. Paulo César de Souza. São Paulo: Companhia das Letras, 2014.

_____. *O mal-estar na civilização* [1930]. In: *Pequena coleção das obras de Freud*. Trad. M.A.M. Rego. Rio de Janeiro: Imago, 1976.

FURBANK, P.N. *Diderot: a critical biography*. Londres: Secker & Warburg, 1992.

GASKILL, Malcolm. "Like oysters in their shells". *The London Review of Books*, 18 ago. 2022.

GIANNETTI, Eduardo. *Beliefs in action: economic philosophy and social change*. Cambridge: Cambridge University Press, 1991.

_____. *Autoengano*. São Paulo: Companhia das Letras, 1997.

_____. *O valor do amanhã: ensaio sobre a natureza dos juros*. São Paulo: Companhia das Letras, 2005.

_____. "Meditações catastróficas". *Revista Brasileira* 110/111(2022), 29-33.

GIDE, André. *Dostoevsky*. Trad. Arnold Bennet. Londres: Secker & Warburg, 1949.

Gilgámesh, Epopeia de. Trad. Jacyntho Lins Brandão. Belo Horizonte: Autêntica, 2017.

Gilgamesh, The epic of. Trad. Andrew George. Londres: Penguin, 2003.

GINZBURG, Carlo. "Dante's *Epistle to Cangrande* and its two authors". *Proceedings of the Royal Academy* 139(2006), 195-216.

GODWIN, William. *An enquiry concerning political justice* [1793]. Org. Mark Philp. Oxford: Oxford University Press, 2013.

GOETHE, J.W. von. *Conversations of Goethe with Johann Peter Eckermann* [1836]. Trad. John Oxenford. Londres: Da Capo Press, 1998.

GRAVES, Robert. "The rival twins" e "Tantalus". In: *The Greek myths*. Harmondsworth: Penguin, 1957.

GREENLAND, Andrew et al. "Dying for a cause: the rationality of martyrs, suicide bombers and self-immolators". *Rationality and Society* 32(2020), 93-115.

GROUND, Ian. "I fell apart". *The Times Literary Supplement*, 10 jun. 2022.

GUTHRIE, W.K.C. *A history of Greek philosophy: Aristotle*. v. 6. Cambridge: Cambridge University Press, 1981.

HAMBURGER, Michael. "Music and words: Beethoven". In: *Art as second nature*. Manchester: Carcanet, 1979.

HASHEMI, A. et al. "Explanation of near-death experiences: a systematic analysis of case reports and qualitative research". *Frontiers Psychology* 14(2023).

HATINA, Meir. *Martyrdom in modern Islam*. Cambridge: Cambridge University Press, 2014.

HAYMAN, Ronald. *Nietzsche: a critical life*. Londres: Quartet Books, 1981.

HEINE, Heinrich. *Contribuição à história da religião e filosofia na Alemanha* [1834]. Trad. Márcio Suzuki. São Paulo: Iluminuras, 1991.

HEMINGWAY, Ernest. *A farewell to arms*. Nova York: Charles Scribner's Sons, 1929.

HERÓDOTO [*c.* 484-*c.* 420 a.C.]. *The Persian wars*. Trad. G. Rawlinson. Nova York: Random House, 1942.

HIPÓCRATES [460-370 a.C.]. "The sacred disease". In: *Hippocratic writings*. Trad. J. Chadwick e W.N. Mann. Londres: Penguin, 1978.

HITSCHMANN, Eduardo. "Lo psicoanalítico respecto a la personalidad de Goethe". In: *Genialidad y neurosis*. Caracas: Monte Avila, 1977.

HÖLDERLIN, Friedrich. *Poemas*. Trad. Paulo Quintela. Coimbra: Atlântica, 1959.

HOLT, Jim. "Eternity for atheists". *The New York Times Magazine*, 29 jul. 2007.

_____. *Por que o mundo existe?* Trad. Clóvis Marques. Rio de Janeiro: Intrínseca, 2013.

HORÁCIO, Quinto [65-8 a.C.]. *Poesia completa*. Trad. Frederico Lourenço. Lisboa: Quetzal, 2023.

HORGAN, John. *O fim da ciência*. Trad. Rosaura Eichemberg. São Paulo: Companhia das Letras, 2015.

HSU, Jeremy. "Lenin's body improves with age". *Scientific American*, 22 abr. 2015.

HUME, David. *A treatise of human nature* [1739]. Org. L.A. Selby-Bigge. Oxford: Clarendon Press, 1975.

_____. "Of the immortality of the soul" [1755] e "My own life" [1777]. In: *Essays: moral, political and literary*. Org. Eugene F. Miller. Indianápolis: Liberty Classics, 1985.

_____. *The letters of David Hume*. v. 2. Org. J.Y.T. Greig. Oxford: Clarendon Press, 1932.

HUNTINGTON, Richard; METCALF, Peter. *Celebrations of death: the anthropology of mortuary ritual*. Cambridge: Cambridge University Press, 1979.

HUXLEY, Aldous. *The doors of perception*. Londres: Chatto & Windus, 1954.

IGNATIEFF, Michael. *Isaiah Berlin: a life*. Nova York: Henry Holt, 1998.

ISAACSON, Walter. *Einstein: sua vida, seu universo*. Trad. Celso Nogueira e Isa Mara Lando. São Paulo: Companhia das Letras, 2007.

JAMES, William. *Human immortality: two supposed objections to the doctrine* [1898]. Nova York: Cosimo Classics, 2007.

_____. *The varieties of religion experience* [1901]. Nova York: Longmans, Green & Co., 1916.

_____. "Remarks at the Peace banquet" [1904]. In: *Memories and studies*. Londres: Longmans, Green & Co., 1911.

JARDINE, Lisa; STEWART, Alan. *Hostage to fortune: the troubled life of Francis Bacon*. Nova York: Hill and Wang, 1999.

KAFKA, Franz. *The aphorisms of Franz Kafka*. Org. Reiner Stach. Princeton: Princeton University Press, 2022.

KAHN, C.H. *Plato and the socratic dialogue*. Cambridge: Cambridge University Press, 1996.

KANT, Immanuel. *Critique of pure reason* [1787]. Trad. Norman Kemp Smith. Londres: Macmillan Press, 1933.

KIRKWOOD, Tim. *Time of our lives: the science of human aging*. Oxford: Oxford University Press, 1999.

KISSINGER, Henry. *Diplomacy*. Nova York: Simon & Schuster, 1995.

KOCH, Christof. "Tales of the dying brain". *Scientific American*, 1 jun. 2020.

KOESTLER, Arthur. *Os sonâmbulos: história das ideias do homem sobre o universo*. Trad. Alberto Denis. São Paulo: Ibrasa, 1961.

_____. *The roots of coincidence*. Londres: Picador, 1979.

KRAUSS, Lawrence. *A universe from nothing*. Nova York: Free Press, 2012.

KUEHN, Manfred. *Kant: a biography*. Cambridge: Cambridge University Press, 2001.

KUNDERA, Milan. "Improviso em homenagem a Stravínski". In: *Testamentos traídos*. Trad. Teresa Bulhões C. da Fonseca e Maria Luiza N. Silveira. São Paulo: Companhia das Letras, 2017.

LA ROCHEFOUCAULD, duque de. *Maxims* [1665]. Trad. L. Tancock. Harmondsworth: Penguin, 1967.

LAFER, Mary de Camargo Neves. *O hino homérico a Afrodite em quatro ensaios e uma tradução*. São Paulo: Ateliê/Mnema, 2022.

LARSON, Edward; WITHAM, LARRY. "Scientists are still keeping the faith". Nature, 3 abr. 1997.

LEITE, Marcelo. *Psiconautas: viagens com a ciência psicodélica brasileira*. São Paulo: Fósforo, 2021.

LEMINSKI, Paulo. "Trótski e a cultura". In: *Vida*. Porto Alegre: Sulina, 1990.

LÉRY, Jean de. *Viagem à terra do Brasil*. Trad. Sérgio Milliet. Belo Horizonte: Itatiaia, 1980.

LOCKE, John. *An essay concerning human understanding* [1689]. Org. P. Nidditch. Oxford: Oxford University Press, 1975.

MACAULAY, Thomas. "Lord Bacon" [1837]. In: *Essays*. Londres: Longmans, Green & Co., 1920.

MAIAKÓVSKI, Vladimir. "A plenos pulmões" [1930]. In: *Poemas*. Trad. Haroldo de Campos. Rio de Janeiro: Tempo Brasileiro, 1967.

MALEBRANCHE, Nicolas. *The search after truth* [1712]. Trad. T. Lennon e P. Olscamp. Cambridge: Cambridge University Press, 1997.

MALTHUS, Thomas R. *An essay on the principle of population as it affects the future improvement of society* [1798]. Org. James Bonar. Londres: Macmillan & Co., 1926.

MARCH, Jenny. "Dioscuri: boys of Zeus". In: *Cassel's dictionary of classical mythology*. Londres: Cassel & Co., 2001.

MARGULIS, Lynn; SAGAN, Dorion. *Microcosmos: four billion years of microbial evolution*. Nova York: Summit Books, 1986.

MARTIN, Paul. *Sex, drugs & chocolate: the science of pleasure*. Londres: Fourth Estate, 2008.

MARX, Karl. "On the difference between the Democritean and the Epicurean philosophy of nature" [1841]. In: *Collected works*. v 1. Trad. J. Dirk e Sally R. Struik. Londres: Lawrence & Wishart, 1975.

_____. "A contribution to the critique of Hegel's philosophy of right" [1843]. In: *Early writings*. Trad. R. Livingstone. Harmondsworth: Penguin, 1975.

_____. *O capital: crítica da economia política* [1867]. v. 1. Trad. Reginaldo Sant'Anna. Rio de Janeiro: Civilização Brasileira, 1975.

_____. *O 18 de brumário* [1869]. Trad. Leandro Konder. Rio de Janeiro: Paz e Terra, 1974.

MARX, Karl ; ENGELS, Friedrich. *Sobre a religião*. Trad. Raquel Silva. Lisboa: Edições 70, 1975.

MATILLA, José Manuel. "Nada. Ello dice". In: *Goya en tiempos de guerra*. Madri: Ediciones El Viso, 2008.

MAUROIS, André. *Byron* [1930]. Trad. H.P. de Lemos Bastos. Rio de Janeiro: Irmãos Pongetti, 1944.

MEDAWAR, Peter. *The limits of science*. Oxford: Oxford University Press, 1986.

MILL, John Stuart. "Utility of religion" [1874]. In: *Nature and utility of religion*. Org. George Nakhnikian. Indianápolis: Bobbs Merril, 1958.

MINSKY, Marvin. *The society of mind*. Nova York: Simon & Schuster, 1986.

MONK, Ray. *Bertrand Russell: the ghost of madness, 1921-1970*. v. 2. Londres: Vintage, 2001.

MONTAIGNE, Michel de. "Que filosofar é aprender a morrer" [1580] e "Apologia de Raymond Sebond" [1580]. In: *Os ensaios*. Trad. Rosa Freire d'Aguiar. São Paulo: Penguin-Companhia, 2010.

MOSSNER, E.C. *The life of David Hume*. Oxford: Clarendon Press, 1980.

NAGEL, Thomas. *The view from nowhere*. Oxford: Oxford University Press, 1986.

NAILS, Debra. "Tragedy off-stage". In: *Plato's Symposium: issues in interpretation and reception*. Orgs. J. Lesher, D. Nails e F. Sheffield. Cambridge, Mass.: Harvard University Press, 2007.

NATARAJAN, Priyamvada. "All things great and small". *The New York Review of Books*, 1 jul. 2021.

NEEDHAM, Joseph, e PING-YÜ Ho. "Elixir poisoning in medieval China". *Janus* 48(1959), 221-51.

NIETZSCHE, Friedrich. *The birth of tragedy* [1872]. Trad. Ronald Speirs. Cambridge: Cambridge University Press, 1999.

_____. *Humano, demasiado humano* [1878]. v. 1. Trad. Paulo César de Souza. São Paulo: Companhia das Letras, 2000.

_____. *Aurora* [1881]. Trad. Paulo César de Souza. São Paulo: Companhia das Letras, 2004.

_____. *A gaia ciência* [1882]. Trad. Paulo César de Souza. São Paulo: Companhia das Letras, 2001.

NIETZSCHE, Friedrich. *Assim falou Zaratustra* [1885]. Trad. Paulo César de Souza. São Paulo: Companhia das Letras, 2020.

_____. *Além do bem e do mal* [1886]. Trad. Paulo César de Souza. São Paulo: Companhia das Letras, 1996.

_____. *Genealogia da moral* [1887]. Trad. Paulo César de Souza. São Paulo: Companhia das Letras, 1998.

_____. *Crepúsculo dos ídolos* [1888]. In: *Obras incompletas*. Trad. Rubens Rodrigues Torres Filho. São Paulo: Editora 34, 2014.

_____. *O Anticristo* [1888]. Trad. Paulo César de Souza. São Paulo: Companhia das Letras, 2007.

_____. *Ecce homo* [1888]. Trad. Paulo César de Souza. São Paulo: Companhia das Letras, 2015.

_____. *The will to power* [1883-88]. Trad. W. Kaufmann e R.J. Hollingdale. Nova York: Vintage Books, 1967.

NOVALIS (pseudônimo de Friedrich von Hardenberg). *Pólen: fragmentos, diálogos, monólogo* [1798]. Trad. Rubens Rodrigues Torres Filho. São Paulo: Iluminuras, 1988.

NUSSBAUM, Martha. *The therapy of desire*. Princeton: Princeton University Press, 1994.

OCHSE, R. *Before the gates of excellence: the determinants of creative genius*. Cambridge: Cambridge University Press, 1990.

Oxford dictionary of scientific quotations. Orgs. W.F. Bynum e Roy Porter. Oxford: Oxford University Press, 2005.

PARFIT, Derek. *Reasons and persons*. Oxford: Clarendon Press, 1987.

PARKER, G. *Emperor: a new life of Charles V*. New Haven: Yale University Press, 2021.

PARTRIDGE, Burgo. *A history of orgies*. Nova York: Bonanza Books, 1960.

PASSMORE, John. *The perfectibility of man*. Londres: Duckworth, 1970.

PATER, Walter. "The School of Giorgione". In: *Studies in the history of the Renaissance* [1877]. Oxford: Oxford University Press, 2010.

PAZ, Octavio. *Versiones y diversiones*. Barcelona: Galáxia Gutenberg, 2000.

PEIRCE, Charles Sanders. "The fixation of belief" [1877]. In: *Philosophical writings*. Org. Justus Buchler. Nova York: Dover, 1955.

PESSOA, Fernando. *Obra poética*. Org. Maria Aliete Galhoz. Rio de Janeiro: Nova Aguilar, 1976.

_____. *Obras em prosa*. Org. Cleonice Berardinelli. Rio de Janeiro: Nova Aguilar, 1986.

_____. *Livro do desassossego*. Org. Richard Zenith. São Paulo: Companhia das Letras, 1999.

_____. *Heróstrato e a busca da imortalidade*. Org. Richard Zenith. Lisboa: Assírio & Alvim, 2000.

_____. *Aforismos e afins*. Org. Richard Zenith. São Paulo: Companhia das Letras, 2006.

PIPPARD, Brian. "Master-minding the universe". *The Times Literary Supplement*, 29 jul. 1983.

PLANT, Raymond. *Hegel*. Londres: George Allen & Unwin, 1973.

PLATÃO [428-348 a.C.]. *Apologia*. Trad. R.W. Livingstone. Oxford: Clarendon Press, 1938.

_____. *Phaedo*. Trad. David Gallop. Oxford: Clarendon Press, 1975.

_____. *Plato's* Symposium. Trad. Seth Bernardete. Chicago: University of Chicago Press, 1993.

_____. *Fédon*. Trad. Maria Teresa Schiappa de Azevedo. Coimbra: Minerva, 2001.

_____. *O banquete*. Trad. Carlos Alberto Nunes. Belém: UFPA, 2011.

_____. *Fedro*. Trad. Maria Cecília Gomes dos Reis. São Paulo: Penguin-Companhia, 2016.

PLATH, Sylvia. *The unabridged journals of Sylvia Plath*. Org. Karen V. Kukil. Nova York: Vintage, 2000.

PLETSCH, Carl. *Young Nietzsche: becoming a genius*. Nova York: Free Press, 1991.

PLUTARCO [*c. 50-c.* 125 d.C.]. "Alexander" e "Pompey". In: *Plutarch's lives*. v. 2. Trad. Arthur H. Clough. Londres: J.M. Dent and Sons, 1910.

POLLAN, Michael. *How to change your mind: the new science of psychedelics*. Nova York: Penguin, 2018.

POLONSKY, Vyacheslav. "Lenin's views of art and culture". In: EASTMAN, Max. *Artists in uniform* [1934]. Londres: Routledge, 2023.

POPPER, Karl; ECCLES, John. *The self and its brain*. Londres: Routledge & Kegan Paul, 1983.

PRIDMORE-BROWN, Michele. "Beyond flesh and blood; the quest for godlike immortality". *The Times Literary Supplement*, 24 jun. 2022.

QUINE, W.V. *Quiddities*. Cambridge, Mass.: Belknap Press, 1987.

RASMUSSEN, Dennis C. *The infidel and the professor*. Princeton: Princeton University Press, 2017.

RICH, Katherine R. *The red devil: to hell with cancer — and back*. Londres: Methuen, 1999.

RILKE, Rainer Maria. *Rodin* [1902]. Trad. Daniela Caldas. Rio de Janeiro: Relume Dumará, 1995.

RODRIGUES, Nelson. *Memórias: a menina sem estrela* [1967]. Rio de Janeiro: Nova Fronteira, 2015.

ROSA, Guimarães. *Grande sertão: veredas*. Rio de Janeiro: José Olympio, 1956.

ROZIN, Paul. "Preadaptation and the puzzles and properties of pleasure". In: *Well-being*. Orgs. Daniel Kahnemam, Ed Diener e Norbert Schwarz. Nova York: Russell Sage Foundation, 1999.

RUE, Loyal. *By the grace of guile*. Oxford: Oxford University Press, 1994.

RUSSELL, Bertrand. *Human society in ethics and politics*. Londres: George Allen & Unwin, 1954.

RYAN, C.; JETHÁ, C. *Sex at dawn*. Nova York: Harper, 2010.

RYLE, Gilbert. *Dilemmas*. Cambridge: Cambridge University Press, 1954.

SADE, Donatien Alphonse, marquês de. *Os 120 dias de Sodoma* [1786]. Trad. João M.P. de Albuquerque. São Paulo: Aquarius, 1980.

SAMUEL, Viscount. *A book of quotations*. Londres: Cresset Press, 1947.

SANTOS, Juana Elbein dos. *Os Nàgô e a morte: pàde, àsèsè e o culto de Égun na Bahia*. Petrópolis: Vozes, 2012.

SCHEUB, Harold. *A dictionary of African mythology: the mythmaker as storyteller*. Oxford: Oxford University Press, 2000.

SCHILLER, Friedrich. *Educação estética do homem* [1795]. Trad. Roberto Schwarz e Márcio Suzuki. São Paulo: Iluminuras, 2002.

SCHNAIDERMAN, Boris. Introdução a *Poemas: Maiakóvski*. Rio de Janeiro: Tempo Brasileiro, 1967.

SCHOPENHAUER, Arthur. "What a man represents" [1851]. In: *Parerga e paralipomena*. v. 1. Trad. E.F.J. Payne. Oxford: Oxford University Press, 1974.

SCHOPENHAUER, Arthur. *The world as will and representation* [1859]. v. 2. Trad. E.F.J. Payne. Nova York: Dover, 1958.

SCHWARCZ, Lilia M. *Lima Barreto: triste visionário*. São Paulo: Companhia das Letras, 2017.

SHAKESPEARE, William. *Romeo and Juliet* [1595]. Org. Brian Gibbons. Londres: Methuen, 1980.

_____. *The merchant of Venice* [1598]. Org. Jay L. Halio. Oxford: Oxford University Press, 1993.

_____. *Hamlet* [1603]. Org. Harold Jenkins. Londres: Methuen, 1982.

SHATTUCK, Roger. *Conhecimento proibido*. Trad. S. Duarte. São Paulo: Companhia das Letras, 1998.

SHERNER, Michael. "Radical life-extension is not around the corner". *Scientific American*, 1 out. 2016.

SMITH, Adam. *The theory of moral sentiments* [1790]. Org. D.D. Raphael e A.L. Macfie. Oxford: Oxford University Press, 1976.

_____. *Correspondence*. Orgs. E.C. Mossner e I.S. Ross. Indianápolis: Liberty Classics, 1987.

SORENSEN, Roy. *A brief history of paradox*. Oxford: Oxford University Press, 2003.

SPINOZA, Baruch. *The ethics* [1677]. Trad. R.H. Elwes. Nova York: Dover, 1955.

STENDHAL (pseudônimo de Henri Beyle). *Scarlet and black* [1830]. Trad. M.R.B. Shaw. Harmondsworth: Penguin, 1953.

STEVENS, Wallace. "Sunday morning". In: *Collected poems*. Nova York: Vintage Books, 1990.

STRATTON, Mark. "Uzbekistan: on the bloody trail of Tamberlane". *The Independent*, 9 jul. 2006.

SUETÔNIO, Caio [69-c. 141 d.C.]. *A vida dos doze Césares*. Brasília: Edições do Senado Federal, 2012.

TANNER, Michael. *Nietzsche*. Oxford: Oxford University Press, 1994.

THOMAS, Keith. *Man and the natural world*. Harmondsworth: Penguin, 1984.

TRÓTSKI, Liev. *Trotsky's diary in exile 1935*. Trad. Elena Zarudnaya. Cambridge, Mass.: Harvard University Press, 1976.

UNAMUNO, Miguel de. *Tragic sense of life* [1921]. Trad. J.E.C. Flitch. Nova York: Dover, 1954.

Upanisadas: os doze textos fundamentais. Trad. Adriano Aprigliano. São Paulo: Mantra, 2020.

VALÉRY, Paul. "Politics of the mind" [1932]. In: *The outlook for intelligence*. Trad. D. Folliot e J. Matthews. Princeton: Princeton University Press, 1989.

_____. *Mauvaises pensées et autres* [1941]. In: *Oeuvres*. Org. Jean Hytier. v. 2. Paris: Pleiade, 1960.

VERNANT, Jean-Pierre. "Mortals and immortals: the body of the divine"; "A 'beautiful death' and the disfigured corpse in Homeric epic"; "India, Mesopotamia, Greece: three ideologies of death"; e "Feminine figures of death in Greece". In: *Mortals and immortals: collected essays*. Org. Froma I. Zeitlin. Princeton: Princeton University Press, 1992.

_____. *O universo, os deuses, os homens*. Trad. Rosa Freire d'Aguiar. São Paulo: Companhia das Letras, 2000.

VIEIRA, Antônio. "Espírito Santo" [1657]. In: *Sermões*. Org. Alcir Pécora. São Paulo: Hedra, 2001.

VINER, Jacob. "A modest proposal". In: *Essays on the intellectual history of economics*. Org. D.A. Irwin. Princeton: Princeton University Press, 2014.

VIVEIROS DE CASTRO, Eduardo. "O mármore e a murta". In: *A inconstância da alma selvagem*. São Paulo: Cosac & Naify, 2002.

WARMINGTON, B.H. *Nero: reality and legend*. Londres: Chatto & Windus, 1969.

WEBB, Beatrice. *My apprenticeship*. Londres: Longmans, 1926.

WEIL, Simone. "Autobiografia espiritual". In: *Espera de Deus*. Trad. Karin A. de Guise. Petrópolis: Vozes, 2019.

WEINBERG, Steven. *The first tree minutes: a modern view of the origin of the universe*. Nova York: Basic Books, 1993.

WHEELWRIGHT, Philip. *Heraclitus*. Oxford: Oxford University Press, 1959.

WILKINSON, Dominic. "Grief and the inconsolations of philosophy". *Philosophy* 98(2023), 273-96.

WILLEY, Basil. "'Nature' in Wordsworth". In: *The eighteenth-century background*. Londres: Chatto & Windus, 1965.

WILLIAMS, Bernard. "The Makropulos case: reflections on the tedium of immortality" [1972]. In: *Problems of the self*. Cambridge: Cambridge University Press, 1973.

WILLIAMS, Roger W. *The horror of life*. Londres: Weidenfeld and Nicolson, 1980.

WILSON, Arthur M. *Diderot*. Trad. Bruna Torlay. São Paulo: Perspectiva, 2012.

WITTGENSTEIN, Ludwig. *Tractatus logico-philosophicus*. Trad. C.K. Ogden. Londres: Routledge & Kegan Paul, 1922.

_____. *Philosophical investigations*. Trad. G.E.M. Ascombe. Oxford: Basil Blackwell, 1953.

_____. *Conferencia sobre ética* [1929]. Trad. Fina Birulés. Barcelona: Paidós Ibérica, 1989.

WOOLF, Virginia. *Diário I, 1915-1918*. Trad. Ana Carolina Mesquita. São Paulo: Editora Nós, 2021.

WORDSWORTH, William. *The prelude* [1805] e "Ode: intimations of immortality from recollections of early childhood" [1807]. In: *Poetical works*. Org. Thomas Hutchinson. Oxford: Oxford University Press, 1969.

YATES, Kit. *As matemáticas da vida e da morte*. Trad. Catharina Pinheiro. Rio de Janeiro: Record, 2021.

YOUNG, Edward. *Night thoughts* [1742]. In: *Works*. v. 3. Londres: Rivington, 1802.

ZAJONC, Arthur. *Catching the light: the entwined history of light and mind*. Oxford: Oxford University Press, 1993.

ZENITH, Richard. *Pessoa: a biography*. Nova York: Liveright, 2021.

Títulos das seções

ABERTURA

1. Humano embaraço
2. O anseio de perenidade
3. Fomes gêmeas
4. Desilusão ateia
5. O morto-vivo de Goya
6. O paredão do não-ser
7. "Nem o sol nem a morte se podem olhar fixamente"
8. Pelos olhos
9. Sem lado de fora
10. Vista sem ponto
11. O princípio da gravidade psíquica
12. O pontapé primordial
13. Pó estelar
14. Entorno do nada
15. Bulício das esferas
16. O eunuco metafísico toma a palavra
17. Lembrete ao eunuco metafísico (e a mim mesmo)

18. O inconsolo de Parfit
19. Esquecida irmandade
20. Privilégio dos mortos

PARTE I: PROLONGAR A VIDA

21. Eros primordial
22. Gratidão implícita
23. O ser cindido
24. O anseio de perenidade no tempo
25. Entre o aquém e o além
26. Passeio na mata
27. A vida não é só isso que se vê
28. Bactéria imortal
29. Mão e contramão
30. Com o sexo nasce a morte
31. A vertigem do clímax
32. Desvio de finalidade
33. O lamento do soma senecto
34. O cadáver adiado de Titonos
35. Oitenta anos em quinze
36. A ciência bigume

37. O novo oximoro
38. O limite de Hayflick
39. O bafo da virgem
40. O relógio de Horvath
41. Criônica
42. O botão de recomeço: Yamanaka
43. Prognósticos afoitos
44. A árvore da vida
45. Juros e amortização
46. Os imortabilistas do iluminismo
47. O império do acaso
48. Morte em vida
49. A caixa de fósforos: um experimento mental
50. O cérebro e o seu "eu"
51. Imortalidigitalização
52. As duas certezas
53. Verso e reverso
54. A epopeia de Gilgámesh
55. Promessa autorrealizável
56. Ambrosia tantalizante
57. A escolha de Ulisses
58. Desimplicações
59. Pode a morte ser vencida?
60. Ficções convergentes
61. Hora de partir
62. *Death abolitionism*
63. Eternidade atroz
64. Hume encontra Caronte
65. Mortabilistas e imortabilistas
66. Os termos da imortalidade (1)
67. Os termos da imortalidade (2)
68. Os termos da imortalidade (3)
69. Shakespeariana
70. Declaração em juízo
71. É assim

PARTE II: ESPERANÇAS
SUPRATERRENAS

72. Vida póstuma
73. Impasse
74. O destino da alma: cartografia
75. Epitáfio anônimo
76. Lição de antropologia
77. A paz dos cemitérios
78. Sonho e realidade: um meditativo chinês
79. Dúvida pessoana
80. O eterno presente
81. As condolências de Einstein
82. O epitáfio de Kepler
83. Os três pedidos de Naciketas
84. Os iorubás e o mundo-além
85. Crer e ser
86. Os monopolistas da vida futura
87. Visões do paraíso
88. Astúcia cristã: tupis
89. Astúcia cristã: anglo-saxões
90. Ciência aliada da fé
91. As cinco religiões mundiais
92. A palavra divina
93. Falar com Deus
94. Nos corredores do seminário católico
95. O gozo antecipado das delícias póstumas
96. O sonho de Cipião
97. Atalhos do paraíso
98. Entreouvido no funeral de Richelieu
99. A humilde esperança de Adam Smith
100. Ilusões ateias: Mill e Marx
101. O *cri de coeur* de Rousseau
102. A felicidade perfeita de Kafka
103. A resiliência de uma ilusão: Freud

104. Dois gumes
105. Rigor cético
106. Epitáfio assinado
107. A morte não é só isso que se vê: Heráclito
108. Imortalidade compartilhada
109. Sobriedade socrática: *Apologia*
110. Corpo-cárcere
111. As esperanças supraterrenas de Platão: *Fédon* (1)
112. As esperanças supraterrenas de Platão: *Fédon* (2)
113. As esperanças supraterrenas de Platão: *Fédon* (3)
114. O salto imortal de Cleombroto
115. As esperanças supraterrenas de Platão: microbalanço
116. Pergunta singela
117. Deus e vida póstuma
118. O filósofo e a tia carola
119. Capítulo das negativas
120. Supercopa da Autoridade
121. A tensão entre estoque e fluxo na ciência
122. O passo em falso de Nietzsche
123. O factível, o descobrível e o indecidível
124. Lógica e verdade
125. Duplo empobrecimento
126. Esperanças supraterrenas
127. E então?
128. *"O homem é a medida de todas as coisas"*

PARTE III: EXPECTATIVAS TERRENAS

129. Projeção póstuma
130. O grande deslocamento

131. Vida futura sublimada
132. Da fé no além à fé no aquém redimido: Dante e Bacon
133. Anseio faraônico
134. As palavras e as coisas
135. O ardil de Fídias
136. Lamento náuatle
137. Adoração póstuma
138. Consciência da finitude aguçada
139. Haikai
140. A voz feminina no *Banquete*: Diotima
141. O discurso de Diotima: *O banquete* (1)
142. O discurso de Diotima: *O banquete* (2)
143. O discurso de Diotima: *O banquete* (3)
144. Máxima romana
145. Suicidas e virgens
146. Eros e criação
147. O affair de Flaubert
148. Uma página de Pessoa
149. Sucesso público, fracasso íntimo
150. Perfeição intuída
151. Devaneios do livro absoluto
152. Palavra de Jesus
153. O santo católico e o poeta ateu
154. Com o que sonha Quixote?
155. A economia da memória coletiva
156. Orfandade poética
157. A fome execranda da fama
158. Projeções de poder: egípcios
159. Projeções de poder: ateus embalsamados
160. A maldição póstuma de Tamerlão
161. *Aprés nous, le déluge*
162. A imortalidade iluminista: Diderot × Falconet

163. Esquecimento cobrado
164. Falácia suicida
165. Diários cruzados
166. Maturidade poética
167. O choque do poeta endividado
168. A crivagem do tempo
169. Armadilhas da fama póstuma
170. Imortalidade secularizada
171. Fábulas de controle
172. A vocação hierarquizante
173. Imortalidade livresca
174. Balanço sombrio
175. *Hay futuro si hay verdad*
176. Ciúmes póstumos
177. Avareza póstuma
178. A crítica das expectativas terrenas: Emerson e Unamuno
179. O horror de viver em vão
180. A estranha mania de ter fé na vida
181. Discrepância

PARTE IV: O PRESENTE
ABSOLUTO

182. O presente absoluto
183. Nascer de novo
184. Afinidades e contrastes
185. Átomos e segundos
186. A aura extática: Dostoiévski
187. Segundos siderais
188. Segundos abissais
189. Licença poética
190. O jugo do tempo
191. O presente absoluto animal
192. Ascetas e hedonistas
193. O epitáfio de Sardanápalo
194. A falência da posteridade: uma conjectura

195. Variações do niilismo
196. O beijo imortal de Fausto
197. O ardil da natureza
198. A luz inaugural
199. Capricho evolutivo
200. As portas da percepção
201. Misteriousança
202. Portas devassadas
203. Fino afino
204. *Silly trip*
205. O momento adâmico de Huxley
206. O inexprimível
207. Sono e êxtase: al-Ghazali
208. O êxtase místico: Teresa d'Ávila
209. O êxtase místico: Simone Weil
210. Enantiodromia
211. O êxtase romântico e seu avesso
212. Ideal romântico
213. Arte e eternidade
214. Ode à imortalidade: Wordsworth
215. Infância e eternidade
216. Experiências de quase-morte (1)
217. Experiências de quase-morte (2)
218. Com dois pés atrás
219. Música e metafísica
220. O concerto do Superdotado: uma conjectura
221. *Partita II*, bwv 1004
222. Amor ascendente
223. O nome da dádiva

EPÍLOGO

224. Nó bem atado
225. Inteligência artificial
226. O incréu e o devoto
227. A sentença de Robespierre
228. A quarta dimensão
229. Não-ser

230. Metafísica na era da ciência
231. Aversão e medo
232. Tríplice impossibilidade

233. Truco
234. Balanço
235. Olhos nos olhos da imensidão

Índice onomástico

Abisague (personagem bíblica), 56

Abraão (patriarca hebreu), 266

Acker, Clara, 370n

Adão (personagem bíblico), 64, 266, 271, 295

Afrodite (deusa grega), 51, 194, 350n, 352n

Agamêmnon (personagem mitológico), 81

Agatão, 192-3, 198, 370n

Agostinho, Santo, 81, 121, 130, 356n

Aidi de Jin (imperador chinês), 77, 356n

Alá, 131, 266-7

al-Bukhari (imã), 131

Alceste (personagem mitológico), 196

Alexandre, o Grande (imperador macedônio), 145, 187, 191, 217, 239, 369n, 381n

Alger, William, 357-8n, 360-1n, 365n

al-Ghazali (imã), 297-9, 384n

Amon (deus egípcio), 191

Amor (divindade greco-romana) ver Eros (deus grego)

Anchieta, José de, padre, 120, 359n

Apolodoro, 370n

Aquiles (personagem mitológico), 196, 216

Aquino ver Tomás de Aquino, São

Ariès, Phillipe, 351n

Aristófanes, 277, 381n

Aristóteles, 170, 239, 273, 325, 366n, 381n, 388-9n

Ártemis (deusa grega), 217-8, 373n

Assis, Machado de, 83, 86, 206, 250, 323, 357n, 371-2n, 376n, 378n, 388n

Atena (deusa grega), 189

Ateniense (personagem de Platão), 198
Auden, W.H., 375n
Azevedo, Álvares de, 199

Bach, Johann Sebastian, 158, 201, 207, 326-8
Bacon, Francis, 53, 59-60, 183, 185-8, 209, 238, 249, 352-3n, 368n
Balzac, Honoré de, 201
Bandeira, Manuel, 369n, 379n, 389n
Barreto, Lima, 243, 378n
Basso, Sammy, 352n
Bataille, George, 351n, 380-1n
Bate, Jonathan, 386-7n
Battin, Margaret, 129, 348n, 360-1n, 375n, 378n
Baudelaire, Charles, 201, 307, 352n, 372-3n, 376n, 385n, 388n
Beaufort, Francis, 319, 387n
Beauvoir, Simone de, 83, 201
Beda (monge inglês), 359n
Beethoven, Ludwig van, 206, 308, 385n
Benjamin, Walter, 199
Bentham, Jeremy, 220
Berlin, Isaiah, 236, 376n, 385n
Bernini, Gian Lorenzo, 351n
Bernstein, Eduard, 377n
Besso, Michele, 108-9
Betti, Maria Sílvia, 386n
Bhattacharya, Tihi, 348n
Blackmore, Susan, 387n
Blake, William, 285, 382n, 384n
Blangis, duque de (personagem), 278
Blasdel, Alex, 387n
Boccaccio, Giovanni, 368n

Bohr, Niels, 164, 366n
Bonaparte, Marie, 379n
Bonaparte, Napoleão, 388n
Borges, Jorge Luis, 83, 199, 270-1, 350n, 357n, 367n, 372-3n
Bostock, David, 365n
Bovary, Emma (personagem), 204, 371n
Brandt, Fernando, 379n
Brod, Max, 363n
Büchner, Ludwig, 367n
Buda, 124, 150, 240, 244, 380n
Bumba (deus africano), 26, 348n
Butler, Joseph, 160, 366n
Byron, Lord, 38, 201, 228, 350n, 365n, 375n

Calímaco, 156, 365n
Calipso (ninfa da mitologia grega), 79-80, 356n
Camões, Luís de, 216
Campos, Álvaro de (heterônimo de Fernando Pessoa), 371n, 389n
Camus, Albert, 303
Cangrande della Scala (senhor de Verona), 184
Čapek, Karel, 83
Carlos II (rei da Inglaterra), 86
Carlos V (sacro imperador romano), 190, 369n
Carlyle, Thomas, 355n, 378n, 385n
Carnap, Rudolf, 323, 388n
Caronte (personagem mitológico), 87-8, 357n
Carvalho, Hermínio Bello de, 351n
Castor e Pólux (gêmeos mitológicos), 145-6, 364n
Castro, Yeda Pessoa de, 358n

416

Catarina II (imperatriz da Rússia), 226
Cebes, 151
Cem-braços (gigantes da mitologia grega), 78
Cervantes, Miguel de, 214-6, 373n
Chagas, Carlos, 240
Chopin, Frédéric, 207
Chuang Tzu, 106-7, 358n
Cícero, Marco Túlio, 127-8, 162, 189, 354n, 360n, 365n, 368n, 376n, 381n
Ciclopes (gigantes da mitologia grega), 78
Cipião Africano (general romano), 127-8
Cipião Emiliano (general romano), 127-8, 360n
Ciro (imperador persa), 187
Cleombroto de Ambracia, 156
Codro (personagem mitológico), 196
Coleridge, Samuel Taylor, 313, 386n
Colet, Louise, 203-4, 371n
Colombo, Cristóvão, 165
Condorcet, Antoine-Nicolas de, 66-7, 354n
Confúcio, 162
Copérnico, Nicolau, 122
Corneille, Pierre, 203
Corsini, Camila, 388n
Crane, Hart, 199
Crevel, René, 199
Cristo ver Jesus Cristo
Críton, 150
Crono (deus grego), 78
Cubas, Brás (personagem), 371n
Cuetzpaltzin, Ayocuan, 368n
Curtius, Quintus, 369n

Dalai Lama, 123, 359n, 380n
Dante Alighieri, 154, 183-5, 188, 249, 368n
Dario I (rei da Pérsia), 104-5
Davenport-Hines, David, 381-3n
Davi (rei de Israel), 56
Dawkins, Richard, 366-7n
De Gaulle, Charles, 303
De Jong, Ate, 83
Demócrito, 145, 162, 358n, 367n
Dennett, Daniel, 367n
Dias, Gonçalves, 216
Dickinson, Emily, 199
Diderot, Denis, 162, 182, 224-8, 253, 367n, 374-5n
Diotima, 192-5, 197-8, 304, 352n, 369-70n
Dodds, E.R., 364n
Donne, John, 209, 373n
Dostoiévski, Fiódor, 252, 261-5, 365n, 379-80n, 384n
Drummond de Andrade, Carlos, 49, 199, 351n, 354-5n, 370n, 376n, 379-80n, 389n
Dulcineia (personagem), 214

Eccles, John, 267-8, 355n, 380n
Edwin (rei da Nortúmbria), 121-2, 359n
Einstein, Albert, 108-9, 201, 284-5, 358n, 382-3n
Eliot, T.S., 303
Emerson, Ralph Waldo, 38, 162, 247-9, 251, 350-2n, 356n, 358-9n, 378n, 386n
Engels, Friedrich, 136-7, 362n, 377n
Engenho (pai de Eros), 194
Enkídu (personagem mitológico), 75
Eos (deusa grega), 50

Epicuro, 80, 162, 165, 273, 339-40, 350n, 356n, 358n, 389n
Epiteto, 389n
Eros (deus grego), 37, 192-6, 199, 350-1n
Eva (personagem bíblica), 64, 271

Falconet, Étienne Maurice, 224-6, 367n, 374n
Fausto (mito medieval e personagem), 280-1, 308, 382n
Fichte, Johann Gottlieb, 377n
Fídias, 189
Filipe (rei da Macedônia), 191
Filmer, Robert, 234
Fisher, Irving, 373n
Flaubert, Gustave, 202-4, 371n
Fleming, Alexander, 240
Fonseca, Justo Pinheiro da, 245
Fonseca, Yone Giannetti da, 245, 336-7
Fosca, Raymond, 84
Francisco de Assis, São, 212, 214, 373n
Frank, Joseph, 365n, 379n
Franklin, Benjamin, 74, 220, 355n
Freud, Sigmund, 21, 41, 138-42, 162, 200, 348n, 351n, 354n, 357n, 363n, 379n
Friedrich, Caspar David, 307-8
Furbank, P.N., 374n

Gabriel, arcanjo, 131, 266
Gama, Vasco da, 216
Gandhi, Mahatma, 108
Gaufridy, Gaspard, 381n
Gautama, Siddharta ver Buda
Gautama (pai de Naciketas na mitologia indiana), 110
Gengis Khan (imperador mongol), 222

Gentile, Giovanni, 234
Giannetti, Eduardo, 358n, 363n, 366n, 382n
Gilgámesh, rei de Úruk (personagem mitológico), 74-6, 180-1, 355-6n
Ginzburg, Carlo, 368n
Godwin, William, 66-7, 354n
Goethe, Johann Wolfgang von, 162, 202, 308, 357n, 360n, 371n, 382n
Gorf, Stan, 383n
Goya, Francisco de, 19-20, 347n
Graves, Robert, 378n
Ground, Ian, 348n

Haeckel, Ernst, 367n
Hamburger, Michael, 385n
Harris, Sam, 367n
Hartmann, Nicolai, 234
Hartsfield, Tom, 353n
Hatina, Meir, 361n
Hatshepsut (faraó), 188
Haydn, Joseph, 307
Hayflick, Leonard, 54-5, 352n
Hayman, Ronald, 370-1n, 386n
Hegel, Georg Wilhelm Friedrich, 241, 358-9n, 362n, 368n
Heine, Heinrich, 362n
Helena (personagem mitológica), 281, 382n
Hemingway, Ernest, 320-1, 387n
Heráclito, 144-5, 162, 315, 364n, 387n
Hernández, José, 216
Heródoto, 104, 358n
Heróstrato, 217-8, 370n, 372-3n, 376n, 388n
Hesíodo, 147, 197
Hilbert, David, 144
Hipócrates, 262, 379n

Hitchens, Christopher, 367n
Hitler, Adolf, 241
Hitschmann, Eduardo, 371n
Ho Chi Minh, 222
Hobbes, Thomas, 162, 199, 234
Hölderlin, Friedrich, 56, 352n, 377n
Holt, Jim, 349n, 359n, 366n
Homero, 51, 79-80, 147, 187, 197, 216, 239, 250, 352n
Horácio, 217, 239, 241, 355n, 373n, 377n
Horvath, Steve, 57-9, 353n
Hume, David, 87-9, 134, 142-3, 156, 158, 162, 228, 234, 316, 348n, 350n, 357n, 360-3n, 365n, 375n, 387n
Huxley, Aldous, 294-6, 383n
Huxley, Thomas, 367n

Ifigênia (personagem mitológica), 81, 356n

James, William, 83, 160, 162, 166, 356n, 366n, 383-4n
Janácek, Leos, 83
Jardine, Lisa, 353n
Jesus Cristo, 118, 120, 150, 211, 240, 244, 266, 304, 322, 380n
Jin, dinastia, 77
Johnson, Samuel, 361n
Jules (personagem), 371n
Júpiter (deus romano), 377n; ver também Zeus (deus grego)

Kafka, Franz, 138, 199, 363n
Kahn, Charles, 365n, 369n
Kant, Immanuel, 159, 162, 183, 199, 240-1, 367n, 377n
Kayser, Wim, 371n
Kepler, Johannes, 109, 349n, 358n

Kierkegaard, Søren, 199, 280, 382n
Kim Il-sung, 222
Kirkwood, Tom, 352-3n
Klausner, Richard, 354n
Koch, Christof, 318, 387n
Krauss, Lawrence, 348-9n
Kundera, Milan, 298, 384n

Lafargue, Paul, 377n
Laing, R.D., 381n
Laomedonte, rei de Troia (personagem mitológico), 50
Lao-Tsé, 162
Leão, Rui de (personagem), 83, 86
Leary, Timothy, 381n
Leda (personagem mitológica), 145
Leeuwenhoek, Anton van, 43
Leite, Marcelo, 382-3n
Lênin, Vladimir, 213, 221-2, 241, 373n
Leopardi, Giacomo, 199, 277, 381n
Léry, Jean de, 120, 359n
Leuba, James, 363n
Leucipo, 145
Li Shizhen, 56, 352-3n
Libitina (deusa romana), 239
Lício, Proclo, 369n
Licurgo, 196
Lincoln, Abraham, 221
Lindsay, Vachel, 199
Liszt, Franz, 310-1, 386n
Locke, John, 66, 125, 360n
London, Jack, 199
Lourenço, frei (personagem), 281
Luciano de Samósata, 88
Lúcifer (diabo cristão), 280
Lucinda (personagem), 371n
Lúcio Emílio (pai de Cipião Emiliano), 128

419

Lucrécio, 162
Luís XIII (rei da França), 132
Luís XV (rei da França), 223
Luís XVI (rei da França), 105

Macaulay, Thomas, 353n
Maï (deuses dos araweté), 117-8, 359n
Maiakóvski, Vladimir, 212-4, 373n
Makropulos, Elina, 84, 356-7n
Mallarmé, Stéphane, 209-10, 373n
Malthus, Thomas, 46, 67, 354n
Mao Zedong, 222
Maomé, profeta, 131, 266, 361n, 380n
Marco Aurélio (imperador romano), 133, 145, 361n, 364n
Marlowe, Christopher, 280, 382n
Marx, Karl, 72, 116, 134, 136, 162, 233, 241, 355n, 358n, 362n, 368n, 376-7n
Mathéron, Laurent, 347n
Medawar, Peter, 171, 367n
Mefistófeles (personagem), 280-1
Michelangelo, 325
Míchkin, príncipe (personagem), 262-3, 379n
Middleton, Conyers, 234
Mill, John Stuart, 134-6, 162, 199, 362n
Milton, John, 200, 242, 370n, 378n, 384n
Ming, dinastia, 56, 353n
Minsky, Marvin, 355n
Mirabeau, conde de, 72, 355n
Moisés (profeta hebreu), 266
Montaigne, Michel de, 125, 347n, 354n, 360n
Montesquieu, barão de, 360n
Mozart, Wolfgang Amadeus, 206
Museu (poeta mitológico), 147

Naciketas (personagem mitológico), 109-12, 358n
Nagel, Thomas, 90, 162, 347-8n, 355n, 357n
Napoleão III (imperador francês), 105
Nascimento, Milton, 379n
Neal, Mary C., 321, 387n
Nero (imperador romano), 223, 374n
Neuza (taxista), 246
Newton, Isaac, 164, 199
Nietzsche, Friedrich, 120-2, 162, 164-7, 200-1, 234, 241, 297, 299, 309-11, 359n, 365-6n, 370-1n, 376n, 383-7n
Noé (personagem bíblico), 266
Novalis (pseudônimo de Friedrich von Hardenberg), 362n, 385n
Nussbaum, Martha, 350n, 357n, 389n

Oates, Joyce Carol, 32
Ochse, R., 370-1n, 383n
Odin (deus nórdico), 117
Olímpia (mãe de Alexandre, o Grande), 191
Olimpo, deuses do, 77-8, 146
Oppenheimer, Robert, 49, 351n
Orfeu (poeta mitológico), 147, 149
Orígenes (teólogo cristão), 360n
Òrisalá (deus africano), 113-4
Osmond, Humphry, 294, 383n
Ovídio, 377n

Pais da Igreja Católica, 129
Pareto, Vilfredo, 234
Parfit, Derek, 32, 355n
Páris (personagem mitológico), 281

Parter, Walter, 307
Partridge, Burgo, 381n
Pascal, Blaise, 189, 199, 368n
Passmore, John, 354n, 383n
Pasteur, Louis, 240
Pater, Walter, 385n, 388n
Paulinho da Viola, 351n
Paulo, apóstolo, 118, 378n
Pavese, Cesare, 199
Pedro, o Grande (imperador da Rússia), 226
Peirce, Charles, 162, 234, 360n
Penélope (personagem mitológica), 79-80
Péricles, 189
Perrin, Joseph-Marie, padre, 303, 384n
Pessoa, Fernando, 19, 107, 199-200, 205-6, 234, 347n, 355n, 367n, 371-2n, 375-7n, 382-3n, 388n
Pestana (personagem), 206-8, 372n
Picasso, Pablo, 201
Pippard, Brian, 323, 388n
Pirajuá (personagem), 84
Pitágoras, 209
Platão, 147, 149-51, 153-4, 156-8, 161-2, 193, 197-8, 200, 209, 216, 238-9, 242-3, 285, 304-5, 364-5n, 367n, 369-70n, 378n
Plath, Sylvia, 232, 375n
Plutarco, 314, 350n, 369n, 372n, 386n
Pobreza (mãe de Eros), 194
Pollan, Michael, 382-3n
Pompadour, madame, 223
Pompeia, Raul, 199
Pompeu (general e cônsul romano), 372n
Popper, Karl, 267, 355n

Pridmore-Brown, Michele, 355n
Protágoras de Abdera, 176, 367n

Qin, dinastia, 106
Quental, Antero de, 199
Quéops (faraó), 222
Quine, W.V., 163, 366n
Quixote (personagem), 214-6, 373n

Rafael (pintor renascentista), 225, 307
Ramsés II (faraó), 222
Rasmussen, Dennis C., 357n, 361-2n
Reis, Ricardo (heterônimo de Fernando Pessoa), 355n, 370n
Renascença, 183, 370n, 385n
Rich, Katherine, 384n
Richelieu, cardeal e duque de, 132-3
Robespierre, Maximilien de, 241, 334, 388n
Rodrigues, Nelson, 228-9
Rosa, Guimarães, 170, 325, 366n, 369n
Rousseau, Jean-Jacques, 137, 162, 237, 241, 362-3n, 376n
Roux, Francisco de, padre, 244
Rue, Loyal, 384n
Rufo, Marco Flamino, 84
Ruskin, John, 199
Russell, Bertrand, 201, 241, 348n, 364n, 377n

Sabin, Albert, 240
Sá-Carneiro, Mário de, 199
Sade, marquês de, 277-9, 381n
Santos, Juana Elbein dos, 113, 358n

Sardanápalo (rei da Assíria), 273-4, 381n

Schiller, Fredrich, 362n

Schopenhauer, Arthur, 38, 238, 349-50n, 376n

Schumann, Robert, 207, 307

Schwarcz, Lilia, 378n

Sekhemkhet (faraó), 219

Sêneca, 44, 351n, 375n

Shakespeare, William, 94-5, 209, 250, 280-1, 354n, 357n, 378-9n, 382n, 387n

Shermer, Michael, 354n

Shiki, Masaoka (pseudônimo de Masaoka Tsunenori), 369n

Shilpp, Paul, 377n

Silva, Agostinho da, 202, 315, 371n, 387n

Símias, 151, 157

Siro, Publílio, 382n

Sísifo (personagem mitológico), 148

Smith, Adam, 26, 87-8, 133-4, 199, 235, 241, 348n, 357n, 361-2n, 369n, 376n

Soares, Bernardo (heterônimo de Fernando Pessoa), 206, 372n, 375-7n, 382n

Sócrates, 146-8, 150-1, 155-8, 193-5, 197-8, 216, 240, 242-3, 277, 305, 365n, 367n, 369-70n

Sólon, 196

Sorel, Julien (personagem), 126

Spencer, Herbert, 38, 234, 350n, 367n

Spinoza, Baruch, 40, 86, 351n

Stach, Reiner, 363n

Stálin, Ióssif, 222

Steiner, George, 371n

Stendhal (pseudônimo de Henri Beyle), 126, 360n

Stern, Ricki, 387n

Stevens, Wallace, 89, 357n

Stewart, Alan, 353n

Strakhov, Nikolai, 264, 380n

Suetônio, 223, 374n

Swift, Jonathan, 170

Tácito, 238, 376n

Takahashi, Kazutoshi, 62

Tamerlão, o Coxo (imperador mongol), 222-3, 374n

Tanner, Michael, 370n, 386n

Tântalo, rei da Lídia (personagem mitológico), 78, 356n

Telêmaco (personagem mitológico), 79

Teopompo (historiador grego), 373n

Teresa d'Ávila, Santa, 84, 299-301, 351n, 356n

Thatcher, Margaret, 241

Thevet, André, 120

Tíndaro, herdeiro do rei de Troia (personagem mitológico), 145

Titonos (personagem mitológico), 50-2, 91, 352n

Tomás de Aquino, São, 162, 182, 199, 367n, 384n

Tomás de Celano, frei, 212, 373n

Toshi, Ana Carolina, 321-2

Trier, Lars von, 275

Trotsky, Leon, 53, 352n

Turquia, 133, 381n

Tutancâmon (faraó), 222

Tutemés III (faraó), 188

Ulisses (personagem mitológico), 79-80, 148

Unamuno, Miguel de, 81, 90, 162,

233, 247, 249, 251, 349n, 351n, 356n, 376n, 378n, 381-2n
Urbano VIII, papa, 133
Utá-napíshti (personagem mitológico), 75-6

Valério, bispo de Cimiez, 129, 361n
Valéry, Paul, 298, 366n, 383n
Veloso, Caetano, 389n
Verlaine, Paul, 210, 373n
Vernant, Jean-Pierre, 80, 350n, 352n, 356n, 380n
Vieira, Antônio, padre, 120, 359n
Viereck, George, 363n
Vilenkin, Alex, 349n
Villegagnon, Nicolas Durand de, 118, 120
Viveiros de Castro, Eduardo, 117, 359n
Voltaire (pseudônimo de François-Marie Arouet), 362-3n
Von Neumann, John, 25, 348n
Von Neumann, Marina, 25

Wagner, Cosima, 386n
Wagner, Richard, 386n
Waismann, Friedrich, 373n
Weil, Simone, 199, 302-4, 384n

Weinberg, Steven, 122, 349n, 359n
Wheelwright, Philip, 364n
Wilde, Oscar, 84, 307, 356n
Willey, Basil, 387n
Williams, Bernard, 90, 356-7n
Wittgenstein, Ludwig, 141, 210, 287, 348n, 363n, 373n, 380n, 382n
Wolfson, Isaac, 236
Wolfson, Leonard, 236-7
Woolf, Virginia, 199, 232, 375-6n
Wordsworth, William, 311-4, 386-7n

Yama (Senhor da Morte, deus indiano), 110-2
Yamanaka, Shinya, 61-3, 354n
Y-Juca-Pirama (personagem), 216
Young, Edward, 74, 355n

Zajonc, Arthur, 351n, 382n
Zaratustra (poeta e profeta persa), 167
Zenith, Richard, 372n
Zeus (deus grego), 50-1, 78, 145-6, 191, 277, 352n, 381n
Zilboorg, Gregory, 350n
Zweig, Stefan, 199

1ª EDIÇÃO [2025] 1 reimpressão

ESTA OBRA FOI COMPOSTA POR FLAVIO PERALTA EM SABON
E IMPRESSA PELA LIS GRÁFICA EM OFSETE SOBRE PAPEL PÓLEN DA
SUZANO S.A. PARA A EDITORA SCHWARCZ EM SETEMBRO DE 2025

A marca FSC® é a garantia de que a madeira utilizada na fabricação do papel deste livro provém de florestas que foram gerenciadas de maneira ambientalmente correta, socialmente justa e economicamente viável, além de outras fontes de origem controlada.